移民政策の形成と言語教育

日本と台湾の事例から考える

許之威

明石書店

前書き

　数年前、大学院生であった私は、大阪で行われた移民の言語使用に関するシンポジウムに参加した。ある発表者は、19世紀末頃に日本列島に移住してきた人々やその子孫から、最近日本に移住してきた人までをすべて等しく「移民」と呼んでいた。ところがそれを聞いた参加者の1人は、自分は外国出身で日本に移住している者であるが、「移民」ではないので、「移民」と呼ばれたくないと強く反発した。つまり移民という用語は、現在の社会では広く一般に使われているものの、その用語には、さまざまな思いが交差しているのだ。
　日本に在住していた頃、台湾出身の私は移民に対して「当事者」として強い共感を持っていた。台湾に帰ると、私は移民から「離脱」し、移民を受け入れる側の一員となり、「移民」と呼ばれた人々を異なる視点から見始めている。このように「移民」と「非移民」としての立場の入れ替わりは頻繁に行われる。私は、「移民」をめぐり、さまざまな思いのあることを実感し、また移民の受け入れ側がどのように「移民」に該当する人々を認識しているのかに関心を持つようになった。
　本書は、移民政策に関して活発な議論の行われている日本や台湾をめぐって、「移民」と「非移民」の交差の中で生まれた。この論考は、「単一民族論」「本省人」「外省人」など、もはや説得力の低下しつつある従来の枠組みではなく、移民政策や言語教育政策がどのように成立したのか、そして国民国家における移民の位置づけを分析し、解明することを狙っている。
　本書は、2014年9月に京都大学に受理された博士論文「成人移民への言語教育——1945年以降の日本と台湾の場合」を大幅に加筆・修正をしたものである。この場所を借りて、博士論文の指導教官である、京都大学人間・環境学研究科の西山教行教授、ご指導やご助言をいただいた京都教育大学教育学部の浜田麻里教授、岩手大学国際センターの松岡洋子准教授、「京都にほんごリングス」の皆さん、松岡道子氏、明石書店編集者の小林洋幸氏、貴重なイン

タビューの機会を与えてくださった、国立台湾大学の呉肇欣（ゴ・チョウシン）助教授に厚く御礼を申し上げる。

　2015 年 8 月

台湾・台北市内にて
許　之 威（シュ・チウェ）

移民政策の形成と言語教育
日本と台湾の事例から考える

目 次

前書き 3

序章　成人移民への言語教育とは何か ……………………… 9

- 0.1　国籍・永住権と言語　10
- 0.2　言語教育の対象としての成人移民　11
- 0.3　成人移民への言語教育の歴史　12
- 0.4　先行研究　14
- 0.5　研究の課題　16
- 0.6　本書の構成　17
- 0.7　研究方法　20

第1章　1945年以降の日本における成人移民への言語教育政策の形成
　　　　 ……………………………………………………………… 22

- 1.1　はじめに　22
- 1.2　1945年から1970年代後半まで──「草の根運動期」　24
- 1.3　1970年代末から1980年代前半まで──「民間主導－政府対応期」　26
- 1.4　1980年代から1990年代まで──「政策定着期」　31
- 1.5　2000年以降──「政府の役割拡大期」　34
- 1.6　おわりに　46

第2章　地域日本語教育の現状と課題
　　　　──「京都にほんごリングス」を中心に ……………… 49

- 2.1　はじめに　49
- 2.2　京都における成人移民、そして「京都にほんごリングス」　51
- 2.3　調査方法　52
- 2.4　地域日本語教育の実態──「リングス」に加盟する教室について　54
- 2.5　日本語教室の運営について　63
- 2.6　日本語ボランティアと学習者　66
- 2.7　地域日本語教育の課題　70
- 2.8　おわりに　75

第3章　なぜ、日本語を「教え」てはいけないのか──「地域日本語教育」における「教える－教えられる」関係に関する批判の再考 …… 76

3.1　はじめに　76
3.2　なぜ「教える－教えられる」関係は批判されたのか　77
3.3　「教える－教えられる」関係に関する批判の受容　80
3.4　地域日本語教育のあり方　83
3.5　「共生言語」としての日本語　85
3.6　「教える－教えられる」関係に関する批判言説を越えて　87
3.7　おわりに　90

第4章　「多文化共生」とは何か──批判的一考察 …………………… 92

4.1　注目される「多文化共生」　92
4.2　日本におけるマイノリティ　93
4.3　「多文化共生」とは何か　99
4.4　「多文化共生」のこれまで、これから　104

第5章　1945年以降の台湾における移民政策の展開 …………… 106

5.1　はじめに　106
5.2　多民族・多言語国家としての台湾　107
5.3　1945年以降の台湾における移民政策の展開　112
5.4　台湾における移民の実態　126
5.5　おわりに　131

第6章　台湾における成人移民への言語教育──その政策形成と対象選択を中心に ……………… 133

6.1　はじめに　133
6.2　1945年以降の成人移民への言語教育の政策形成　134
6.3　2005年以降──成人移民への言語教育政策の定着と発展　142
6.4　外国人配偶者という「問題」──成人移民への言語教育の実施目的　161
6.5　おわりに──「新移民」からの道のり　164

第7章 成人移民、国家と「国語」
　　　——台湾の帰化テスト政策の形成過程を中心に ……………… **166**

　7.1　はじめに　166
　7.2　帰化テストの歴史　167
　7.3　台湾における帰化（国籍の取得）について　170
　7.4　帰化テストの政策形成の過程　176
　7.5　帰化テストの実施方式と内容　181
　7.6　帰化テストについて　196
　7.7　おわりに　204

終　章——本書のまとめと研究の展望 ………………………………… **206**

参考文献　209
後書き　235
索　引　238

序　章
成人移民への言語教育とは何か

　人間は移動する。人口移動の歴史は、人間の歴史とほぼ一致する。特に1945年以降の人口移動は、大洋の横断を可能にする飛行機などの交通手段の発達によって一層活発になっている。国連の報告書によれば、2013年の時点で全世界の移民[1]は2億3,200万人であり、2000年から2013年までの世界における移民数は、1990年から2000年までの移民数の1.5倍となった。そして2000年以降のアジアは、移民数の増加が最も著しい地域となっている（United Nations, 2013）。

　アジアの一員である日本においても、人口移動が本格化したことが実感できるのではないだろうか。2000年の日本における外国人登録者数は1990年より71％増加した。2000年からはその増加が減速したものの、2013年の外国人登録者数は2000年に比べて18％の増加を見せた（法務省、2012；2014）。移民受け入れの増大は、受け入れ国における社会や文化の多様化に拍車をかける一方で、18世紀末のフランス革命以降に確立した国民国家体制を前提としている近代の国際移住の管理システムに、多大な影響を与えている。

　1　本書では、「移民」を英語の"migrant"や"immigrant"の訳語として、国連の定義にしたがって、「通常の居住地以外の国に移動し、少なくとも12か月間当該国に居住する人」とする（Department of Economic and Social Affairs Statistics Division, United Nations, 1998: 18）。

0.1 国籍・永住権と言語

　我々が知らずとも欠かせないものとしての国籍とは、人間が特定の国家の構成員であることを示す資格である。しかし人類の歴史においての国籍は、近代国民国家による構築物にすぎない。

　Castles and Davidson（2000: vii）によれば、国民国家とは、1つの領域に居住し、かつ同質の文化や共通の価値観を受け入れる人民から成立した国家である。これらの同質性を持つ人民によって構成された国民国家は、自らの人民に国籍を付与し、彼らとそのほかの人間、すなわち外国人との間に境界線を設けている（ブルーベイカー、2005）。もちろん、人間は移動するため、どの国でも自国民と外国人との「越境」の可能性を想定している。それは国籍の取得や喪失の制度である。

　移民が自らの意思による国籍の取得、つまり帰化を完全に認めない国はないが、移民に帰化の自由を与えている国もない。各国は、さまざまな理由に基づいて帰化に要件を加え、帰化を制限している。帰化の要件をいえば、移民の血統や財産、技能、自国に対する貢献など多種多様なものが挙げられる。一方で移民の言語能力を帰化の要件にする国もある。例えばデンマークでは最初の憲法が施行された1849年に、すでに移民がデンマーク語を話す、聞く能力を有することを帰化の要件にしていた（Ersbøll, 2010）。その後アメリカも1906年の帰化法に「英語が話せない外国人による帰化を認めず」という条項を加え（Orgad, 2011）、またイギリスは1981年から、ドイツは2000年から言語能力を帰化の要件にした。

　すべての国が言語能力を帰化の要件としているのではないが、言語能力を帰化の要件にする国が増えていることは事実である。しかし、複数のエスニック・グループを抱える国家は移民にどの言語の能力を求めるかということが問題であり、1つの国語を持つ国家の場合、移民にどのように一定の国語能力を要求することも問題である。

　Llamas, Mullany, and Stockwell（2006: 223）によれば、国語とは「特定の国家と連想され、しかもその国家のアイデンティティの象徴と見られることができ

る言語」である[2]。国語は、国民国家の成立のために、また同質的な文化や共通の価値観を持つ国民の連帯を強めるために、非常に重要な役割を果たしている。

しかし、人間は数千以上の異なる言語を使うため、国際移住の行われる場合、国語による国民統合はほかの言語から影響を受ける。この問題を解決するために、国民国家は2つの対策を講じることができる。1つは、出入国管理に関する手続きで、国際法で認められる国家主権に属する権力を行使し、国語を使えない者の入国を拒否することである。これにより国内の言語的同質性を維持することができるが、これは非現実的である。また、国語を使えない者の入国を許可するが、入国後に彼らが国語を使えるようにすることも考えられる。これは、受け入れ国の国語教育を意味する。

0.2　言語教育の対象としての成人移民

近代の国民国家において、正規の学校教育制度の対象は児童[3]、もしくは年少者[4]であり、成人ではない。なぜなら、成人は、児童や年少者には付与されない完全な権力や義務を有する主体であり、学校教育で対応することが困難なためである。例えば、国民国家の成立とともに発達してきた出入国管理制度は児童と年少者ではなく、成人を対象としている。16歳に満たない者は、日本の出入国管理及び難民認定法により、査証の対象とならない。18歳以下の年少者は、就労もしくは研修ビザ、ワーキングホリデービザにより日本に入国することが

2　ただし、日本、台湾や朝鮮半島など、東アジアの漢字文化圏に属する国家では、国語はしばしば国家を代表する言語にとどまらず、特定の言語に対する呼称になっている。そこで混乱を避けるため、本書では国語が特定の言語の呼称となる場合に、括弧つきの「国語」で記す。

3　日本の労働基準法では、「児童」を基本教育の対象である15歳以下の者と定め、彼らの就労を基本的に禁じている。同法ではまた「年少者」を18歳以下の者と定め、彼らの就労時間を制限する。なお、1989年の国連総会で採択された「児童の権利に関する条約」（Convention on the Rights of the Child）は児童を、18歳未満の者と定義する（外務省、2014）。つまり同条約は、18歳以上の者を成人と見なす。

4　成人の定義は、各国の国内法の規定に依拠する。例えば、日本と台湾の場合では原則として、20歳以上の者を成年者と定めている。

できない。つまり、国民国家は児童や年少者ではなく、成人だけを出入国管理制度の対象としている。

また国民国家は、出入国管理制度のみならず、参政、勤労、帰化や国籍離脱など、さまざまな権利や義務について、成人を唯一の対象と定めている。しかし学校教育の場合、その対象は児童と年少者である。そこで、成人を教育制度に包摂するため、近年になって成人教育や生涯学習など、従来の学校教育とは異なる概念が提案された。一方で成人移民の多くは、出入国管理の対象であり、国民国家の構成員である成人国民に比べ、異なる言語や文化の背景を持っているだけでなく、さまざまな権利の行使に制限を受けている[6]。すなわち、国民国家における成人移民の位置づけは、成人国民と異なっているのである。

多くの移民受け入れ国は成人移民を対象として、これまでの国民を対象とする学校教育や、成人教育、生涯学習とは異なる言語教育を実施している。本書では、成人移民への言語教育を「成人移民に受け入れ国の国語を教えるために、受け入れ国の実施する意図的・組織的な教育活動」と定義する。

0.3 成人移民への言語教育の歴史

成人移民への言語教育の歴史は、20世紀初頭のアメリカ合衆国に遡ることができる。当時のアメリカ合衆国では、ロシア、イタリアなどヨーロッパ諸国からの移民が激増しており、アメリカ合衆国を支配するアングロサクソン系住民にとって、これらニューカマーは大きな問題となっていた。そこで、彼らの「アメリカ化」を図るため、アメリカ合衆国政府は成人移民への言語教育を実施した。セオドア・ルーズベルト大統領（任期1901〜1909年）が考えた移民の「アメリカ化」は、次の内容を含んでいる。すなわち、アメリカ合衆国の実

---

5 また台湾外交部（日本の外務省に相当）は、20歳未満の入国ビザ申請者に対して、親権者（もしくは保護者）が署名する旅行同意書の提出を要求している（駐舊金山台北經濟文化辦事處、2014）。

6 成人移民は通常、自らの意思で帰化を申請し、受け入れ国の国籍を取得するまで、その成人国民たる権利を取得すること（場合によっては兵役の義務）ができない。ただし、アメリカと台湾を含む多くの国では、帰化により国籍を取得した後も成人移民の権利、例えば公務員就任、公職の被選挙資格などを制限している。

質上の国語である英語を習得すること、またアメリカ合衆国に対して忠誠を誓うこと、さらにアメリカ合衆国に対する自らの責任を理解し、それを忠実に履行することである（Sharlip and Qwens, 1925: 15）。

　移民の「アメリカ化」の実現に向け、成人移民への言語教育は次の2点を目標として実施された。第1に、アメリカ合衆国の帰化裁判所（Naturalization Court）で行われる帰化テストに合格できる知識を移民に習得させることであり、第2に、アメリカ合衆国のアイデンティティ、及び当時主流と考えられたアメリカ人のライフスタイルを移民が身につけることであった（Orgad, 2011）。このような意味で移民の「アメリカ化」は、今でもアメリカ合衆国における成人移民への言語教育政策の目的となっている（U.S. Commission of Immigration Reform, 1997）。

　そして第2次世界大戦後まもない、1948年にもう1つのアングロサクソン系移民国家、オーストラリアでも、東ヨーロッパ諸国からの移民を対象とする「成人移民教育プログラム」（Adult Migrant Education Program, AMEP）[7]が始められた。1970年代まで、この「成人移民教育プログラム」の目的は、非アングロサクソン系の白人移民のオーストラリア社会への同化を促進することであった（Martin, 1999）。しかし1970年代中期に、オーストラリアは多文化主義を国是と定め、それ以降、「成人移民教育プログラム」の目的は、移民の自立や彼らのオーストラリア社会への適応を支援することへと変わった（Martin, 1999）。

　成人移民への言語教育は、ヨーロッパにおいても導入され始めた。オランダは、1998年の「ニューカマー統合法」（Wet inburgering nieuwkomers）の施行に伴い、成人移民への言語教育を導入した。これは、500時間のオランダ語教育と100時間の公民教育を含むものであった。当時、オランダ政府は、オランダの海外領土出身者、また欧州共同体加盟国（欧州経済共同体加盟国を含む）以外の国の出身者に対して、成人移民への言語教育の受講を義務づけていた（Carrera, 2006）。オランダ政府は、移民のオランダ語能力を向上させ、移民の統合を促進し、移民に早期自立という責任の履行を求めることをその目的と考えていた

---

[7] オーストラリアの「成人移民教育プログラム」（Adult Migrant Education Program, AMEP）は1991年に、「成人移民英語教育プログラム」（Adult Migrant English Program, AMEP）に改称された。

（Entzinger, 2003）。

　このような成人移民に対するオランダの言語教育政策は、その後、西ヨーロッパ諸国の1つのモデルとなった。オーストリアでは2000年に、ベルギーのフランダース地域では2003年に、またドイツでは2005年に、オランダの取り組みをモデルとする成人移民への言語教育政策が次々と開始された。

　成人移民への言語教育はアメリカ合衆国などのアングロサクソン系の移民国家だけではなく（Freeman, 1995）、2000年以降のヨーロッパ諸国においても注目に値する進展を遂げている。欧米諸国にとって成人移民への言語教育は、従来の学校教育制度に属さない新たな国語教育の取り組みであると同時に、自国内における成人移民の位置づけを再確認するための政策でもあった。

　一方で東アジアでの移民受け入れの歴史は欧米諸国に比べて短い。そのため成人移民への言語教育についての関心や意識は、いまだ高いとはいえない。しかし、国際移住は欧米諸国のみならず、東アジア地域でも行われている。1950年頃までは植民地支配と第2次世界大戦のため、日本と台湾では人口移動が盛んであったが、それ以降の国際移住は欧米諸国に比べて少ない。しかし1950年代以降、日本では在日韓国・朝鮮人、中国帰国者、インドシナ難民が登場し、また台湾ではブルーカラー外国人労働者、台湾人の外国人配偶者などの移民グループの登場により、国語による移民統合が問題となった。両国の社会で移民の存在が注目され、成人移民への言語教育が議論されるようになったのである。

0.4　先行研究

　これまでの日本と台湾における成人移民への言語教育に関する先行研究には、主に次の2つの傾向が認められる。

　1つは、成人移民への言語教育の教授法に関わるもので、日本では、例えば小林（1993）が考えた成人移民向けの日本語教育のカリキュラムや、国際交流基金（2014）の提案した「JF日本語教育スタンダード2010」などがある。台湾では、何（1999）が1990年代から開発し、検討し続けた成人向けの識字教育の教材、また黄・鄒（2010）がKolb（1984）の経験学習理論（Experiential learning Theory）に基づいて提案した外国人配偶者向けの第2言語指導モデルな

どがある。

　しかし本書は、学習者のスピーキング、ヒアリング、リーディング、ライティングなど言語能力の向上に関する教授法ではなく、教育の行われる場面での権力構造に注目する。これまで日本では、成人移民への言語教育における学習者と教授者の関係が非対称的なものとして批判され、その是正を可能にする教授法が検討されていた（森本、2001；岡崎、2002）。また成人移民への言語教育は、移民（もしくはすべての日本語の学習者）を日本人に同化させる手段でもあると指摘を受けている（田中、1996）。

　第2の傾向は、受け入れ国において学校教育や言語教育を受ける成人移民の権利に関わる研究である。黄（2003）が述べたように、台湾で教育を受けることは「中華民国憲法」に保障されている基本的人権の1つである。台湾だけでなく、日本を含む多くの国家では、この教育権は基本的人権として憲法に保障されている。しかし、成人移民はこの教育権の対象であるだろうか。また対象である場合、その教育はどのようにあるべきなのだろうか。多くの国民国家は、教育の対象を児童や年少者としての国民と限定している。ただし、成人移民への言語教育は教育権の一種であるとの意見もある（佐藤、2007）。

　しかしこれらの研究は、教育権が教育の義務を伴うとの側面を取り上げてこなかった。「日本国憲法」第26条は国民の教育権を保障すると同時に、この教育を義務教育と規定している。台湾の「中華民国憲法」第21条も、国民は教育権と教育の義務を持つと規定した。そのため、受け入れ国の国語の習得を成人移民の1つの義務とすることが、成人移民の言語教育を受ける権利の前提として主張されている（佐藤、2007；林・周、2007）。これは、受け入れ国が成人移民に対して、受け入れ国の国語を習得するよう要求できる権利のあることを意味している。

　さらに、これまでの先行研究は、日本と台湾における成人移民への言語教育政策の形成過程を検討していない。台湾では、楊（2011）が19世紀末の中国から現代の台湾までの成人教育政策に関する考察を行い、何（2007）は1990年以降の台湾における識字教育政策の歴史に関する考察を行った。しかし、従来の成人教育行政の枠組みにとらわれず、成人移民への言語教育の歴史を包括的に考察する研究は少ない。

日本において、関（1997）の日本語教育史の研究は 1945 年以前の日本語教育史に重点を置いている。また野山（2009）による日本語教育政策史の研究は 1945 年以降の日本語教育に焦点をあてたものの、文化庁による政策動向を中心に整理したものにとどまっている。さらに Gottlieb（2011）は、日本における成人移民への言語教育の歴史を包括的に検討し、これまでの成人移民への言語教育の歴史が「単一民族・単一言語的イデオロギー」に支配されてきたものであるとの見解に至った。しかし、Gottlieb（2011）の研究は、日本における成人移民への言語教育の政策形成過程に影響を与えた政治上の問題や、社会の実情を考察するものではなかった。

0.5　研究の課題

本書は、これまでの日本と台湾における成人移民への言語教育の政策形成の過程を明らかにし、移民を対象とする言語統合の展開を検討する。そこで、成人移民への言語教育について下記の 3 つの側面を中心に考察する。

まず、本書は日本と台湾における成人移民への言語教育の歴史を明らかにした上で、その教育の対象を考察する。アメリカ合衆国における成人移民への言語教育は、ロシアやイタリアなどのヨーロッパ諸国からの移民を「アメリカ化」するために開始された。しかし、なぜロシアやイタリアなどからの移民の「アメリカ化」が必要となったのか。また、オランダにおける成人移民への言語教育は、その対象をヨーロッパ以外の国や地域からの移民としている。しかしドイツやフランスなど欧州共同体加盟国からオランダに移住する移民の中にも、オランダ語を使う人は少ないと考えられる。にもかかわらず、なぜ彼らは成人移民への言語教育の対象に含まれていないのだろうか。これは、欧米諸国において、成人移民への言語教育の対象について意図的な選択が行われてきたためである。では日本と台湾でもこのような意図的な選択は行われたのであろうか。そしてこのような対象選択は、どのような移民政策の理念を反映しているのだろうか。

現在、日本の成人移民への言語教育の実施にあたって、地域日本語教育がその中核的な役割を占めている。その地域日本語教育の現状と課題について、本

書は筆者が京都府内の地域日本語教育関係団体を対象として行ったフィールドワークの結果に基づいて検討する。地域日本語教育の主な課題とは、成人移民への言語教育に対する日本政府の関与や日本語ボランティアの結束、そして地域日本語教育という「教育」における「同化」、及び「教える－教えられる」関係である。

さらに、成人移民への言語教育の展開は、実は移民政策の動向に密接している。本書では台湾における移民の実態、また出入国管理や帰化を中心とする移民政策の形成過程を明らかにする。その上で、言語政策としても移民政策としても重要な役割を果たしている台湾の帰化テスト政策を検討する。台湾の帰化テストは、アメリカ合衆国などのアングロサクソン系移民国家よりかなり遅いものの、西ヨーロッパ諸国とはほぼ同時期の2005年に導入された。しかし、その導入目的や果たしている機能はまだ解明されていない。

0.6　本書の構成

本書は序章、第1〜7章並びに終章、後書きにより構成されている。第1章は日本における多文化共生について、そして第2〜4章は日本における成人移民への言語教育、移民政策の理念についての考察であり、第5〜7章は台湾における成人移民への言語教育についての考察である。

第1章「1945年以降の日本における成人移民への言語教育政策の形成」は、1945年から2014年現在までの日本における成人移民への言語教育政策の形成過程を、1945年から1970年代後半までの「草の根運動期」、1970年代末から1980年代前半までの「民間主導－政府対応期」、1980年代から1990年代までの「政策発展・定着期」、そして2000年以降の「政府の役割拡大期」という4期に分け、通時的に検討し、その動向を分析する。そして、日本政府による成人移民への言語教育政策の目的や対象の選択を考察し、日本政府における成人移民への言語教育政策と移民政策との関わりを明らかにする。

第2章「地域日本語教育の現状と課題——『京都にほんごリングス』を中心に」では、日本における成人移民への言語教育の実態を解明し、その課題を検討する。地域日本語教育を対象とする研究は1990年代から盛んになっている。

しかし地域日本語教育の実情に踏み込んで行われた調査は少ない。そこで筆者は京都府内の地域日本語教室が結成したネットワーク組織「京都にほんごリングス」を対象とする実態調査を実施し、日本語ボランティアの意見に基づいて地域日本語教育の課題と展望を検討する。

　第3章「なぜ、日本語を『教え』てはいけないのか――『地域日本語教育』における『教える−教えられる』関係に対する批判の再考」では、地域日本語教育における「教える−教えられる」関係を批判するこれまでの言説を再批判する。1980年代の後半以来、ニューカマーの急増に伴い、日本語の学習需要が発生した。これには市民ボランティアを主体とする地域日本語教育が対応してきた。しかしこの地域日本語教育には非対称的な「教える−教えられる」関係が働いていると指摘され続けている。筆者はこの現象に注目し、この関係に対する批判言説の背景と構造を考察する。またこの再批判を踏まえて、「同化」という用語の意味を検討し、「教える−教えられる」関係を乗り越える可能性を探る。

　第4章「『多文化共生』とは何か――批判的一考察」は、日本に定住する韓国・朝鮮人の反差別運動で初めて提起された概念であり、1990年代後半から日本の外国人政策（すなわち移民政策）の理念となった「多文化共生」を検討する。「多文化共生」には、少なくとも「抵抗としての多文化共生」「アイデンティティとしての多文化共生」「歴史観としての多文化共生」「実践としての多文化共生」の4つの機能または役割があることを明らかにする。

　第5章「1945年以降の台湾における移民政策の展開」は、多民族・多言語国家としての台湾の歴史やエスニック構成を背景とし、2014年までの台湾政府の主な移民政策の推移を1912〜1949年の「中国大陸統治期」、1950〜1987年の「軍事統治期」、1988〜2000年の李登輝政権期、2000〜2008年の陳水扁政権期、2008〜2016年予定の馬英九政権期に分けて検討する。その上で2014年現在台湾における移民の実態を、台湾で用いられている独特な移民カテゴリーに基づいて明らかにする。

　第6章「台湾における成人移民への言語教育――その政策形成と対象選択を中心に」では、台湾政府はなぜ成人移民への言語教育を実施したか、その実施にあたってどのような役割を果たしたか、そして、台湾政府がどのように成人

移民への言語教育の対象を選択したかを検討する。第 6 章もまた台湾における成人移民への言語教育の政策形成や定着、並びに教科書の内容分析で、台湾政府が実現させようとした移民統合の理念を考察する。

　第 7 章「成人移民、国家と『国語』――台湾の帰化テスト政策の形成過程を中心に」では欧米諸国を中心とした帰化テストの歴史や、台湾における帰化や国籍取得に関する制度の推移を背景として、2005 年に導入された台湾の帰化テストを考察する。本章は台湾における帰化テスト実施の政策形成過程、合格基準点、出題内容などを解明する上で、移民受け入れ国にとっての帰化、永住権取得に関する「国語」能力要件や帰化テストという制度の役割を、台湾政府の政策担当者の視点を交えて考察する。

　なお、本書では台湾の法的・政治的文脈に合わせる形で、「台湾人」「外国人」「中国人」という 3 つの用語を以下の意味で使用する。まず「台湾人」とは、台湾国籍を有し、かつ台湾戸籍を取得した者である。この定義によると、台湾国籍を有していても、台湾戸籍を取得していない者は「台湾人」に含まれない[8]。しかし、帰化などによって台湾国籍と戸籍を共に取得した者はこの「台湾人」に含まれる。ただし、台湾における戸籍とは、「台湾人」が台湾政府に登録する台湾国内における住所など個人情報を意味する日本の住民基本台帳制度と近似するもので、これは日本における戸籍制度とは異なる。

　次に「外国人」とは、台湾国籍を持たない者とする。この定義によれば、「中国人」、つまり中華人民共和国（以下「中国」とする）国籍を有する者は、「外国人」に含まれる。ただし、香港・マカオ地域の永住権を有する者は「香港・マカオ人」として、「中国人」には含まれない。香港は 1997 年に、マカオは 1999 年にそれぞれイギリス、ポルトガルから中国に返還されたが、台湾政府は法律上、「香港・マカオ人」を「中国人」とは別のカテゴリーとして扱っている。

　上記の用語については、また本書の第 4 ～ 6 章の内容で詳しく説明する。ただしこれらの用語の定義は、2014 年現在台湾政府による公式見解とは異なる

8　台湾戸籍を有するが、2 年以上台湾に入国したことがないため、台湾政府に非居住者と見なされ、行政上では戸籍を有する者として扱われなくなる。しかし彼らは簡易な手続きによって戸籍の再登録ができるため、依然としてこの「台湾人」の枠組みに該当する。

場合があることをご了承いただきたい。

0.7 研究方法

ここでは、本書の採用する研究方法を提示する。それは、文献調査、参与観察調査、聞き取り調査の3つである。

0.7.1 文献調査

日本と台湾における成人移民への言語教育の展開について、また日本の成人移民への言語教育における「教える−教えられる」関係に対する批判並びに、台湾における帰化テストの政策形成過程を考察するため、文献調査を行った。これには日本語、中国語、英語で作成された書籍、論文、公文書、会議記録、統計資料、新聞記事などの文献資料から、本書のテーマに関する部分を取り出して整理した。なお、本書の作成過程において参考とした文献や統計資料は、2015年1月以前に刊行され、公表されたものに限定している。

0.7.2 参与観察調査

成人移民への言語教育の実態を解明するため、筆者は2009年の前半から2011年の後半まで京都府内の複数の日本語教室、そして2010年の後半から2011年の前半まで、大阪市内、大阪府北部地域内の複数の日本語教室で、参与観察を継続的に行った。参与観察調査法とは、「フィールドでの生活や活動に加わることで、そこで共有されている視点や意味の構造を内在的に明らかにしようとする調査技法」である（フリック、2002：396）。

参与観察にあたって、筆者はブルアとウッド（2009：27）が主張した「参加者としての観察者」として対象団体の活動に参加しており、対象団体の行動決定に極力、影響を与えないようにした。本書の第2章と第3章は、筆者が参与観察調査で取得したフィールドノートに基づいたものである。

0.7.3 聞き取り調査

　筆者は 2010 年から 2011 年にかけて、日本と台湾でそれぞれ 1 回の聞き取り調査を実施した。この聞き取り調査は、出版され、公表された文献資料では十分に反映することができない関係者の意見を取り上げることが可能になった。

　日本で実施した聞き取り調査は 2010 年 1 月から 5 月までの間に、京都府内の地域日本語教育ネットワークに加盟した 15 か所の日本語教室の代表者 19 人を対象として、17 回実施した。

　台湾で実施した聞き取り調査は、台湾政府内の成人移民への言語教育政策の関係者、そして台湾の国会議員、台湾政府の外郭団体の職員、成人移民への言語教育の元講師などの 7 人を対象として、台北市内で 2011 年 2 月中旬に 6 回実施した。

　筆者は、聞き取り調査において対象者の同意を得た上で録音を行った。この録音資料を文字化した資料を、本書の作成にあたり使用した。

第1章
1945年以降の日本における成人移民への言語教育政策の形成

1.1　はじめに

> 「日本人にとって、国家、民族、宗教、言語といった、人間のあり方を基本的に規定するような重要な要素は、互いに分離することの出来ない1つのセットとして受け止められている。そこで日本語を使う人間は日本人であり、日本人しか日本語を話せないという信仰にも似た確信が生れる」
>
> （鈴木、1975：207）

　日本では、日本という国家と日本人、国語とは互いに切り離すことができない一体のものである、との主張はよく聞かれる。安田（2006）はこの現象をキリスト教の理論を借りて「国家－民族－言語」の「三位一体」論と考え、日本では明治維新期から強調されてきたことを指摘した。しかし、「三位一体」とされる「国家－民族－言語」の中で、言語の位置づけは非常に曖昧であるといわざるを得ない。なぜなら、日本国憲法では「国語」の定義を行っておらず、日本国民たる要件を規定する日本の国籍法は、日本語能力を有することを帰化の要件としていない。1899年に公布された「大日本帝国憲法」と「国籍法」（明治32年法律第66号）に遡っても、日本という国家の「国語」の定義、そし

て外国人の帰化にあたる言語能力の要件は見あたらない。すなわち、日本の法律では国語の定義、または国語に関する規定を設けていないのである。そのため、厳密にいうならば、「国家－民族－言語」の三位一体論は日本の法律によって支えられていない。しかも我々が現在「日本語」と呼んでおり、疑いもなく日本の公用語と見なされている言語は、日本の国語であると明言することはできないのである。

「国家－民族－言語」の三位一体論と法律の内容を照らし合わせると、日本人と日本語とは1つのセットではなく、その中には「ズレ」が見えることがわかる。つまり日本人になるには、日本語を話せることは必須条件ではない。また日本語能力を有することは、出入国管理及び難民認定法を中心とする移民管理の関連法令における入国ビザの発給や更新、また永住許可の要件でもない。

移民が日本で長期滞在したり、定住したり、帰化手続きによって日本人になる場合においても、実際日本語の習得は必ずしも義務ではない。しかし「国家－民族－言語」の三位一体論が日本社会に広まることを考えると、日本政府がどのようにこの「ズレ」を考えるかは実に興味深い話である。

筆者は、「内なる国際化」(門倉、1994)が始まってから日本に来た成人移民への言語教育は、この「ズレ」に対する重要な政策手段であると考える。つまり日本政府が彼らに公的な場における日本語以外の言語使用を認めていない現在、移民の言語習得に役立つために存在する言語教育は、少なからぬ役割を持っているだろう。

日本では国内在住の成人移民への言語教育、すなわち日本語教育の研究者は少なくない。しかし研究が盛んになった一方、日本における成人移民への言語教育の政策形成についての考察は、いまだ十分ではないといわざるを得ない。数少ない先行研究の中、関(1997)の『日本語教育史研究序説』は19世紀後半から1945年までの日本語教育の歴史に重点を置いて緻密な考察を行った上で、1945年以降の日本における成人移民への言語教育に対する検討を行っていた。しかしその検討の対象は1945年以降の日本語教育の教科書や教材の開発状況にとどまっており、成人移民への言語教育政策の展開までには及んでなかった。また野山(2009)は1945年以降の日本語教育政策を文部省や文化庁の施策を中心に紹介したが、政策の背景を包括的に検討していなかった。さ

らに Gottlieb（2011）も 1945 年以降の日本における成人移民への言語教育政策について考察を行っていた。しかし彼女の関心は、「国家－民族－言語」の三位一体論に基づいて日本では国家レベルの成人移民への言語教育政策がなぜ「存在していないか」を説明することにとどまっており、その三位一体論の有効性を完全には検討していなかった。

　そこで、本章は 1945 年以降の日本による成人移民教育政策の実態を明らかにするため、その形成を通時的に検証するものとして、日本政府にとって移民の日本語習得の意義、また移民と日本語の関係における言語教育の位置づけを検討する。筆者は、この検討はこれまでの法律の明示しない移民と日本語の関係、すなわち日本における国語による移民統合の実態の解明につながるものだと考える。

　以下では、日本における成人移民への言語教育政策の形成過程を 1945 年から 1970 年代後半までの「草の根運動期」、1970 年代末から 1980 年代前半までの「民間主導－政府対応期」、1980 年代から 1990 年代までの「政策発展・定着期」、そして 2000 年以降の「政府の役割拡大期」という 4 期に分け、検討する。

1.2　1945 年から 1970 年代後半まで――「草の根運動期」

　ここではまず、1945 年から 1970 年代後半までの日本における成人移民への言語教育政策の形成過程を検討する。本書は、これを「草の根運動期」と位置づける。

　1945 年の敗戦は、日本の歴史における最も大きな境目の 1 つである。日本はすべての植民地を放棄したが、1945 年以前に国外の植民地から日本本土に移住した人口の一部は、その後も日本で外国出身の移民として住み続けている。1945 年頃、日本支配下の朝鮮半島から日本本土に移住した朝鮮人人口は、約 200 万人であった。彼らの大半は 1946 年までに朝鮮半島に戻ったが、その後も日本国内には、65 万人以上の韓国・朝鮮人が残っていた（在日本大韓民国民団、日付なし）。ところが、彼らの国語（日本語）能力に関して、当時の日本政府は全く関心を示していなかった。

一方で地方自治体や各地域の小中学校による在日韓国・朝鮮人対象の日本語教育は、1920年代からすでに導入されていた。中島（2005）によると、1922年に大阪地域のある小学校では朝鮮人の就学を促すため、日本語と朝鮮語の両言語を使う夜間特別学級を設置した。1945年以降も、小学校附属の夜間学級と夜間中学は、引き続き在日韓国・朝鮮人の日本語学習の場であった。特に在日韓国・朝鮮人が多い関西地域の夜間中学では、1970年代から在日韓国・朝鮮人女性が学習者の大半を占めるようになった（棚田、2006）。当時の夜間中学で日本語を学習していた人の多くは朝鮮半島に生まれ、戦争や貧困、外国人であるなどの事情で義務教育を受けられなかった在日韓国・朝鮮人1世である（岩槻、1998a）。夜間中学を中心に展開した在日韓国・朝鮮人を対象とする日本語教育は、「奪われた文字を奪い返す」ことを目的とした「識字教育」と呼ばれている（元木・内山、1989：30）。

　ところが日本政府は、夜間中学で行われてきた識字教育の役割を認めていなかった。1955年には、日本全国で夜間中学84校が開設されており、5,208人の学習者が通っていた（岩槻、1998b：118）。しかし文部省（当時）は1947年に新たに発足した「六・三制」という学校制度を維持するため、夜間中学を正規教育として認めず、その支援には消極的であった。その結果、夜間中学の運営は、主に識字教育に関心を持つ教育関係者や一般市民そして一部の地方自治体の社会教育行政により支えられていた（元木、1991）。このように日本の「識字教育」は草の根の力により発展してきたもので、学習者の識字能力を高めるだけではなく、学習者が識字能力のないために被った差別から解放するものとされていた（元木・内山、1989）。

　当時、日本政府は移民の日本語習得に全く関心を示さず、成人移民への言語教育政策を実施していなかった。このため、人道主義の精神を出発点とした民間による成人移民への言語教育が登場した。またこのような民間による成人移民への言語教育活動は、当時は広義の成人教育として見られており、1つの分野として独立していなかった。これは、日本では外国語教育としての日本語教育の専門性がまだ確立していなかったことと関係がある（水谷、1972；池田ら、1972）。

1.3　1970年代末から1980年代前半まで
　　　――「民間主導－政府対応期」

　1972年の日中国交樹立をきっかけとして、中国残留日本人[1]の日本への帰国が本格化した。そして1970年代後半までのベトナム、ラオス、カンボジアの間で行われた第2次、第3次インドシナ戦争の結果、日本ではインドシナ難民の受け入れが始まっていた。

　外国からの移民の中で一番注目されたのは、日本に帰国し、移住した中国残留日本人及びその家族を指す「中国帰国者」である。日本政府の統計によると、1972年から1985年までの間で、日本政府の支援を受けて日本に移住した中国帰国者数は1,869世帯の6,020人である（中国帰国者支援・交流センター、2014）。また比較的少数であるが、同時期には韓国と旧ソ連のサハリン島から日本に帰国した、いわゆる「韓国帰国者」と「サハリン帰国者」[2]。1989年以降から2013年までの間で、日本で永住するために帰国したサハリン帰国者数は263人[3]である（厚生労働省、2014）。

　中国帰国者の中には、戦後の混乱期において日本人の家族と離れ、中国人家族に養育された孤児が多い。中国残留孤児、また残留婦人[4]の1945年以降に中国で生まれた家族にとって日本は「母国」であり、日本への移住は「帰国」であるのだが、中国帰国者の多くは幼少期から中国で暮らしていたので、彼らも移民であるといえる。中国帰国者のほとんどは日本語を第1言語とせず、日本語能力を有していなかった。しかし日本語能力の有無は、中国帰国者の移住に支障を来さない。なぜなら、中国残留日本人であることを判定する基準は、日本人との血縁関係のみであり、日本語能力の有無ではないからである。

1　中国残留日本人とは、1945年の日本の敗戦とソ連軍の侵攻により生じた混乱状況のもとで、やむを得ず中国に残留した日本人及びその家族のことである。

2　韓国帰国者、そしてサハリン帰国者のほとんどは、現地住民と結婚して1945年以降にも残留していた日本人女性と彼らの家族である。

3　また佐久間（2000）によると、1999年12月末まで、中国帰国者定着促進センターに入所したサハリン帰国者は60人であった。

4　日本政府は、1945年の時点で13歳未満の中国残留日本人を「残留孤児」といい、そして13歳以上、中国残留日本人の女性を「残留婦人」という。

1971年に、日本のマスメディアは、日本に帰国した韓国残留日本人及びその家族、つまり韓国帰国者が東京都内の夜間中学で行っている日本語学習を取り上げた。日本の夜間中学の従来の役割は、何らかの理由で9年間の基礎教育を修了するのが難しい青少年に基礎教育を受けられる機会を提供する、義務教育の補完にすぎなかった（塚原、1969）。しかし当時の夜間中学で日本語教育を受けた韓国帰国者の大半は、昼間に働いており、平均年齢は30歳前後の成人である。

　在日韓国・朝鮮人の多い関西地方の夜間中学とは対照的に、関東地方の夜間中学では1970年代になると、中国帰国者が急増した（宮武、2011：111）。1975年頃の新聞報道によれば、関東地方で帰国者を対象とした夜間中学は東京都内の4校であった、これらの夜間中学は中国帰国者に週14時間の日本語教育を提供していた。また夜間中学とは別に、1970年代中期の東京都内では中国帰国者対象の日本語教室が、中国に興味や関心を持つ市民によって開設されていた。帰国者対象の日本語教育は、基本的に草の根運動に支えられていたのである。

　一方で帰国者を国民として受け入れた「母国」としての日本政府は、中国帰国者対象の日本語教育に積極的ではなかった。中国帰国者の日本語習得について、日本政府において帰国者支援を担当する厚生省援護局（当時）の官僚は次のように述べていた。

> 「（帰国者は）全国に散らばっており（中略）やはり地域社会の中で、（日本語は）個人の努力で習得してもらわなければ（後略）」（傍点は筆者、以下同）

5　「冷たかった祖国　働きながら学ぶ韓国引上げ子弟　ポイと夜間中学へ　お粗末な日本語教育」（1971年3月16日）朝日新聞。
6　「元気に『あいうえお』夜間中学に日本語学校」（1971年6月2日）読売新聞。
7　「日本語学習に国の施策待つ　夜間中学の中国帰国者　学級開設わずか4校」（1975年2月14日）朝日新聞。
8　「中国からの帰国者に日本語を教えよう　若者たちに広がる輪」（1975年4月3日）朝日新聞。
9　「母国は冷たい異国だった　中国帰国者　日本語の壁、自立を阻む　言葉わからず、つらい生活　学べる場所は夜間中学のみ　政府はさっぱり関心示さぬ」（1977年12月5日）朝

これを見ると、1970年代では、日本政府は帰国者の日本語能力の有無を重要と見なしておらず、帰国者の日本語能力の習得には「自由放任」の態度を示していた。しかし、日本政府のこの考え方は世論の不評を買い、日本社会では帰国者対象の日本語教育政策の確立を求める草の根運動が拡大していった。

　1980年に東京の江東区役所に対して、帰国者対象の日本語教育を提供する場所の設立を求める市民団体が結成された。江東区役所はこの提案に初め消極的だったが[11]、その後、市民の要望を受け入れ、1982年4月に地方自治体として初めての「中国帰国者日本語学級」を開設した（藤沼、1998）。これは、年間400時間の日本語教育のほか、生活指導、就職支援も含んでいた。またその対象は、江東区内在住の16歳以上、生活保護を受給している中国帰国者であり、授業は主として昼間に行われている[12]。そのため、昼間に就労する中国帰国者はその対象から外された。つまり、江東区在住の中国帰国者で受講できた人々は、その一部にすぎない[13]。

　江東区役所による「中国帰国者日本語学級」の開設は、日本社会における帰国者の存在感の高まりを示している。一方で国会議員は、日本政府による帰国者対象の日本語教育に関して、教科書の配布や生活指導員の派遣[14]だけではなく、より積極的な対応を求めていた[15]。里親制度の設立[16]など、さまざまな方法を模索した結果、1982年3月に坂田道太法務大臣（当時）は中国帰国者を半年以上収

日新聞。

10　「『日本語学級のある夜間中学つくって』中国帰国者らが促進集会　居住者多い江東」（1981年7月21日）読売新聞。

11　「引き揚げ者のため夜間中学設置を　センター設立委、江東区長に申し入れ」（1980年12月25日）朝日新聞。

12　「中国帰国者に日本語教育　江東区独自に実施　4月から」（1982年2月12日）読売新聞。

13　「日本語わかった！乾杯　江東区内の自主夜間中学　一学期終了　中国帰りや韓国の人ら」（1982年8月11日）朝日新聞。

14　1979年当時、帰国者の日本語教育についての相談は生活指導員が対応していた。

15　厚生省援護局長（当時）河野義男の発言、衆議院「社会労働委員会議録」第6号（1979年3月1日）。

16　「中国残留孤児に永住帰国の道　『里親』国があっせん　まず16組、就職も世話」（1982年4月6日）読売新聞。また厚生省援護局長（当時）北村和男の発言、衆議院「内閣委員会議事録」第9号（1982年4月6日）。

容できる公的施設の開設を提言した[17]。その提案にしたがって、1984年2月には埼玉県の所沢市に「中国帰国孤児定着促進センター」(以下「定着センター」とする)が開設された。

帰国者のための定着センターには、日本政府の認定を受けて新たに入国する帰国者が入所できる[18]。入所資格を満たした帰国者は強制ではないものの、定着センターで4か月間の日本語教育や生活指導、職業訓練を含む成人移民への言語教育の授業を受講できる(中国帰国者定着促進センター、2012)。そこでの言語教育の目的は、日本における帰国者の早期自立である[19]。その後、日本政府は、年間約100世帯の中国帰国者の入所が可能になると考えていた[20]。

実は、中国帰国者対象の定着センターの開設は、1979年の「難民定住促進センター」の開設に着想を得たものである[21]。1970年代のベトナム戦争、ラオス内戦、そしてベトナムによるカンボジア侵攻はインドシナ半島に経済不振や政治的不安定をもたらし、大量の難民を作った。1975年以降、インドシナ難民の一部は海路で日本に到着し、日本政府の支援と保護を求めた。特に1977年以降はインドシナ難民の急増が見られる[22]。当初、日本政府はインドシナ難民の日本での定住を拒否し、一時滞在を容認するのみだったが、1978年4月に態度を一転させて、彼らの定住を受け入れた。なぜ、日本政府の態度は一転したのだろうか。これは、アメリカ合衆国などの西側諸国からの圧力を受けたこ

---

17 法務大臣(当時)坂田道太の発言、衆議院「予算委員会第一分科会議事録」第4号(1982年3月8日)。

18 1984年の時点で、「定着センター」の入所対象は日本政府の国費を受け、日本に永住する目的を持って来日して自らの肉親がわかった帰国者と限定された。

19 厚生大臣(当時)林義郎の発言、参議院「予算委員会議事録」第4号(1983年3月11日)。

20 2014年7月現在、日本政府の国費で帰国した中国帰国者が来日直後の6か月間は「定着センター」に入所し、525時間の日本語教育と定着指導、職業指導を含む移民教育を受けることができる。「定着センター」の日本語教育は実施の目的を「(帰国者が)日本での生活への自信と意欲、それを下支えする基礎知識、基礎技能を身に付ける」とする(中国帰国者定着促進センター、2012)。

21 厚生省援護局長(当時)持永和見の発言、衆議院「社会労働委員会議事録」第7号(1981年4月9日)。

22 「途方に暮れるベトナム難民 政府、急増に打つ手なし 430人、施設は満員」(1977年5月23日)朝日新聞。

と、または日本の対外的威信を維持しようとしたためであろう（末藤、1984）。

インドシナ難民は日本政府に定住が認められるまで、日本赤十字社や宗教団体などの提供する民間施設で一時滞在をしていた。その後、日本政府は彼らの定住を支援するため、1979年と1980年に、関東地方と関西地方にそれぞれ1か所の「定住促進センター」、また1983年には東京に「国際救援センター」を開設した。日本国外の難民キャンプに収容され、かつ日本での定住を希望する難民は、来日直後に定住促進センターあるいは国際救援センターに入所し、4か月間の日本語教育、生活指導や就職斡旋を受けることができる。この一方で「ボート・ピープル」[23]は、まず日本赤十字社と宗教団体の一時滞在施設に収容された。彼らの中で日本での定住希望者は、国際救援センターで日本語教育、生活指導や就職斡旋を受けることができた（萩野、2006）。

帰国者対象の定着センターと難民対象の定着支援センターの設立は、日本における初期の成人移民への言語教育政策の1つである。この時期、成人移民への言語教育政策は民間が主導し、日本政府の役割は民間の要望に対応するのみであった。しかもこの対応は、最小限にとどまっていた[24]。しかし「草の根運動期」に比べて、日本政府は成人移民への言語教育の実施に積極的であった。その最大の理由は、インドシナ難民と中国帰国者は日本に入国した時点で、すでに国内での定住権が認められていたためだと考えられる。また、この時期には難民と中国帰国者の日本語習得に対する民間の関心は、政府や国会が無視できないほど強くなっていたのである。

なお、「日本人」である帰国者対象の定着センターの開設が、「外国人」であるインドシナ難民対象の定着支援センターの開設より遅れていたことは、当時

---

[23] ボート・ピープルとは、小さな船で国外へ脱出する人々、特に1970年代後半にインドシナ諸国から、海路で外国に直接上陸した難民を指すのである。

[24] 1972年から2015年1月末までの間で、日本に定住した中国帰国者数は6,707人である。彼らの家族を含んで政府の国費を受けて定住した中国帰国者数は20,883人である（厚生労働省、2015）。一方で1984年2月から2014年3月末までの間で定着センターに入所した中国帰国者数は6,637人であり、1年間の平均入所者数は約332人である。つまり、定着センターの入所資格を持つ中国帰国者の大半は、定着センターに入所していないのである（中国帰国者定着促進センター、2014）。

の国会議員に批判された。このことから、成人移民への言語教育政策において日本政府は、Gottlieb（2011）が主張したように、「単一民族・単一言語的イデオロギー」に基づいて「日本人」に血のつながりを持つ者を優遇する傾向があるとはいい切れない。

1.4　1980年代から1990年代まで──「政策定着期」

　政府統計によると、1985年の外国人入国者数は2,259,894人である。この数字は2013年の外国人入国者数の20.1％にすぎないものの、1979年の210％にあたる（法務省、2014）。1980年代前半の外国人入国者が急増した背景には、日本経済の好調がある。

　日本の経済大国化は日本語の地位の高まりをもたらした。1972年に設立された国際交流基金の支援により日本国外の日本語教育は盛んになり、経済大国日本の国語と思われる日本語を学習しようとする人が急増していた（関、1997）。日本語の地位が高まったので、日本国内でも、日本語を教えることができる教師が必要となっていた。そこで日本語ボランティア養成講座が、1981年に金沢市で日本で初めて開催された（西尾、2003）。

　こうした1980年代における日本語の地位の高まりは、「日本語ブーム」といわれている（関、1997）。この「日本語ブーム」を背景として、1984年には「外国人に日本語を教える本」など、一般市民向けの日本語教育法の書籍が出版され（田中、1984）、その直後の1986年にも、学習者向けの日本語学習誌が初めて創刊された。

　1980年代には、留学生を受け入れる大学や日本語学校などの日本語教育機関が、1970年代に比べて約3倍に増加した（文部省、1988）。また日本語学習需要の増加に応じて、一般市民と地方自治体、民間団体が開設した日本語教室

25　衆議院議員（当時）小沢和秋の発言。衆議院「社会労働委員会会議事録」第7号（1981年4月9日）。また衆議院議員（当時）田川誠一の発言。衆議院「外務委員会会議事録」第2号（1980年10月22日）。
26　「円強く日本語熱高く　外人向け月刊誌が創刊　5万部順調な売れ行き」（1986年5月7日）読売新聞。

も増加した（山田、1988）。例えば、大阪府の枚方市役所は、日本語教育を希望する人が誰でも無料で受講できる「日本語読み書き学級」を1982年に市内の公民館で開設した（元木・内山、1989）。そして1983年には東京の民間団体が国際親善を目的として、西側諸国の駐日外交官や大手商社駐在員の女性家族を対象とした日本語教室を開設した。[27] そのほかにも中国帰国者や難民対象の日本語教室が多く開設されていた。

　一般市民と地方自治体、民間団体によって開設された日本語教室の背景はそれぞれ異なるものであるが、3つの共通点がある。まずこれら日本語教室の登場は、1980年代前後の「日本語ブーム」から影響を受けており、「日本語ブーム」のもとで、日本語教育、そして日本語教師という職業に興味を持った市民も増えていたことがある。またこれら日本語教室の運営は、基本的に非営利目的の市民ボランティア（以下「日本語ボランティア」とする）に支えられており、日本語学校や大学など日本語教育機関と異なる性格を持っている。さらに、これら日本語教室は基本的に地域団体であり、地域在住の一般市民に開放されている。

　このような地域の日本語教室は1980年代に日本国内各地に急増していた。岡島と岩槻（1991）によると、1990年に大阪府内ですでに42か所の地域の日本語教室が開設されていた。またこれら地域の日本語教室は情報の交換と資源の共有などを目的として、日本全国各地で複数のネットワークを結成した。国内で最初の日本語教室によるネットワークは、九州と沖縄の日本語教室などが1989年に結成した「九州日本語教育連絡協議会」である。1990年代に入ると、「埼玉日本語ネットワーク」（1992年）、「東京日本語ボランティアネットワーク」と「東海日本語ボランティアネットワーク」（1993年）、「山形日本語ネットワーク」（1994年）、「北海道日本語教育ネットワーク」（1995年）など、日本語教室によるネットワークが続々と結成された。

　1980年代の末に、日本政府は、一般市民や地方自治体、民間団体が開設した地域の日本語教室に注目し始めた。そこで地域レベルの国際化を推進するた

---

[27]「外人女性に日本語講座　11月から開設　港区婦人会館　国際親善促進にも期待」（1983年9月28日）読売新聞。

め、国は地方自治体に国際交流のまちづくりのための施策を展開するよう指示した。そのため、政府は地方自治体にいくつかの施策の実施を指示し、提言していた。ただし当時、政府は、地域における日本語教室の開設に関連して、地域レベルの国際化の推進は必ずしも必要ではなく、地方自治体が地域の実情に応じて実施してもよい施策と理解していた（自治省、1988）。

また政府は、地域の日本語教室を支援するため、1994年に「地域における日本語教育推進の構想」を発表した。それによれば、「地域における日本語教育」（以下「地域日本語教育」とする）とは、留学生を対象とした日本語学校や大学などではなく、地域社会を活動拠点とする地域の日本語教室による日本語教育のことであると定義された（深澤、1994）。

「地域日本語教育モデル事業」とは、この「地域における日本語教育推進の構想」を具体化した地域日本語教育に対する支援策である。そこで「地域日本語教育モデル事業」は1994年から2000年までの間に、次の表1-1のように川崎市、浜松市、大阪市などの8か所の指定地域で実施されていた。

表1-1 「地域日本語教育モデル事業」の実施概要（1994～2000年）

実施地域	地域の特徴
大阪市	多様な背景の移民が居住する地域
浜松市	日系人集住地域
川崎市	インドシナ難民が多い地域／多様な背景の移民が居住する地域
山形市	海外出身の日本人配偶者、中国帰国者が多い地域
福岡市	留学生が多い地域
武蔵野市	留学生が多い地域
沖縄県西原町	留学生が多い地域
太田市	日系人集住地域

出典：文化庁（2004a：7）に掲載された資料をまとめた結果。

「地域日本語教育モデル事業」の実施期間は2年間または3年間であり、これは地域の実情に応じた日本語ボランティア向けの研修会の開催や地域日本語教育コーディネーターの設置、地域の日本語教室の開設や日本語教育の教材や教師用マニュアルの開発に関わるものだった（深澤、1994）。このモデル事業によって、地域日本語教育は初めて政府による成人移民への言語教育政策の一部となった。

移民の増加と日本語の地位の上昇は、民間による成人移民への言語教育の活動、つまり地域日本語教育の拡大を後押しした。この頃、日本政府は地域日本語教育の発展に注目するようになり、地方自治体による地域日本語教育の推進を期待した[28]。ただし政府はこれと同時に、地方自治体にとって実施が困難であると思われた標準的なカリキュラムの作成や日本語教師の養成、そして地域の日本語教室向けのモデル事業の実施を国の役割とした（今後の日本語教育施策の推進に関する調査研究協力者会議、1999）。つまり政府は、成人移民への言語教育の実施を地方自治体や民間に委ねるものの、その実施内容の決定を国の役割と考えていたのである。

1.5 2000年以降──「政府の役割拡大期」

前節の分析から、日本では1990年代中期に地域日本語教育を中心とした成人移民への言語教育政策が定着したと同時に、政府が移民の日本語学習を一層重視するようになってきたことがわかる。この節では、2000年から2013年までの日本における成人移民への言語教育政策を、外国人技能実習生や日系人に対する政策と、そして地域日本語教育に分けて検討したい。

1.5.1 外国人技能実習生

日本における外国人技能実習生の受け入れは、1993年の「研修・技能実習制度」の創設より始まった。その目的は、日本企業が開発途上国の青壮年労働

---

28 文化庁次長（当時）遠藤昭雄の発言。衆議院「文教委員会議事録」第15号（1998年5月29日）。

者を限定した期間で受け入れ、日本の生産技術を彼らに移転することで、開発途上国の産業技術の向上に寄与する国際貢献であるとされている（公益財団法人国際研修協力機構、日付なし）。しかし実際、この制度を、低賃金で労働力を確保する手段とする日本企業が多いことも否めない。1993年の制度発足以降、外国人技能実習生が日本で滞在できる期間は数回の制度改正により延長され、現在、外国人技能実習生は最長で3年間日本で働くことができる。2013年に、日本国内の外国人技能実習生数（失踪者数を含む）は155,206人[29]で、2012年度より2.5％増加した（法務省、2014）。

　外国人技能実習生を受け入れる斡旋団体や受け入れ企業は、彼らに研修を実施する義務がある。2010年7月に行われた制度改正までの間、旧制度のもとで、来日1年目の外国人技能実習生の受ける研修は「実務研修」と「非実務研修」の2種類に分かれていた。実務研修は、実際の工場生産や商品販売などに直接に関わることを指している。受け入れ組織や団体は、実務研修の時間を、実務研修と非実務研修を合計した総研修時間の3分の2以下にしなければならない。政府は、研修時間全体の3分の1以上を占める必要がある非実務研修を規定する理由について[30]、次のように述べている。

　　「（外国人技能実習生が）効果的で安全な研修を受けるため、さらにはそれを支える日常生活を円滑に送ることができるようにするため」

（法務省入国管理局、2007：8-9）

　政府は、非実務研修が日本語教育や安全衛生教育、日本での生活に関する情報を含み、その中で日本語教育が最も重要な科目であると考えた（法務省入国管理局、2007）。ところが、政府の発表した法令は非実務研修の内容を明確に指定しておらず、日本語教育は義務とされていなかった。

　その後、2010年7月に行われた技能実習制度の改正では、従来の実務研修

---

[29] この数字は、在留資格「技能実習1号イ」「技能実習1号ロ」「技能実習2号イ」「技能実習2号ロ」に該当する人数の合計である。

[30] 一定要件を満たせば、非実務研修が総研修時間の3分の1以上でなければならない制限が緩和される場合もある。

と非実務研修の区分が廃止された。その代わりとして、外国人技能実習生を受け入れる組織や団体に、座学として外国人技能実習生対象の講習を義務づけた。政府によれば、その講習は「日本語」や「日本での生活一般に関する知識」「専門家による出入国管理及び難民認定法、労働基準法と外国人技能実習生の法的保護に必要な情報」、また「その他の技能研修に資する知識」の4つの科目により構成されている（法務省、2010）。

　上記の4科目を含む講習の実施時間は、来日1年目の外国人技能実習生が受ける研修時間全体の6分の1以上でなければならない。つまり、受け入れ組織や団体は、来日1年目の外国人技能実習生に、2か月以上の日本語教育を含む講習を実施することが義務づけられているのである。ただし、外国人技能実習生が来日前の6か月間に、すでに1か月間以上、あるいは160時間の日本語教育と日本社会での生活一般に関する知識の講習を受けたことがある場合、6分の1の制限が12分の1に緩和される（法務省、2010）。言い換えれば、外国人技能実習生を受け入れる組織や団体は、来日1年目の外国人技能実習生に対して、日本語教育を320時間以上含む講習が義務づけられているのである。

　外国人技能実習生対象の日本語教育に関して、2010年7月の技能実習制度の改正がもたらした最も大きな変革は、日本語教育が法令により明記されたことである[31]。政府によれば、制度改正の目的は、外国人技能実習生が働く現場において、指示は通常、日本語で行うので、操業・作業のために必要な日本語を彼らに理解させることにある（法務省入国管理局、2009）。しかし、外国人技能実習生対象の日本語教育の実施は、受け入れ組織や団体の義務であり、政府の義務ではない。つまり、外国人技能実習生への日本語教育や「日本での生活一般に関する知識」などの実施に関する政府の役割は、受け入れ組織や団体を監督することにとどまっている[32]。ただし、これまでは日本語教育を行わない受け

---

[31] また、専門家による法的保護に必要な知識についての講義の実施も同様に明記されている。

[32] 　日本政府は、経済連携協定に基づく外国人看護師・介護福祉士候補者の受け入れを行っている。政府は、彼らの受け入れをブルーカラー外国人労働者としての外国人技能実習生とは異なる特例と位置づけている（厚生労働省、2012a）。政府は、外国人看護師・介護福祉士候補者に9か月から12か月の日本語教育機関での日本語教育を提供し、日本語による国家試験に合格できる日本語能力の習得を期待している。2012年6月現在、インドネシ

入れ組織・団体が多いと指摘されている（指宿、2009）。

1.5.2 日系人

日系人とは誰だろうか。政府の外郭団体である「海外日系人協会」は日系人を次のように定義している。

> 「日本から海外に本拠地を移し、永住の目的を持って生活されている日本人並びにその子孫の二世、三世、四世等で国籍、混血は問いません」
> 　　　　　　　　　　　　　　（公益財団法人海外日系人協会、日付なし）

この定義によれば、日系人と見なされるためには、まず日本人と血縁関係を持ち、しかも日本の国外を生活拠点とする、との要件を満たす必要がある。これさえ満たせば、日本国籍や一定レベルの日本語能力の有無は必要な条件ではない。

この一方で日本の法律は、日系人を明確に定義していない。それにもかかわらず、1990年の「出入国管理及び難民認定法」改正で増設した「定住者」という在留資格の申請要件は、上記の日系人の定義を反映している。同法により、日本国籍を有しない日本人の実子、またはその実子の実子は、「定住者」として少なくとも3年間、就労義務や転職に関しての制限のない滞在許可を得て日本で生活することができる。日本政府は、日系人の「定住者」としての受け入れを、彼らが「我が国社会との血のつながり」を持つためとしている（法務省、2000）[33]。日系人の多くは、ラテンアメリカのブラジルやペルー出身であり、東アジアのフィリピン、中国出身の日系人も少なくない[34]。国内在住の日系人及びその家族の人口は、日本政府の統計資料で明らかにすることはできないものの、

アとフィリピン両国から受け入れた外国人看護師・介護福祉士候補者数は1,562人である（厚生労働省、日付なし）。

[33] また、親である日系人3世の扶養を受けている未成年の日系人4世は、日本を生活の本拠地とする場合、「定住者」として日本に滞在することができる。

[34] 実際、日系人の配偶者など「我が国社会との血のつながり」がない者も日系人に準じる滞在権を取得できる。

少なくとも数十万人以上であると見なされている。日系人定住者の日本語能力は、定住者としての滞在許可取得の前提条件ではない。実際、政府は日系人の多くに日本語能力がないと考えている（今後の日本語教育施策の推進に関する調査研究協力者会議、1999）。

2005年頃まで、政府による日系成人移民を対象とした言語教育政策は実施されていなかった。日系人対象の最初の言語教育政策は、日本政府が2006年に発表した「『生活者としての外国人』に関する総合的対応策」に含まれている。

その中で、「日系人を活用した日本語教室の設置運営」（表1-3参照）など日系人対象の移民教育政策は、重点施策であるとされている。2007年度から2008年度にかけて実施された「日系人を活用した日本語教室の設置運営」事業は、日系人の第1言語を話し、彼らと同様な文化背景を持つ日本語教師を地域の日本語教室に導入することにより、日系人の日本語学習の意欲を高めることを目的としている。2007年度から2008年度までの2年間で、政府は、「日系人を活用した日本語教室の設置運営」について地方自治体や民間団体から22件の提案を採択し、助成金を交付した。

一方で政府は、2009年に日本語教育や就労指導を中心とする「日系人就労準備研修」を開始した。「日系人就労準備研修」の導入背景について、政府関係者は次のように述べている。

> 「リーマン・ショック（世界同時不況）の後、大量に日系人の失業者の方が出まして、ハローワークの窓口も日系人の失業者の方であふれ返ったということがございます。以前のベースと比べまして10倍以上の方の求職者が来られて、就職をするのに、やはり日本語能力がないとなかなか就職できない現実がございました」[35]

2008年9月に起こった世界同時不況は日本に深刻な経済危機をもたらし、

---

[35] 厚生労働省職業安定局派遣・有期労働対策部長（当時）生田正之の発言。衆議院「予算委員会第四分科会議事録」第1号（2011年2月25日）。

多くの日系人はそのために失業者となった。しかし、彼らの滞在許可は就労の有無を前提とせず、多くは失業した後も、日本で暮らしている。この事態を受け、日本政府は日本での生活を一旦切り上げて早期帰国することを推奨しながら、失業しても引き続き日本で暮らしたい日系人を対象として「日系人就労準備研修」を開始した。政府は、「日系人就労準備研修」の目的を次のように述べていた。

> 「日本語コミュニケーション能力の向上、我が国の労働法令、雇用慣行、労働・社会保険制度等に関する知識の習得に係る講義・実習を内容とした就労準備研修（の実施により）、（中略）（日系人に）就労に必要な知識やスキルを習得させ、円滑な求職活動を促進し、もって安定雇用の促進を図るもの」
> （厚生労働省、2009）

つまり「日系人就労準備研修」の目的は、日系人に日本での就職に必要と考えられている日本語能力、日本の労働知識や雇用慣行を習得させ、「日系人」の雇用状況を改善させることである。それは「日系人就労準備研修」の受講者の要件にも表れている。

36　日系人の帰国を促進するため、日本政府は 2009 年度に限って「日系人帰国支援事業」を実施した。「日系人帰国支援事業」とは、2009 年度内で日本での就職を諦めて帰国を決める日系人に 1 人につき 30 万円、そして彼らの扶養家族に 1 人につき 20 万円の帰国旅費を交付するものである（雇用保険受給者の場合は受給金額の上積みが可能である）。帰国旅費を交付された日系人は、当分の間、原則としては 3 年間内で就労制限のない「定住者」の在留資格で日本に入国することができない。厚生労働省（2010b）によると、21,675 人の日系人が「日系人帰国支援事業」の支援を受けて帰国した。
　しかし 3 年経った 2012 年 4 月現在、日本政府は、依然として「日系人帰国支援事業」を利用して帰国した日系人の「定住者」としての再入国を認めていない（「『日系人帰国支援事業』3 年たっても再入国できず　日本経済・雇用状態の改善次第」〈2012 年 4 月 27 日〉、『サンパウロ新聞』http://www.saopauloshimbun.com/index.php/conteudo/show/id/8660/cat/105）
　なお、2013 年 9 月安倍内閣は「景気の持ち直しで工場労働者が不足している」という理由で、「日系人帰国支援事業」を利用して帰国した日系人の再入国を認めることと発表した（内閣府政策統括官など、2013）。結局「日系人帰国支援事業」の役割は、工場の一時休止対策としての「休業手当」となり、日本政府にとっての日系人は契約労働者にすぎないといわざるを得ない。

> 「熱心に求職活動を行い、就職への意欲が高いと認められるにもかかわらず、日本語コミュニケーション能力等の就労に必要な知識やスキルが十分ではないこと等が原因で、安定的な雇用に就くことが困難である日系人求職者」
>
> (厚生労働省、2009)

　すなわち、「日系人就労準備研修」を受けるには、次の要件を満たす必要がある。まず彼らが日系人であること。そして彼らが失業した理由が、日本語能力など日本での就労に必要な知識やスキルが十分ではないことであること。さらに、彼らが熱心に就職活動を行っていること。実際、これまでの「日系人就労準備研修」は、岐阜、長野、愛知など日系人の集住地域だけで実施されており、そして受講には実施地域の公共職業安定所（ハローワーク）で求職の登録を行う必要があることから、「日系人就労準備研修」は確かに日系人失業者対策の一部といえよう。

　「日系人就労準備研修」とは実質的に日本語教育である。「日系人就労準備研修」で実施される日本語教育は次の3レベルに分かれ、それぞれは異なる目標を持っている。その中で、初級にあたるレベル1の目標は「職場において、簡単な日本語での指示が理解できる」ことである。またその中級にあたるレベル2の目標は「自分の意見や意思を、職場で相手に伝えることができる」ことである。さらにその上級レベル3の目標は「丁寧な表現（敬語）を使って、職場でよりよい日本語でのコミュニケーションを取ることができる」ことである（一般財団法人日本国際協力センター、日付なし）。このことから、「日系人就労準備研修」の意図は失業した日系人に日本の労働慣行を理解させ、彼らを日本の労働市場にふさわしいと思われる労働力に立ち直らせることであるとわかる。

　当初政府は「日系人就労準備研修」を10億8,000万円の予算規模で、約5,000人の受講者が300時間の研修を無料で受講できる事業として計画していた[37]。しかし地方自治体や日系人の間で、300時間の研修時間は多すぎるとの意見があり、1コースあたりの授業は120時間に修正された[38]。就労意欲を認めら

---

[37] 厚生労働省職業安定局高齢・障害者雇用対策部長（当時）岡崎淳一の発言。衆議院「外務委員会議事録」第16号（2009年6月17日）。

[38] 厚生労働省職業安定局高齢・障害者雇用対策部長（当時）岡崎淳一の発言。衆議院「外

れた日系人受講者は授業の終了後に、公共職業安定所から一定期間の雇用保険の給付を受けることができる。

2009年から2012年6月までの、「日系人就労準備研修事業」を、次の表1-2のようにまとめることができる。

表1-2 「日系人就労準備研修事業」の実施概要

年度	実施地域	開講コース数	のべ受講者数	予算額
2009	14県63市町村	344	6,298人	6.74億円
2010	18県97市町村	459	6,288人	10.49億円
2011	15県58市町村	290	4,231人	6.26億円
2012	──	200（見込み）	3,000人（見込み）	6.03億円

出典：厚生労働省（2010a；2011；2012b）に掲載された資料による。

「日系人就労準備研修」の規模は2010年度に拡大されたが、2011年度には縮小され、2012年度は、さらに縮小した規模で実施されている。しかし、受講者数の減少は「日系人就労準備研修」の成功を意味するものではない。日本政府は、多くの日系人が依然として十分な日本語能力を有せず、失業状況は改善されていないと認めている（文化庁、2012a）。

日系人の深刻な失業状況を踏まえ、政府は2010年8月に日系人だけを対象とした「日系定住外国人施策に関する基本指針」を発表した。この指針の中で、政府は、日本在住日系人の多くは日本語を使わず、しかも日本社会との関わりを持たずに日本で暮らすことができると認めている。しかし、経済危機の影響から、日系人の不十分な日本語能力が失業状況の悪化を招くことを防ぐために、政府は、日系人が「日本語で生活できるため」に何らかの施策を講じる必要があると述べている（日系定住外国人施策推進会議、2010）。

この指針によれば、「日系人」が「日本語で生活できるため」には、「日系人就労準備研修」のほか、地域日本語教育の充実、そして日系人の日本語学習の

意欲を高められる施策が必要である。また政府はこの指針の中で、情報提供と相談体制の多言語化に言及したが、これら多言語政策は日本語能力がまだ不十分であり、日本語学習中の日系人に対する1つの「配慮」にすぎないとしている。

　日系人を対象とした成人移民への言語教育政策は、現在の政府にとって重要な課題の1つである。2005年頃まで、日系人の日本語能力は問題として捉えられていなかったが、世界同時不況の発生で多くの日系人が職を失い、彼らの日本語能力が1つの問題として注目されるようになっていった。政府は、日系人の不十分な日本語能力が彼らを失業に追い込んだ元凶であると考え、日系人に日本の労働市場の慣行を習得させることを目的とし、「日系人就労準備研修」を、オランダやデンマークを中心として展開されており、失業者向けの職業訓練の実施を重視する「積極的労働市場政策」[39]の一部として構想している。そこで、「日系人就労準備研修」による日本語教育は、失業保険給付を受領する前提である職業訓練と同様の位置づけとなった。

　世界同時不況の発生から数年経ち、多くの日系人が「日系人就労準備研修」や地域日本語教育を受講したにもかかわらず、彼らの就職状況は依然として改善されていない。そのため、日系人の失業問題は、彼らの不十分な日本語が原因ではなく、近藤（2005）が主張した日系人の日本の労働市場における周辺的な位置によるものと考えるようになってきた。

1.5.3　地域日本語教育

　地域日本語教育は1990年代半ばに政府に注目され始めたのだが、日本では地方自治体が地域日本語教育を推進する主体である一方で、政府、特に文化庁はさまざまな支援事業を実施している。次の表1-3は、文化庁が2000年以降に取り組んだ支援事業の概要をまとめた。

39　「積極的労働市場政策」とは、「公共職業安定所や職業訓練施設等を利用し就職相談や職業訓練等を実施することにより、失業者を労働市場に復帰させる政策」というものである（厚生労働省、2006）。

表1-3　2000年以降文化庁による地域日本語教育の事業概要

事業名	年度	主要な成果	予算額
日本語ボランティア活動の支援・推進事業	2001	○コーディネーター研修4件 ○ボランティア研修25件	未公表
	2002	○コーディネーター研修3件 ○ボランティア研修27件	0.23億円
	2003	○コーディネーター研修11件 ○ボランティア研修19件	0.29億円
	2004	○コーディネーター研修7件 ○ボランティア研修5件	0.26億円
	2005	○コーディネーター研修6件 ○ボランティア研修8件	0.26億円
親子参加型日本語教育	2002	○9県13団体の助成	0.27億円
	2003	○13県20団体の助成	未公表
	2004	○15県18団体の助成	未公表
	2005	○9県9団体の助成	未公表
地域日本語教育支援事業	2006	○人材育成19件 ○日本語教室設置運営18件 ○教材作成3件 ○連携推進4件	0.36億円
	2007	○人材育成11件 ○日本語教室設置運営21件 ○教材作成5件 ○連携推進3件	0.36億円
	2008	○人材育成17件 ○日本語教室設置運営17件 ○教材作成1件 ○連携推進2件	0.36億円

「生活者としての外国人」のための日本語教育事業（2014年度は継続中）	2007	○「日系人」等を活用した日本語教室 18 件 ○退職教員を対象とした日本語指導者養成 6 件 ○日本語能力を有する外国人を対象とした日本語指導者養成 18 件 ○ボランティアを対象とした実践的長期研修 6 件 ○外国人に対する実践的な日本語教育の研究開発 7 件	1.32 億円
	2008	○「日系人」等を活用した日本語教室 22 件 ○退職教員を対象とした日本語指導者養成 10 件 ○日本語能力を有する外国人を対象とした日本語指導者養成 14 件 ○ボランティアを対象とした実践的長期研修 13 件 ○外国人に対する実践的な日本語教育の研究開発 3 件	1.48 億円
	2009	○日本語教室設置運営 69 件 ○日本語指導者養成 41 件 ○ボランティアを対象とした実践的研修 29 件	1.77 億円
	2010	○日本語教室設置運営 88 件 ○日本語指導者養成 42 件 ○ボランティアを対象とした実践的研修 32 件	2.15 億円
	2011	○日本語教室設置運営 114 件 ○日本語指導者養成 44 件 ○ボランティアを対象とした実践的研修 40 件	1.95 億円
	2012	○教材作成 64 件 ○日本語教育実践プログラム 33 件	1.95 億円
	2013	○教材作成 35 件 ○日本語教育実践プログラム 33 件	1.64 億円

出典：文化庁（2003a；2004b；2005；2006；2007；2008a；2008b；2009a；2009b；2010a；2010b；2011；2012b；2012c；2013a；2013b；2013c；2014a；2014b）に掲載された資料をまとめた結果。

以下では表 1-3 の内容を事業ごとに説明する。

● 日本語ボランティア活動の支援・推進事業（2001〜2005年）並びに親子参加型の日本語教室の開設事業（2002〜2005年）

　1990年代の後半には、文化庁の「地域日本語教育モデル事業」だけではなく、多くの地方自治体や民間団体も地域日本語教育を支える日本語ボランティアのためにさまざまな研修活動を実施していた。しかし文化庁（2003a）は、それらの多くが初心者向けのもので、地域日本語教育の現場に役立つ指導法に関する研修が少ないとの意見をまとめた。そこで文化庁は、「日本語ボランティア活動の支援・推進事業」の目的は、すでに一定の経験を持つ日本語ボランティア向けの「問題解決型」の研修を実施することであると提唱した。

　また、文化庁は、この一方で、「地域日本語教育モデル事業」において地域日本語教育の指導者に対して指導的な立場を果たすことができるコーディネーターの養成も実施していた。それは、地域日本語教育におけるコーディネーターの役割や、外国人支援に関する知識などを含む研修である。文化庁は、コーディネーター研修の実施を通じて、地域自治体による地域日本語教育の体制整備に貢献できるコーディネーターの育成を期待している（文化庁、2004a）。

　また移民女性が子供の世話に忙殺され、日本語学習に意欲を持ったとしても子供を預けて1人で授業に参加することができないことを考慮に入れ、文化庁は、各地の小中学校の空き教室を活用して、2002年から「親子参加型の日本語教室の開設事業」を開始した（文化庁、2005）[40]。

● 地域日本語教育支援事業（2006年度から2008年度まで）

　次に「地域日本語教育支援事業」を説明する。「地域日本語教育支援事業」は「人材育成（研修の実施）」「日本語教室設置運営」「教材作成」「連携推進（シンポジウムの開催）」の4分野からなる。その目的は、地域日本語教育に関する先端的で意欲的な事業企画を募集し、その中の優れた企画の実施を奨励することである（文化庁、日付なし）。

　「連携推進」を除いて、「地域日本語教育支援事業」は、2005年度ですでに

---

[40] 文化庁（2003b）によると、この「親子」は移民本人と彼らの9歳以下の子供のことを指している。

終了となった「日本語ボランティア活動の支援・推進事業」と「親子参加型の日本語教室の開設事業」を踏襲するものだった。

- 「生活者としての外国人」のための日本語教育事業（2007年度から）

次に「『生活者としての外国人』のための日本語教育事業」を説明する。2005年頃に、日本では「生活者としての外国人」が1つの「問題」として提起された。当時の日本政府は、2005年に200万人を超えた外国人登録者数がこれからも増加すると予想する一方で、日系人など日本在住外国人が不安定な雇用環境に置かれており、彼らと日本人の間で、言語と生活習慣の違いから生じる摩擦が多発したと述べている（外国人労働者問題関係省庁連絡会議、2006a）。このことから、政府は2006年に日本で暮らすに必要な日本語能力を有さない「生活者としての外国人」が日本社会で孤立しないように、日本語教育の充実や在留期間更新における日本語能力のインセンティブなどの施策を盛り込んだ「『生活者としての外国人』に関する総合的対応策」を発表した（外国人労働者問題関係省庁連絡会議、2006b）。

「『生活者としての外国人』のための日本語教育事業」はその前身の「地域日本語教育支援事業」と同様に、地域日本語教育に関する優れた提案への支援を行う事業である。上記の表1-3を見ればわかるように、「『生活者としての外国人』のための日本語教育事業」の予算額と採択件数はいずれも「地域日本語教育支援事業」より大幅に増加している。また2012年度以降、当事業の焦点は政府による標準的なカリキュラムを活用した教材の作成に移っている。

1.6　おわりに

本章では、1945年以降の日本における成人移民への言語教育政策の形成過程を明らかにし、日本における国語による移民統合の実態を解明した。それによって、1945年以降の日本における成人移民への言語教育政策の形成過程を、4期に分けて検討することができた。

まず、1945年から1970年代後半までの「草の根運動期」では、市民が主に在日韓国・朝鮮人を対象とした識字教育を草の根運動として取り組んだ一方で、

日本政府は成人移民の日本語習得に関心を示していなかった。次に1970年代後半から1980年代前半までの「民間主導－政府対応期」では、中国帰国者とインドシナ難民の来日により、一部の地方自治体は日本語教室を開設し、政府も定着センターを開設した。ただし、定着センターなどでの言語教育は、中国帰国者とインドシナ難民の一部を対象とするものだった。さらに、1980年代前半から1990年代末の「政策発展・定着期」になると、「日本語ブーム」が起こり、地方自治体と民間の日本語ボランティアによる地域日本語教育が盛んになった。政府は、1990年代中期から地域日本語教育の役割に注目し、地域日本語教育モデル事業を中心とした地域日本語教育の推進体制を確立した。最後に2000年以降の「政府の役割拡大期」において、政府は外国人技能実習生を受け入れる組織や団体に日本語教育を義務づけた。政府はまた日系人による日本語習得の必要性を強調し、『『生活者としての外国人』のための日本語教育事業」と世界同時不況対策としての「日系人就労準備研修」を開始した。

　1945年以降の日本における成人移民への言語教育政策の形成過程には、次のような特徴がある。第1に、日本において、法律上、移民の日本語習得や成人移民への言語教育の受講は義務とされていない。定着センターで移民の受ける日本語教育や地域日本語教育の受講も、政府によって義務づけられていない。ただし、「日系人就労準備研修」の受講は日系人が雇用保険の給付を受給する前提とされているため、一部の日系人にとっては日本語の学習が実質上、義務づけられている。

　次に、政府は、すべての成人移民ではなく、一部を対象とした言語教育を実施している。言語教育政策の主な対象は、インドシナ難民や中国帰国者、日系人である。彼らは、日本に入国する前に、すでに定住または永住の許可が与えられている。そこで、政府は成人移民への言語教育政策の実施にあたって、一定の選別を行っていることがわかる。一方で、この選別によって、政府にとっての成人移民への言語教育政策とは、国内において日本語の普及を図ることではなく、「積極的労働市場政策」によって移民による日本の労働市場への統合を促進し、またその結果としての社会福祉保障費の削減であることがわかる。

　また、地域日本語教育における日本政府の役割は、次第に拡大しつつある。これまでの推進の主体は地方自治体であった。しかし、2012年を見ると、地

域日本語教育モデル事業の採択件数と予算額が増加している。また政府は成人移民への言語教育政策における国の役割を標準的なカリキュラムの作成とその普及とし、今後の重点としている（文化庁、2012d）。そのため、モデル事業の規模を相当な予算額で維持しながら、これからの成人移民への言語教育への政府による関与の拡大が予想できる。

最後に、日本政府にとって成人移民への言語教育の重要度が高まっていることも忘れてはならない。1980年代末に政府は、各市町村で国際交流を促進するための施策として日本語教室を必要としていなかった（自治省、1988）。しかも1994年の「地域における日本語教育推進の構想」で、政府は、移民が日本人の生活を理解し、日本人とコミュニケーションを図るには「日本語がわかる・・・・・・・・・ほうが便利である・・・・・・・」との立場を取っている（深澤、1994：78–79）。しかし1999年には、政府は、移民が「日本人」とコミュニケーションを図る場合だけでなく、自らの職業生活の遂行にも「日本語能力が必要とされている・・・・・・・・・・・・・」と論調を変えた（今後の日本語教育施策の推進に関する調査研究協力者会議、1999）。さらに2010年の「日系定住外国人施策に関する基本指針」で、政府は、日系人が「日本語で生活できる」ようになることの必要性を強調した。[41] 同時に多言語による情報提供や相談体制は、あくまでも日本語学習中の移民に提供する段階的なサービスにすぎないと明言している。このように日本では、移民の日本語能力は以前に比べてますます重要になっている。

次の章では、筆者が2010年に京都府内の地域日本語教育ネットワークに加盟する日本語教室の代表者に実施した聞き取り調査の結果に基づいて、成人移民への言語教育の現状を明らかにしながら、その課題と展望を考える。

---

41 ただし、同時期「外国人集住都市会議」が代表する地方自治体、また「経済団体連合会」が代表する財界が政府の日系人政策に及ぼす影響力も見過ごすことができない。

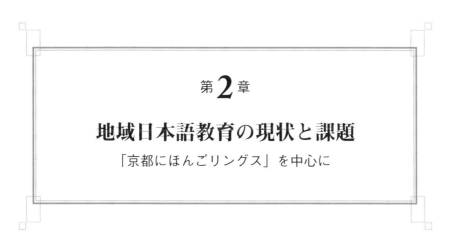

2.1 はじめに

　前章で検討した1945年以降の日本における成人移民への言語教育の政策形成過程で、「地域日本語教育」の役割がいかに重要であるかということがわかった。地域日本語教育とは、地方自治体や市民が非営利目的で運営し、実施する日本語教育活動である。地域日本語教育は1980年代初期に登場し、1980年代後半から急速に拡大した。日本政府は、1990年代半ばから、モデル事業の実施を中心に地域日本語教育に対する支援を行っている。しかし、その一方で日本政府は、地域日本語教育の推進に関して、民間による自発的な活動や、それに対する地方自治体の支援を期待し、国の役割をモデル事業の実施や標準的な教材の作成としている（今後の日本語教育施策の推進に関する調査研究協力者会議、1999）。

　地域日本語教育は一般市民のみならず、研究者たちからも注目を集めている。1990年代の半ばから、地域日本語教育を対象とする研究が盛んになっている。しかし膨大に蓄積された研究成果の中に、地域日本語教育の実態を明らかにすることができる調査は少ない。もちろん文化庁は日本国内における日本語教育の状況を明らかにするため、1967年から年1回「日本語教育実態調査」を実

施している。しかし、このアンケート調査は大学や日本語学校などの日本語教育機関の実態を反映しているものの、地域日本語教育の実態を十分に示すものではないとの指摘がある（米勢、2006）。また大阪府は府内識字学級の実態を把握するため、1990年代後半から調査を数年に1回実施している。筆者も調査協力者の一員として、大阪府が主催した直近の調査（2009～2010年）に参加した。しかし大阪府はその調査対象を「識字学級」「日本語学級」「識字・日本語学級」の3者に分け、「識字学級」に重点を置いている[1]。またその調査の中にはアンケート調査と聞き取り調査が含まれているにもかかわらず、聞き取り調査は一教室につき30分程度に終わり、しかもその調査結果はごく一部にしか外部者に公開していない（大阪府教育委員会事務局、2010）。そのため、大阪府の調査は地域日本語教育の現状を理解するためにはまだ不十分であるといわざるを得ない。言い換えると、これまで地域日本語教育の実態を反映している調査は皆無である、ということになる。

　このような現状を顧みて、筆者は、2010年1月から5月まで、京都府内の地域日本語教育ネットワーク「リングス」に加盟の日本語教室の代表者を対象とした聞き取り調査を実施した。この「リングス」を対象とした調査の目的は、京都府という地域における「地域」日本語教育の実態を明らかにする上で、質的調査の手法で1990年代以降活発になった地域日本語教育という市民主体の活動を現場の声と共に記録を生々しく描写し、読み取ることである。またこの調査結果に基づいて、地域日本語教育の実態を検証し、その最前線から地域日本語教育の課題と展望を検討する。

　本章では、まず調査対象としての「リングス」の概要を述べ、次に調査方法、各教室の状況や歴史、教室の運営上の特徴、地域日本語教育の参加者を考察する。最後に、地域日本語教育の課題と展望を検討する。

1　調査の委託先は「識字・日本語研究会」（代表者：上杉孝實）である。
2　大阪府によると、「識字学級」とは、「もともと大阪では1960年代から識字運動が取り組まれ、各地に識字学級が開設されてきた」教室である（大阪府教育委員会事務局、2010）。しかし大阪府は、今回の調査における「日本語学級」と「識字・日本語学級」の2つのカテゴリーの定義について言及していなかった。

2.2　京都における成人移民、そして「京都にほんごリングス」

　京都府における外国人登録者数は 2013 年 12 月末で 52,266 人であり（法務省、2014a）、京都府総人口数の 2.0％を占めている[3]。これは、日本全国の平均値を下回っている[4]。京都府では 1920 年代から、土木労働者と繊維産業従事者を中心に朝鮮人が増加し、1941 年には京都在住の朝鮮人がすでに 8 万人を超えていた（水野、1998）。同時期に、京都府では理髪業者、呉服職人と行商人を中心に中国人移民も 800 人以上に増加した（神戸華僑華人研究会、2004）。

　日中戦争の勃発、そして 1945 年の日本の敗戦により、京都府在住の中国人と朝鮮人の大半は帰国したが、彼らの一部は日本での定住を選択した。2013 年 12 月に、特別永住者として京都府に在住している在日韓国・朝鮮人は 25,848 人であり、外国人登録者数の 49.5％を占めている（法務省、2014b）。在日韓国・朝鮮人以外では、外国人登録者数の 16.1％を占める留学生、そして 14.3％を占めるそれ以外の永住者が京都府に居住している（法務省、2014a）。京都府の特徴は、外国人登録者数に占める永住者と留学生の割合が高いことである。なお、一部の中国帰国者など、すでに日本国籍を取得した移民の数は、外国人登録者数に関する統計では反映されない。そのため、京都府総人口数に占める移民数の割合は、実際には、2％を上回っている。

　京都府内における外国人登録者数は、2003 年の 56,817 人から 2013 年の 51,335 人に緩やかに減少したものの、大きな変化は見られない（京都府、2014a）[5]。しかし、1989 年以降、移民の構成には変化が見られる。京都府内における、オールドカマーとしての在日韓国・朝鮮人が外国人登録者数に占める割合は、1992 年の 78.7％から、2011 年の 51.9％に減少し[6]、2013 年に至ってついに 50％を割った（法務省、2014b）。それに対して、この時期には中国人移民を

　3　京都府（2014b）に掲載された資料に基づいて換算したものである。
　4　2013 年 12 月の時点での外国人登録者が日本総人口に占める割合は、2.06％である。
　5　なお、2013 年末の時点で京都府内における外国人登録者数に関して、京都府（2014b）が掲載している数値は法務省（2014a）が掲載している同数値よりやや低いことがわかった。
　6　京都府（2014a）に掲載された資料に基づいて換算したものである。

中心とするニューカマーが増えた。このような移民の構成の変化を背景として、1990 年代の京都府には多くの日本語教室が開設された。そして、京都府の地域国際化協会[7]の呼びかけを受けて、これらの地域の日本語教室は 2002 年 7 月に地域日本語教育のネットワークとして「リングス」を結成した。

「リングス」は、加盟の日本語教室、及び個人会員を集めて年に 4 回の定例会を開催している。また「リングス」の事業として、年に数回の日本語ボランティア向けの合同研修会と講習会の実施、「やさしい日本語」[8]版防災ガイドブックの作成、防災のためのやさしい日本語の応用に関する取り組みも精力的に推進している。

2.3 調査方法

筆者は 2010 年 1 月から 5 月までに、「リングス」に加盟の 15 か所の日本語教室の代表者 19 人を対象に、合計 17 回のインタビューを実施した。それぞれの加盟日本語教室の代表者との交渉からインタビューの実施、そして調査内容の文章化までの作業は、すべて筆者が単独で行った。

これまで、地域日本語教育の実態を知るためには、日本全国の日本語教育施設や団体を対象として、文化庁が年 1 回実施してきたアンケート調査を参考にすることが多かった。アンケート調査による量的調査法の利点は、調査対象を数値化して客観的に分析できることである。しかし量的調査法だけでは把握できる事象は決して多くはない。例えば、文化庁によるアンケート調査は各都道府県内の日本語教師数を把握することができるが、それら日本語教師がどのように教室を運営しており、どのように日本語教育を実施しているかを把握することはできない。そこで筆者は、今回の調査において、インタビュー法に基づ

---

[7] 地域国際化協会とは、地域の国際交流を推進するにふさわしい中核的民間国際交流組織で総務省の認定を受けている（一般財団法人自治体国際化協会、日付なし）。2014 年 11 月現在、日本国内では、62 か所の都道府県庁、政令指定都市役所の外郭団体としての地域国際化協会が設置されている。

[8] 弘前大学人文学部社会言語学研究室（日付なし）は、「やさしい日本語」を「普通の日本語よりも簡単で、外国人もわかりやすい日本語のこと」と定義する。

く質的調査法を導入した。

　フリック（2002）によると、質的調査法の利点は、調査対象者の置かれる文脈を考慮に入れて、調査対象者の意見を捉えられることにある。さらに筆者は、当事者としての日本語ボランティアの視点を最大限に生かすため、聞き取り調査法の1つである「ナラティブ・アプローチ」を応用した。「ナラティブ・アプローチ」とは、聞き取りの場において調査対象者の語りを、ただ質問に対する答えと見るのではなく、一貫した物語を形成するものと見ることで、調査対象者の主体性を生かすことができる手法である（フリック、2002）。インタビューの初めに、筆者は調査のテーマを提示し、その後は調査対象者に自らの意見を語ってもらうよう促すにとどめた。そして今回のインタビューにおいて筆者は、調査対象者の語りを中断することなく、調査対象者に共感する役割に徹した。本章中で引用し、使用した聞き取り調査の内容と、それに基づいた本章の内容について、筆者はすべての責任を負うものである。

　17回のインタビューの概要は、次の表2-1の通りである。

表2-1 「リングス」に加盟する日本語教室の代表者を対象とした聞き取り調査の実施概要

| 実施時期（年／月） | 番号 | 説明 | | | 現地訪問 |
		性別	調査時年齢（推定）	調査時職業（推定）	
2010／05	①	女	50代	主婦*	現地訪問
2010／05	②	男	40代	自治体外郭団体職員	現地訪問
2010／04	③	女	60代	主婦	現地訪問
2010／04	④	女	50代	主婦	現地訪問
2010／04	⑤	女	40代	主婦	現地訪問
	⑥	女	50代	主婦	現地訪問
2010／04	⑦	女	50代	主婦	現地訪問
2010／02	⑧	女	70代	主婦	現地訪問

2010／04	⑨	女	40代	公立中学校教員	電話取材
2010／05	⑩	女	50代	主婦	現地訪問
2010／04	⑪	男	60代	自治体外郭団体職員	現地訪問
2010／04	⑫	男	30代	自治体外郭団体職員	現地訪問
2010／01	⑬	男	60代	自営業	現地訪問
2010／03	⑭	女	60代	主婦	現地訪問
2010／02	⑮	女	50代	主婦	現地訪問
2010／04	⑯	女	60代	退職	現地訪問
2010／04	⑰	男	60代	自治体外郭団体職員	現地訪問
	⑱	女	20代	フリーター	現地訪問
2010／04	⑲	女	30代	主婦	電話取材

*「主婦」とは「一家の主人の妻」を指すもので、既婚女性を意味する（広辞苑第5版より）。なお今回は、調査対象者の婚姻状況などの個人情報の確認を行っていない。しかし、「主婦」という用語は今回の調査対象者の語りに頻繁に登場するもので、彼女らにとっての「主婦」は、既婚女性を指す用語にとどまらず、家庭をキャリアの中心とする女性の同義語として使われている。そこで調査対象者の語りで、「主婦」という用語は、必ずしも女性の婚姻状況を意味するものではなく、就業状態を意味する場合もあることがわかる。そこで本章では調査対象者の主体性を尊重するため、「主婦」をそのまま使用する。

今回の聞き取り調査の対象は、日本語教室を代表する日本語ボランティアである。「リングス」に加盟する日本語教室の代表者とは、所属の日本語教室を代表して発言できる者を指している。ただし、1つの日本語教室には複数の代表者がいることもあり、1回のインタビューの現場には同じ教室の複数の代表者が同時にいることもある。

2.4 地域日本語教育の実態
——「リングス」に加盟する教室について

この節では、今回の聞き取り調査の結果で、「リングス」に加盟する各教室を開設の経緯を中心に紹介する。

次の表2-2で示すように、「リングス」に加盟の日本語教室の開設時期は、

1995年から2001年の間に集中していた。この時期の京都における外国人登録者数の推移は、ほぼ横ばいであるが、在日韓国・朝鮮人を中心としたオールドカマーの減少と、中国人移民を中心としたニューカマーの増加などに変化が生じていた（京都府、2014a）。こうしたニューカマーの増加に伴い、1995年以降、京都府内に日本語教室が多く開設された。

表2-2 「リングス」に加盟する日本語教室のプロフィール（2010年7月現在）

	教室名	成立年	所在地	活動方式	時間帯	学習費用	発足経緯
①	京都国際文化協会	1983*	京都市東部	個別活動	昼	90分500円	その他
②	京都市国際交流協会	1990	京都市東部	共同活動	昼・夜	90分50円	行政による主導
③	京都YWCA にほんご教室らくらく	1995	京都市東部	個別活動	昼・夜	月4回2,500円	個人による主導
④	にほんご空間・京都	1995	京都市中部	個別活動	昼	2時間1,000円	個人による主導
⑤	宇治国際交流クラブ	1995	京都府南部	共同活動	昼	月4回500円	個人による主導
				個別活動		50分500円	
⑥	世界はテマン	1996	京都府南部	共同活動	昼・夜	無料	個人による主導
⑦	朋友館	1996	京都府南部	共同活動	夜	無料	個人による主導
⑧	京都伏見青少年活動センター	1998	京都市東部	共同活動	昼・夜	1回200円	行政による主導

第2章　地域日本語教育の現状と課題　55

⑨	京都府国際センター	1998	京都市南部	個別活動	昼・夜	ボランティアの交通費を負担する	行政による主導
⑩	京田辺国際ふれあいネット	1998	京都府南部	共同活動	昼・夜	無料	行政による主導
⑪	スピーク・サロン	2000	京都府南部	共同活動	夜	年間1,000円	個人による主導
⑫	せいかグローバルネット	2001	京都府南部	共同活動	夜	年間2,000円	個人による主導
⑬	綾部国際交流協会	2001	京都府北部	共同活動	夜	1回150円	個人による主導
⑭	たちばな倶楽部	2003	京都市東部	共同活動	夜	1回200円	個人による主導
⑮	京丹後市国際交流協会	2009	京都府北部	個別活動	昼・夜	1回200円	行政による主導

＊教室①の運営母体は1983年に成立されたが、日本語教室の開設時期は不明である。

①京都国際文化協会

　記録は残っていないが、代表者の記憶によれば、日本語教室は1983年に開設されたとのことである。2007年に当協会の日本語教師養成講座の受講生に実習機会を提供するため、日本語ボランティアによる有料のクラスを開設した。日本語クラスのほか、日本語教育に興味を持つ者を対象とした日本語教師養成講座を毎年度開催している。

②京都市国際交流協会

　1989年に設立された京都市の地域国際化協会である。協会を設立した直後に日本語教室も開設されたという。代表者によると、協会の日本語教室は最初授業形式で開催されていたが、できれば多くの市民に日本語ボランティアとして活動に参加してもらうため、2003年頃になって個別指導を中心とした方式

に変更した。

③京都YWCA　にほんご教室らくらく

　京都YWCAは1920年代以前にすでに国際NPOの支部として設立されたが、最初は日本語教室がなかった。日本語教室を作ったきっかけは、あるフィリピン人の女性宣教師である。

　日本語教室の設立者によると、1990年代半ば当時の京都では一部のフィリピン人女性が「水商売」をしていた。フィリピン人移民女性の生活状況を市民に知ってもらうため、あるフィリピン人の宣教師は、「水商売」をしていた移民女性の立場からできるだけ多くの市民に接し、発信したいと考えていた。しかしこのような精力的な発信活動を行うためには、講演できる日本語能力を持つ必要性があった。このフィリピン人の宣教師に日本語を教えて欲しいと依頼された3人の日本語教師は、1995年に京都YWCAで日本語教室を開設した。そして2014年現在、この3人の日本語教師はまた「リングス」で活躍している。

④にほんご空間・京都

　設立者は最初、京都市国際交流協会で教えていた日本語ボランティアであった。しかし自分が理想とする日本語教育が別にあったため、2000年にほかの日本語ボランティアとほかの公的施設を借りて独立した。また教師や生徒の数が増えるため、2010年に活動の拠点を公的施設から専有施設に移った。2011年現在、この教室は法人化を目指していると設立者が抱負を述べた。

⑤宇治国際交流クラブ

　宇治国際交流クラブは本来、宇治市の姉妹都市から訪れた小中学校の外国語指導助手に英語通訳を提供するために立ち上げられた組織である。しかし英語

　9　「外国語指導助手」（ALT: Assistant Language Teacher）とは、学校あるいは教育委員会に配属され、学校の外国語科目担当教員の助手として勤務している外国人のことである。外国語指導助手の招聘は、1987年に発足された「JETプログラム」の一部であり、2014年7月の時点で、日本国内の外国語指導助手の数は世界42か国からの4,101人であり、そのうち

通訳の会としての活動を終えてから、このクラブのメンバーは活動の方向性についていろいろ模索していた。その後日本語教師であるメンバーの1人の呼びかけで、ようやく日本語教室の開設に落ち着いた。1995年に開設された日本語教室は、初めは安定した活動の拠点もない状態であったが、1998年頃からは市内の公共施設を借りて活動する形になった。

⑥世界はテマン

「テマン」とは、インドネシア語の「友達」を意味する言葉である。「テマン」の設立者は退職教員である。彼は京都府の住民ではないが、知り合いのインドネシア人移民に地域で日本語を学ぶことができる機会を提供するため、地域在住の公務員に日本語教室の設立を提案して「テマン」を作った。「テマン」の代表者は、社会的弱者のために貢献できることが、この日本語教室を立ち上げた理由であると考えている。

⑦朋友館

この教室の設立者もまた学校の教員である。彼女の勤め先の学校には移民の子供に日本語学級が設置されているのに対して、同様に移民である生徒の保護者のための日本語学級がない。この状況を見て彼女は、生徒の保護者を対象とする日本語教室を立ち上げることに着手した。ただし、学校の敷地内では教員として保護者に教えることができないという制限がある。そのため彼女はほかの場所を借りて日本語教室を設立した。この教室の参加者は今、教員や生徒の保護者に限らず、学校関係者ではない地域の住民も参加するようになってきている。

⑧京都伏見青少年活動センター

高度成長期の中、勤労青少年に余暇活動ができる場所を提供するために設立された社会教育施設である。しかし日本社会の変容により、近年では勤労青少年の数が激減してきた。新たな方向性を示すことが迫られた中で、センター

アメリカ人は56.73%の2,364人である（財団法人自治体国際化協会、2014）。

は「国際交流」をこれから特に力を入れたいテーマとして選んだ。それに従い、センターは1998年に国際交流事業の一環としての日本語教室を立ち上げた。

⑨京都府国際センター

1996年に設立された、京都府の地域国際化協会である。センターは日本語教室を設立するため、1997年に日本語ボランティアの養成講座を開催した。その後1998年7月に日本語ボランティアの募集を開始し、1999年に日本語教室を正式に開設した。

⑩京田辺国際ふれあいネット

京田辺市役所の外郭団体が設立した日本語教室である。設立年は1998年である。今は市役所からの依頼を受ける日本語ボランティア団体として、市の社会教育施設との共催で日本語教室を運営している。

⑪スピーク・サロン

設立者は最初、地元の会社の依頼を受けてブルーカラー外国人労働者に日本語を教える教師である。彼女は日本語を教える中で、授業の場所が町から離れた工場であり、そこで働く外国人労働者があまり会社以外の人間と交流できる機会を持っていないと考えるようになった。そのため彼女は市街地に場所を借りて、2000年に国際交流の促進を目的とする日本語教室を設立した。

⑫せいかグローバルネット

この地域には大きな規模の研究施設があり、そこで働いている外国人研究者が多い。そのため自治体は国際交流の促進を目的とした外郭団体を立ち上げ、外国人研究者が日本語を学ぶこと、日本の伝統文化に触れることができる教室を2001年にその外郭団体の一部会として設立した。

⑬綾部国際交流協会

この地域では、中国やインドネシア出身などの多くのブルーカラー外国人労働者が働いていたが、日本語教室は設立されていなかった。2000年頃には、

大阪から移り住んだ人が、大阪での日本語ボランティアの経験を共に地域に呼びかけて、外国人労働者のための日本語教室が立ち上げられた。

⑭たちばな倶楽部

　これは、大学生の部活動として運営されている日本語教室である。この教室は最初、京都市内の大学の教員が日本語教育を専攻する学生に実際に教えることができる場を提供するために、校外の公的施設を借りて設立し、その大学の留学生を学習者としていた。しかし当初指導者の役割を果たした教員が転勤したために、運営方針の転換に迫られていた。今は学部生のほか、卒業生も運営に携わっている。

⑮京丹後市国際交流協会

　京都市と京都府南部地域に比べて、京都府北部地域では日本語教室が少ない。これを受けて「リングス」は京都府及び京丹後市の地域国際化協会と提携し、2009年に日本語ボランティア養成講座を開催し、その講座を終えた後に、日本語教室を設立した。

　上記の事例を見ると。京都府内の日本語教室は、主に「行政主導型」と「個人主導型」に分類できる。「行政主導型」の日本語教室は、公民館や地域国際化協会のような公共施設や公共団体が創設したものを指す。「リングス」に加盟する15か所の日本語教室の中では、このような「行政主導型」の日本語教室は京都市国際交流協会などの5教室である。一方で「個人主導型」の日本語教室とは、一般市民の開設した日本語教室を指している。「個人主導型」の教室の開設の契機や経緯はさまざまである。表2-2でまとめたように、「リングス」に加盟の日本語教室15か所の中で「個人主導型」は9か所あり、「行政主導型」が5か所、「その他」が1か所である。京都府内の日本語教室には「個人主導型」が多い一方、「行政主導型」の日本語教室も一定の割合を占めている。すなわち、地域日本語教育の提供に関して、民間はむろん、地方自治体も大きな役割を果たしているのである。

　一方で、京都府内の日本語教室の多くは、次の図2-1の示すように京都市の

市街部に集まっている。

図 2-1　2010 年の時点で「リングス」に加盟の日本語教室の所在地分布状況

京都市の面積は京都府総面積の 18％ にすぎないが、2009 年度の統計資料によれば、京都市には京都府総人口の 56％ が、また総生産値の 59％ が集まっている（京都府政策企画部調査統計課、2012）。上記の図 2-1 で示したように、京都市内には 7 か所の日本語教室が開設されている。一方で京都府総面積の 12.1％ と、人口の 27％ を占める京都府南部には、日本語教室が 6 か所あり、京都府の総面積の 69.9％ と、人口の 17％ を占める京都府北部に、日本語教室は 2 か所だけである[10]。しかもその中の 1 か所は、2009 年に開設されたばかりである。

10　本章では宮津市、与謝野町、伊根町、京丹後市、福知山市、舞鶴市、綾部市、亀岡

京都府内の日本語教室のほとんどは面積の狭い京都市や京都府南部に開設されており、人口密度の高い都市部に集中している。京都市内の7か所の日本語教室は、西京区や右京区、北区など京都市の面積の大半を占める地域ではなく、左京区の一部や東山区、中京区、山科区など市街地に集まっている。また京都府南部に開設されている6か所の日本語教室の中で、3か所は、京都市と隣接する宇治市に集中している。つまり、京都府内の日本語教室の拠点は一部の地域に集中するもので、その分布には偏りがある。また、今回の調査から、都市部以外の地域の日本語教室では、地域日本語教育に対する市民の認知度が低いために、日本語ボランティアが不足していることがわかった[11]。しかも、日本語ボランティア向けの研修会はほとんど都市部で開催されるため、都市部以外の地域に暮らす日本語ボランティアにとってその受講は困難である[12]。

「リングス」と京都府の地域国際化協会はこのような都市部と都市部以外の地域における不均衡に直面し、人口密度の低い京都府北部での日本語教室の開設やその運営に対する支援、研修会の開催などに取り組んでいる。例えば2009年に開設した京丹後市国際交流協会の日本語教室は、その成果の1つに挙げられる。このように地方自治体や地域国際化協会が主導する日本語教室の広域ネットワークは、地域日本語教育の人材や資源に関する効率的な運用の点で、一定の役割を果たしたといえる。しかし、それに加えて、地域日本語教育における地域格差の縮小や、都市部以外の地域を拠点とする日本語教室の運営基盤の安定化のため、政府による地域日本語教育向けのモデル事業も不可欠であると考えられる。

市、南丹市、京丹波町の10市町を「京都府北部」とし、また向日市、長岡京市、大山崎町、宇治市、城陽市、八幡市、京田辺市、久御山町、井手町、宇治田原町、木津川市、笠置町、和束町、精華町、南山城村の15市町村を「京都府南部」とする。
11　代表者⑭へのインタビューより、2010年4月26日。代表者⑯へのインタビューより、2010年4月30日。
12　代表者⑯へのインタビューより、2010年4月30日。

2.5 日本語教室の運営について

「リングス」に加盟の日本語教室は「共同活動型」の教室、または「個別活動型」の教室の 2 タイプに分けることができる。「共同活動型」とは、日本語ボランティアと学習者が日本語教室の指定した時間帯や場所に集合し、活動を行う方式である。例えば「世界はテマン」に所属する日本語ボランティアと学習者は、毎週火曜日の朝と夜の所定の時間帯に地域の公民館の集会室で活動をしている。ただし、「共同活動型」の日本語教室は、1 人の講師が多数の学習者を対象として行う一斉授業ではなく、1 人の日本語ボランティアが 1 人、もしくは 2、3 人の学習者を対象とする個別指導である。つまり、「共同活動型」の日本語教室は、1 つの場所で同時に活動する複数の個別指導グループによって構成されるのである。

これに対して、「個別活動型」は、日本語ボランティアが学習者と個別指導の時間や場所を決める方式である。ちなみに、この「個別活動型」は、日本語ボランティアの間では「プライベート・レッスン式」と呼ばれている。

図 2-2 「京都にほんごリングス」における日本語教室の風景（2010 年）

「共同活動型」の日本語教室では、複数の日本語ボランティアと学習者が集まって活動しているため、日本語ボランティアと学習者のつながりが緊密である。「共同活動型」の日本語教室の多くは、地域見学やお花見会、盆踊り大会などの文化活動を年に数回実施している。一方、「個別活動型」の教室では、それぞれの日本語ボランティアと学習者が分散して活動しているため、学習者と日本語ボランティアとのつながりは「共同活動型」の日本語教室に比べて弱い。しかし「個別活動型」の日本語教室では、日本語ボランティアや学習者の生活形態に合わせて、地域日本語教育がより柔軟に効率よく実施される利点もある。

　「リングス」には、「共同活動型」を採用する教室が10教室（うち1教室は両方式を併用している）、「個別活動型」が6教室あり、「共同活動型」を採用する10教室のほとんどは、平日の夜間などに公民館や国際交流会館など、地方自治体の開設した施設を使用している。その中で、一部の日本語教室は、平日の夜間だけでなく、平日の日中や週末の日中にも活動時間を設けている。複数の時間帯を設けることにより、主婦などの需要にも対応できるようにしたものと思われる。また「個別活動型」を用いる日本語教室の中でも、公共施設を拠点とする教室がある。

　日本語教室の運営費用について、「リングス」の日本語教室は1教室を除いて日本語ボランティアに報酬や交通費を支給していない。つまり、これらの日本語教室において人件費は皆無に近いのである。また、施設使用料について、「リングス」に加盟の15の日本語教室の中で、12教室は無償、あるいは通常に比べて低料金で国際交流会館や公民館、青少年会館など公共施設を使用している。さらに、「行政主導型」の日本語教室は、地方自治体の外部団体により直接的、また間接的に運営されている。そのため、これらの教室は、施設使用に伴う光熱費を負担していない。つまり、「行政主導型」の日本語教室にとって、必要な運営経費は非常に少ない[13]。

　しかし施設使用料や光熱費、消耗品費などをすべて負担する日本語教室の場

---

[13] 代表者⑦へのインタビューより、2010年4月3日。

合、その運営に必要な費用は、年間25万円前後であるといわれている[14]。これらの費用を捻出するため、日本語教室には一定の収入が必要になる。

　日本語教室の主な収入源には、地方自治体による補助金や運営委託料、そして民間財団の拠出する助成金、学習者から徴収する学習費用、日本語ボランティアによる寄付などが挙げられる。「リングス」の中で、日本語教室5か所が地方自治体からの補助金、あるいは運営委託料を受けている。ただし、地方自治体からの支援は決して潤沢なものではなく、それらの日本語教室が受けている補助金や運営委託料はほとんど年間3万円以下である。人件費や施設使用料、光熱費の負担が少ないとはいえ、日本語教室の代表者は、地方自治体による補助金や運営委託料だけではすべての経常費用をまかなうのが不十分であると考えている。

　そこで運営基盤の安定化を図るため、多くの日本語教室は学習者から一定の学習費用を徴収し、それを主な収入源としている。「リングス」に加盟の15の日本語教室の中で、12教室がこれに該当する。学習費用は1回の授業につき50円から1,000円までで、これを学習者から徴収している。その中でも、「共同活動型」を用いる日本語教室の徴収する費用は安く、それに対して「個別活動型」を用いる日本語教室の徴収する費用は高い。ただし、「共同活動型」を用いる日本語教室は、地域見学などさまざまな文化交流活動の実施に必要な費用を捻出するために、一部の日本語教室は日本語ボランティアからの寄付を収入源としている。

　「リングス」に加盟の日本語教室の多くは、公民館や青少年会館、国際交流会館などの公共施設を拠点としている。それらの日本語教室の代表者によれば、公共施設を使用する最大の利点は、運営費を抑制できることにある。しかしその代わりに少なからず制約も受けている。例えば、地域の公民館を使用する場合、公民館の使用規則に従って、施設管理者に一定の期間中に使用許可を申請しなければならない。しかも公共施設には複数の部屋があり、日本語教室は同じ部屋を継続的に使用できるとは限らない。つまり、通常数十人の日本語ボランティアや学習者を集めている日本語教室であっても、公共施設の申請状況に

14　代表者⑯へのインタビューより、2010年4月30日。

より、収容定員が少ない場所を使用せざるを得ない場合もあるのだ。また、公共施設内における同一場所の使用が保証されていないため、地域日本語教育の実施に必要な教材やAV機器などの設備を公共施設内で保管することはできず[15]、地方自治体の一方的な都合によって、公共施設の使用権が取り消される場合もある[16]。このような問題を回避するため、一部の日本語教室は民間施設を使用している。しかし、都市部以外の地域では、日本語教室の活動形態にふさわしい民間施設の確保は容易ではない[17]。

「共同活動型」であれ、「個別活動型」であれ、日本語教室の主体は日本語ボランティアであるため、人件費はほとんど発生せず、公共施設を拠点とすることから制約は多いものの、施設使用料や光熱費も抑制できる。しかし、それにもかかわらず、消耗品費などの運営に不可欠な費用をまかなうため、ほとんどの日本語教室は学習者から費用を徴収し、それを主な収入源としているのである。

2.6　日本語ボランティアと学習者

日本語ボランティアの中心は中高年の日本人女性である。今回の聞き取り調査の対象となった19人の代表者のうち13人が女性である。その中で年齢が40代と思われるのは2人、50代は6人、60歳以上は4人である。彼女らはほとんど主婦である[18]。実際、「リングス」には、中高年の主婦が日本語ボランティアの全員を占めている教室もある。

一方で、日本語ボランティアに占める男性の割合は低い。多くの「リングス」の日本語教室で、その割合は10％以下であるといわれており、彼らの多くは、外国で一定期間の勤務を経験した退職者である。

15　代表者⑧へのインタビューより、2010年4月7日。
16　代表者③へのインタビューより、2010年2月21日。
17　代表者③へのインタビューより、2010年2月21日。
18　実際、地域日本語教育に限らず、日本国内におけるボランティア活動の参加者の中で一番多いのも、中高年の日本人女性である（全国ボランティア・市民活動振興センター、2010）。

日本語ボランティアを募集する主な手段は、地域日本語教育に関する研修会の開催や地方自治体の発行する広報物、すでに参加している日本語ボランティアによる紹介などである。「行政主導型」の日本語教室は主に、地域日本語教育に関する研修会を開催し、その受講者の中から日本語ボランティアを募っている。それに対して「個人主導型」は、日本語ボランティアによる紹介を主な募集方法としている。

　ただし、日本語教室はそれぞれの目的によって、日本語ボランティアの応募にいくつかの要件を設けている。それらの要件は、年齢や日本語教師の有資格者[19]であることなどである。「リングス」の中で、年齢を日本語ボランティアの要件とするのは、地方自治体の外郭団体である青少年会館の運営する日本語教室だけである。そして「リングス」において「個別活動型」を用いる日本語教室の多くは、日本語教師の資格を日本語ボランティアの要件としている。一方で、「共同活動型」を用いる日本語教室のほとんどは、それを日本語ボランティアの要件としていない。にもかかわらず、「共同活動型」を用いる日本語教室においても、多くの日本語教師の有資格者が日本語ボランティアとして参加している。

　なぜ日本語教師の有資格者であることが、日本語ボランティアになる要件となるのだろうか。代表者の１人は、日本語を教えることが専門的な仕事と思われるためと答えている[20]。しかしほかの代表者は、日本語教師の資格が日本語指導能力を評価する適切な基準ではないと主張している[21]。この代表者によれば、日本語教師の有資格者でなくとも、日本語ボランティアは勉強会や研修会の受講によって、日本語指導能力を向上させることができる。そのため、「リングス」では、日本語教師の資格を日本語ボランティアの前提とはしない教室が多い。

19　日本政府によると、「日本語教師の有資格者」とは、大学で日本語教育を専攻とする者や、「日本語教育能力検定試験」（JLTCT）に合格した者、日本語教育の実施または日本語教育に関する研究に１年以上従事した者、420時間以上日本語教師養成講座を終了した者を指している（日本語学校の標準的基準に関する調査研究協力者会議、1988；財団法人日本語教育振興協会審査委員会、1993）。
20　代表者⑨へのインタビューより、2010年４月12日。
21　代表者⑩へのインタビューより、2010年４月14日。

多くの日本語ボランティアによれば、地域日本語教育は大学や日本語学校などの日本語教育機関による日本語教育と同様に、成人移民に適切な日本語の指導をすることができる。また彼らによると、日本語教師の資格の有無に関係なく、日本語ボランティアは日本語の文型や会話だけでなく、日本語教育機関では教えないことも学習者に教えることができる。例えば、日本語ボランティアは、お弁当や味噌汁の作り方、幼稚園児または小学生の保護者として知るべき用語を学習者に教えることができる。また、ほとんどの場合、日本語ボランティアは学習者と同じ地域の住民であり、学習者と友人としての信頼関係を築くことができる。この信頼関係に基づいて、日本語ボランティアは学習者の生活相談にも適切に対応できる。さらに、地域日本語教育は基本的に個別指導で行われているため、日本語ボランティアはそれぞれの学習者の能力や要望、進捗状況に合わせて、カリキュラムを調整することができる。そのため「リングス」の代表者たちは、地域日本語教育の質は、日本語教育機関に比べて劣るものではないと主張している。

　また一部の日本語教室は、日本語ボランティアに一定の任期を設けている。地域日本語教育に興味を持つ市民は、常に日本語教室の受け入れ可能な日本語ボランティアの定員を上回っている。そのため「任期」を設けることは、できる限り多くの市民が日本語ボランティアとなる機会の提供につながると考えられている[22]。一方で、このような任期制は、現在の地域日本語教育において日本語ボランティアが不足していないことを意味している。

　確かに、日本語ボランティアの不足を問題としているのは、都市部以外の地域日本語教室だけである。日本語ボランティアに任期を設け、「多すぎる」応募者の対応を制限する日本語教室と比べて、京都府北部を拠点とする 2 か所の日本語教室は、日本語ボランティアの増員を目指している[23]。つまり、日本語ボランティアの人数は充足しているのだが、それに関しても都市部と都市部以外の地域との不均衡は看過できない。

　次に地域日本語教育の学習者を検討する。日本語ボランティアと較べて、学

---

[22] 代表者⑰へのインタビューより、2010 年 5 月 8 日。
[23] 代表者⑮へのインタビューより、2010 年 4 月 28 日。

習者の背景を明確に定義することは困難である。

　「(学習者が) 多いときは 30 人くらいで、少ないときは 10 人くらい。(中略) 金曜日 (授業の時間帯) の人で、基本的には、それぞれに、5 人か 6 人ずつ (中略) 要するに、何か言うと、まともに 30 人も来たら、とんでもないレベルになるし、例えば、10 人なんだと、その時の先生とも言ってたよ、することない。予測できない」[24]

　すなわち、それぞれの日本語教室における学習者の出席状況は流動的であり、その人数は不安定である。そのため、彼らの国籍、年齢などの背景を特定することはできない。京都 YWCA らくらくにほんご教室の代表者によれば、2009 年度の学習者ではオーストラリア人が最も多かったが、その翌年度になると、最も多いのは韓国人の学習者となった。そして開設当初の京都伏見青少年センターにおいて、学習者の大半は南米出身の日系人であった。しかしその半年後には、京都に比べ賃金水準の高い滋賀へ移住するため、日系人がセンターを離れた。2010 年現在、センターの学習者の大半は中国帰国者である。さらに 2001 年に開設されたせいかグローバルネットでは学習者のほとんどは、欧米諸国出身の研究者であった。しかし 2009 年頃から、ベトナム人技能実習生が学習者の過半数を占めるようになった。

　一部の代表者は、学習者の推移は京都府内における成人移民の構成、そして社会、経済状況の変化を反映していると考えている。例えば、スピーク・サロンの代表者によれば、2005 年頃までには学習者の大半が外国人技能実習生だった。しかし 2005 年以降、経済不況の影響で地域の工場が彼らを雇わなくなり、学習者に占めるその割合は激減した。またせいかグローバルネットの代表者は、学習者に占めるベトナム人技能実習生の割合が増加した背景には、地域産業界における構造の変化があると述べた。またこの代表者は、地域の工場が、「日本語能力試験」(Japanese Language Proficiency Test, JLPT) の合格を外国人技能実習生の昇給の要件としていることも、外国人技能実習生の日本語学習意欲を向

---

[24]　代表者⑲へのインタビューより、2010 年 5 月 11 日。

上させる要因であると指摘した。

　日本語ボランティアの場合とは異なり、日本語教室は、インターネットでの教室情報の周知や地方自治体の窓口での宣伝物の配布、学習者同士による紹介など、さまざまな手段を通じて学習者の募集を行っている。その中でも、学習者同士による紹介が最も効果的である。そのため、学習者の中には家族や親戚、同僚、あるいは同国出身の友人が多い。

　「リングス」に加盟の日本語教室のほとんどは、学習者不足を問題としている。多くの日本語教室はインターネットでの広報やチラシの配布などで、学習者の募集を強化しているが[25]、学習者数は依然として安定していない。学習者が増えないことは、教室の成長や発展が望めないことを意味する[26]。しかも実際、「リングス」の中には学習者の激減によって存続が危機にさらされた教室もある。

　「リングス」に加盟の日本語教室の代表者は、学習者不足の理由の1つを世界同時不況で多くの成人移民が帰国したことに加えて、成人移民に日本語の学習意欲が欠けているとも指摘した。例えば、ある教室の代表者は、教室の学習者の大半を占める中国帰国者は日常生活や就労において日本語を使用しないため、日本語能力を有する必要性を認めておらず、日本語の学習意欲が低いと指摘した。そのためこの代表者は、中国帰国者に「（日本語を）勉強しなさいと（政府が）一言を言ってくれれば」と政府の関与を望んでいる[27]。しかし、来日前に日本での定住権または永住権を取得した中国帰国者や日系人に対して、日本の法律は日本語学習を義務づけていない。したがって政府は、成人移民に日本語学習を要求することができないのである。

2.7　地域日本語教育の課題

　「リングス」に加盟の日本語教室の代表者は、今後の課題として、日本語ボ

---

[25] 代表者②へのインタビューより、2010年2月18日。代表者④へのインタビューより、2010年3月18日など。
[26] 代表者①へのインタビューより、2010年1月12日。
[27] 代表者⑲へのインタビューより、2010年5月11日。

ランティアの結束、運営に必要な資金の調達、地域日本語教育に対する政府のあり方への期待を挙げていた。

　日本語ボランティアが日本語教室に来る目的や動機は 1 人ひとり異なっている。そのため、日本語教室にとって、日本語ボランティアの結束を図ることが課題となる。例えばある教室では、一部の日本語ボランティアは欧米出身の学習者との個人的な交流を深めることを目的としているのに対して、ほかの日本語ボランティアは、適切な日本語指導の実施を日本語教室の本来の役割としている。その結果、この教室では日本語ボランティアの間での求心力が低下し、2010 年の時点では活動停止の危機に瀕している。[28]

　日本語ボランティアの間での意識統一のために、「リングス」に加盟の日本語教室の代表者は、日本語教室に日本語教育としての役割があることを強調し、教室内の結束の強化に意欲を示している。

　　「来られてやめられた方たちを入れるともっと多くなりますけれども、もともと、あの、日本語のね、勉強を教えたい、やってみよう、と思う先生の、目的がね、いろいろあって、あの自分で、自分の英語を生かせ、生かしてみたいとか、(中略) それをレベルアップもしたいという人たちとか、外国人と、友達になりたいとか、そういう意味、あの自分の希望を持って来られる方たちは、大半やめてくれる。うん、あのもちろんそれプラス、これは、自分が、人から貰うじゃなくて、自分が与える、ことに喜びを持たないと、それプラス、自分も伸びていく、ね、でも、あの……自分が、もっと向上するために、で、来るというのはちょっと、意味が違うかなあ」[29]

　山田 (2002) は、地域の日本語教室の目的は日本語教育の提供ではなく、日本人と外国人の間での個人的交流の推進に重点を置く「相互学習」であると考えた。しかし日本語ボランティアは、日本語教育の実施が学習者には有益で

28　代表者⑫へのインタビューより、2010 年 4 月 16 日。
29　代表者⑩へのインタビューより、2010 年 4 月 14 日。

あると考え、地域日本語教育の目的を、「相互学習」の促進ではなく、成人移民に適切な日本語指導を提供することとしている。そこで今回の調査を見ると、この点において地域日本語教育の当事者である日本語ボランティアの意見は、研究者の見解と一致していないことがわかる。

続いて運営に必要な資金の調達という課題を検討する。「リングス」に加盟の日本語教室の多くは、地方自治体からの補助金や公共施設の使用に関する支援を受けている。その補助金の金額はすべての運営費用をまかなうには不十分であるため、そのほかの助成金の申請を考える代表者もいる。しかしある教室の代表者は、地方自治体や政府からの助成金は、日本語教室の運営基盤の安定化にあまり役に立たないと批判する。それは、助成金の主な対象が地域行事の実施であり、支給期間や使途が限定されているためである。しかも、助成金の交付は地方自治体や政府の方針、あるいは行事の実施効果によって打ち切られる可能性が高い。そのためこの代表者は、このような助成金は「団体が成長するための助成金」ではないと批判する[30]。

政府は、「『生活者としての外国人』のための日本語教育事業」を中心に、地域日本語教育向けのモデル事業を実施している。政府はこのモデル事業の実施目的を、「各地の優れた取組を支援し、日本語教育の推進を図ること」としている（文化庁、2012）。しかし、多くの日本語教室が必要とするのは、「優れた取組」に対する奨励ではなく、教材の購入費用、消耗品費などの運営経費に対する支援である[31]。もし日本語教室が、地方自治体または日本政府から十分な運営経費に対する支援を受けられれば、学習者が納める学習費用を主な収入源とする必要はない。したがって学習者の負担は減少し、彼らの学習意欲の向上につながる効果があると考えられる。

また「リングス」に加盟の日本語教室の代表者の多くは、日本語教育の実施が日本政府の責任であると考えている。

　　「僕は基本的に日本語教育というのは、本当はその、もっと国がね、お

30　代表者⑧へのインタビューより、2010 年 4 月 7 日。
31　代表者⑯へのインタビューより、2010 年 4 月 30 日。

金出して、あのもっと手厚く、基礎から、ちゃんと教えるべきだと思ってるんですよ。今、日本語教育で、あの、『リングス』にも何人かはいるんやけど、『リングス』の教室で基本的に、ほとんど皆ボランティアやなあ、あれで食べて行けてる人って、おれへんのやんか。

　（中略）日本のその、留学生とか、ま、在住外国人に対する日本語教育政策というと、ボランティアの人に、頼ってるところは凄く大きいよね。大きいか……、それはね、ボランティアの好意なんというに甘えてるというか、結構そういうところがあって。ボランティアさんもボランティアで、その自分がやりますと言うことやから、自発的にさ、お金貰ってるわけでもない、こういう人達がもし、しなくなると。今本当に全員がこうね、あのボランティアがやめますって、一斉に例えば京都、『リングス』は皆がやめるとすると、大変なことになると思う」[32]

　この代表者は、国が日本語教育に責任を持ち、日本語を教えることが「食べて行ける」仕事となるよう、日本政府に対して要求している。この点について、もう1人の日本語ボランティアは政府に対する期待を次のように述べている。

　「（日本政府に）日本語教育もうちょっとわかって欲しいよね、お金を出して欲しい。

　（中略）具体的にじゃ、要するに、私は日本語教師なんですよ。プロなんですよ。一応お金貰ってるんですけども、そのボランティアは多すぎで、その仕事がないという。嫌らしい話なんですけども、だから、そういうことで価値を下げて欲しくないんですよ。というのもあって、それを教えてる（ボランティアとして日本語を教えること）のはちょっと矛盾あるじゃないですか。

　（中略）その辺きちんと日本語教師という者にお金を出せば、日本語教師が自立できるんですよ」[33]

32　代表者⑨へのインタビューより、2010年4月12日。
33　代表者⑤へのインタビューより、2010年4月2日。

「リングス」に加盟の日本語教室の代表者の多くは、大学や日本語学校など日本語教育機関に比べても、地域日本語教育が成人移民の日本語学習需要に十分に対応できると考えている。しかし、彼らには、政府が日本語教育という業界に介入し、有資格の日本語教師が置かれている労働市場の状況を改善することへの期待があった。実際、日本語教師の雇用問題は、常に関係者の強い関心を集めている。一部の日本語教育の関係者や研究者は2010年に「日本語教育保障法案」を提出したが、この中で政府は日本語教師の有資格者の雇用を確保しなければならないと規定している（日本語教育保障法研究会、2009）[34]。

　しかし、なぜ日本語を教えることは「食べて行ける」仕事ではないのだろうか。その主たる理由は、日本語学習者の減少（財団法人日本語教育振興協会、2012)、そして有資格の日本語教師が過剰であるためにほかならない。

　1980年代後半の規制緩和により、「日本語教育能力検定試験」に合格することだけでなく、大学で日本語教育を専攻した者、または420時間以上の日本語教師養成講座を修了した者も、日本語教師の資格を有する者として認められるようになった。1987年から2012年までの26年間で、「日本語教育能力検定試験」の合格者数は合計28,855人にのぼる（日本国際教育支援協会、日付なし）。日本語教師養成講座の修了者数について、二通（2006）によれば、日本国内では1993年以降、大学や専門学校で日本語教育を専攻して卒業する者、または日本語教師養成講座を修了する者は、毎年およそ2万人以上を数える。したがって、「日本語教師予備軍」の人々の多くは、日本語ボランティアとして各地の日本語教室に通っている。また大学で日本語教育を専攻する若者は、日本語教師としての就職が困難なことであると考えている[35]。

　「ボランティアは多すぎで、その仕事がない」という日本語教育業界の状況は、有資格の日本語教師にとっては期待外れの結果だろう。しかし一方で、そのために成人移民は地域で、廉価でかつ日本語教育機関に比べて遜色のない日本語教育を受けることができる。これは、地方自治体と市民が主体の地域日本

---

[34] 「日本語教育保障法案」という提案の第6条「地域社会における日本語教育従事者に対して、国及び地方公共団体は、雇用の確保及び安定のための制度を整備し、及びその充実を図らなければならない」（日本語教育保障法研究会、2009：6）。

[35] 代表者⑯へのインタビューより、2010年4月30日。

語教育による主な成果の1つといえる。

2.8 おわりに

　本章では、「リングス」に加盟する15か所の日本語教室の代表者19人を対象とした聞き取り調査の結果に基づいて、地域日本語教育の課題、そしてそれに関する日本政府の役割を考察してきた。この調査結果を見ると、京都府内の日本語教室は都市部に集中していることが判明した。そこで、このような地域間格差に対応するため、地方自治体と日本語教室のネットワークの役割が重要であると考えられる。

　また多くの研究者は、地域日本語教育は成人移民の日本語学習需要に対応できないと主張していたが、地域日本語教育の主体である日本語ボランティアは、これには同意していない。さらに日本語ボランティアは、政府に日本語教育に対する役割の強化を求めている。しかしその一方で彼らは、飽和した就職市場における日本語教師の待遇改善を主張している。このような主張が出てきた背景は、従来の日本語教師養成教育は1990年代以降、日本国内における日本語学習者が急増していることにある（金久保、2000）。一方でその日本語学習の「需要」は、まだ日本語教師の「供給」に追いついていないことを無視している。

　今回の聞き取り調査から、「リングス」に加盟の日本語教室の代表者の多くは、日本語教師の就職機会の確保など、地域日本語教育に対する日本政府による関与の拡大を歓迎していることが判明した。しかし一方で、日本では植民地支配の歴史に対する反省から、成人教育や日本語教育に対する政府の関与を警戒する考えが、依然として根強く残っていることがわかる（大槻、1981；松下、2003；牲川、2006など）。そこで、次の第3章では、地域日本語教育に関するもう1つの課題とされる、地域日本語教育における「教える－教えられる」関係に対する批判を検討する。

第3章
なぜ、日本語を「教え」てはいけないのか
「地域日本語教育」における「教える－教えられる」関係に関する批判の再考

3.1　はじめに

　近年、地域日本語教育と関わる人々の中で、日本語「教育」と呼ぶべきではない、また日本語を「教える」べきではない、そして「教室」や「先生」という用語は、極力控えるべきとの意見が聞かれるようになった。京都府内にある日本語教室の1人の代表者は次のように述べた。

> 　「『教える』とか『教室』、『教材』、また『先生』『生徒』という表現や発想をできるだけしないよう心掛けるようになりました。言葉狩りをするつもりはありませんが、『多文化共生』を目指すにあたって、『教育』とか『普通』という言葉は禁句といえます。(中略) 私たちは、古めかしい学校用語に支配されすぎているのではないでしょうか。日本語ボランティアによる学習支援は、「教育」とは似て非なるもの。我々は、全く新しいことをやっているという誇りが欠けているように思います」
>
> 　　　　　　　　　　　　　　　(酒井、2008、傍点は筆者、以下同)

　なぜ地域日本語教育は、日本語「教育」と「似て非なるもの」なのだろうか。

なぜ、「教える」または「先生」という用語を使ってはならないのだろうか。

2014年現在まで、「教える－教えられる」関係は地域日本語教育における問題として批判されてきた。しかし、それがなぜ問題として取り上げられ、どのような理由で批判されてきたか、これについては、いまだ十分に解明されていない。そこで本章では、地域日本語教育における「教える－教えられる」関係を新たな視点から考察する。

3.2　なぜ「教える－教えられる」関係は批判されたのか

地域日本語教育における「教える－教えられる」関係はこれまで問題視されてきた。地域日本語教育における「教える－教えられる」関係とは、日本人が多数を占める日本語ボランティアが日本語を「教える」者となり、それに対して外国人が「教えられる」者となる関係を指している[1]。そこでの「教える－教えられる」関係は非対称的であり、その中では教える者が教えられる者に対して優位に立つと考えられている。しかし、この問題の本質はまだ十分に検討されていない。

「教える－教えられる」関係を非対称的な関係性と捉える批判は、地域日本語教育以外にも見られる。中内（1989）によれば、江戸時代にはすでに、同時期の欧米諸国に比べて「教授法」ではなく、「学習法」を重視する傾向があった。また戦後まもない時期の日本の教育言説は、「教授」という用語をタブー視するものであった（船山、1960）。中内（1987：204）によれば、戦後日本の教育界では「教える」という概念が忌避され、学習論が教育言説を独占し、「学習論の大合唱」になっていた。さらに森岡（1997：104）によれば、「『教える＝強制』という安直な図式で罪悪視する一方で、『学ぶ』ことについては無条件で好意的に受容していることが多い」という現象が見られる。つまり、「教える」または「教育」などの用語が歓迎されていないのである。そして近年では生涯「教育」から生涯「学習」へと用語が変化する流れの中で、「教育」または「教える」という概念は再び批判されている。

1　この外国人には、日本に帰化した者など、日本語を第1言語としない日本人も含まれる。

今津（1994）は、この移行過程に伴った教育言説の動向を分析した。今津によれば、「生涯教育」という用語は1967年に日本に導入されたが、1990年にこの用語は「生涯学習」として理解され、その結果、「生涯学習振興法」により法律用語として使用されるようになった。「教育」から「学習」へと用語の転換がなされた理由について、今津（1994：53）は次のように考えている。

「『教育』では年長世代から年少世代へのはたらきかけに限られてしまい、生涯学習の広範な活動を網羅させることができないからという理由もあるが、『学習主体』に力点をおいた表現によって人々の抵抗感を少なくするというレトリックの意味も大きい」

松下（2003：89）も「教育」を「既成の文化構造ないし期待されるべき文化構造という規範モデルを教育範型とした文化同化（後略）」と定義した。松下によれば、従来の「社会教育」「生涯教育」の学習者は成人であるため、「文化同化」の対象にはなり得ない。したがって、成人市民に教える教育を行うことは不可能である。松下は、さらに成人を対象とする教育活動の成立はあり得ず、それは「教育なき学習」でなければならないと主張した。このように生涯「教育」から生涯「学習」への用語の転換は、「教育」「教える」という考えよりも、「学習」を使うほうが受け入れられやすい世相を反映したものであるともいえる。

このような背景から、地域日本語教育における「教える－教えられる」関係は問題視されている。古川・山田（1996：27）は、地域日本語教育における「学習者」という呼称をこの問題の1つの要因とした。古川・山田によれば、「学習者」という名称は移民を日本語と日本社会についての一般教養がわからない者と位置づけさせるものであり、非日本語話者としての移民に対して日本人が優位になる「強制的な」力関係を生じさせ、固定化させるものである（古川・山田、1996：26–28）。

そして田中（1996）は、こうした移民と日本語をめぐる力関係をさらに追及した。田中は日本在住スリランカ人女性の事例を取り上げ、日本語はすでに移民にとって「抑圧者の言語」になったと主張した。

田中（1996：31）によれば、日本語が「抑圧者の言語」となった理由は次の通りである。

　　「日本人はつねに100％の能力をもっている（現実にはそうでなくとも、そうであると皆が認めてしまう）のに対し、外国人は能力の欠けた者（disabled）とみなされると考えられる。そこでは、日本人と外国人との間に、教える側と教えられる側、ケアする側とケアされる側という関係が成立し、固定化してしまう」（括弧内は原文）

　すなわち田中（1996）にとって、「抑圧者の言語」となった日本語、そして非対称的な「教える－教えられる」関係に基づいて成立した日本語教育の結果、外国人に対する日本人の優位は固定化してしまうのである。田中は、「教える－教えられる」関係を解消させるために、日本語の「自然習得」、つまり「日本語を教えない日本語教育」が必要であると提言した。

　　「（日本語は）『抑圧者の言語』に結びつかず、教えられる側とケアされる側の固定化が起こらないで済む可能性がある。これこそ地域社会での日本語教育、いいかえれば日本語を教えない日本語教育のめざすべきところであろう。このかたちの日本語教育では、日本語を教える教室もなく、教師もいない」　　　　　　　　　　　　　　　　　　　　（田中、1996：36）

　いうまでもなく、田中（1996）はその「日本語を教えない日本語教育」の中には、偏った「教える－教えられる」関係がないと考えている。さらに森本（2001）は、日本語ボランティアは自分自身を完全な日本語能力を持つ「日本人」と認識しており、「日本人」が「先生」であり、「外国人」が「生徒」であるとのカテゴリー分けを自明視する傾向があると主張した。このことから森本（2001）は、このような「先生－生徒」の関係に基づいた「教える－教えられる」関係が非対称的で差別的な力関係であると考えた。これによって、このような関係を無意識に受け入れている日本語ボランティアによる自己批判を促した。

このように、日本語を「教える」ことは非対称的関係を生み出すものであり、「教えられる」者は常に「教える」者に差別されていると考えられている。そのため、地域日本語教育における「教える－教えられる」関係はこのような批判を受け、その是正が求められると考えられている。

3.3 「教える－教えられる」関係に関する批判の受容

「教える－教えられる」関係の解消に向けて、地域日本語教育の関係者はまず「用語」の検討に取り組んだ。

「地域日本語教育」は当初、地域に根ざした一般市民による日本語教育を意味した（深澤、1994）。しかし、「教育」は「教える－教えられる」関係を容易に連想させることから、2000年頃から、ほかの用語に取り替えられる傾向が見られた。

西尾ら（2003）は、「教育」を「支援」などほかの用語に取り替える必要があると主張した。西尾らは、日本語「教育」を次のように定義した。

> 「日本語を外国語として、あるいは第二言語として外国人が学ぶことに対して、日本語を専門的に一つの言語体系としてきちんと整理し、構造とその運用を段階的に教えていくというのが基盤にあった（後略）」
>
> （西尾ら、2003：10、傍点は本書の著者による）

これに対して、日本語「支援」には次のような意味の違いがある。

> 「日本語で生活する人たちに、その生活がスムーズに送れるように、どのように日本語を身につけていってもらったらいいかということを助けようというところから出てきた言葉」
>
> （西尾ら、2003：10、傍点は本書の著者による）

西尾ら（2003：10）によれば、このように移民の日本語習得を「助けよう」とする日本語「支援」は2000年頃、すでに日本で定着していた。同時期に、

日本政府も日本語の「教育」を「支援」と異なる概念として考えるようになった。文化庁は、2004年に刊行した報告書の中で日本語「教育」を次のように定義している。

> 「専門家が効率的に教えて、外国人が日本語をなるべく早く習得するという最終的な結果が重要（である）」　　　　　　（文化庁、2004：2-3）

一方で同報告書は、日本語「支援」を次のように定義している。

> 「日本語教育の専門家ではない住民もかかわり、支援する日本人と支援される外国人が互いに学びながら交流が深まるという過程を重視する（後略）」　　　　（文化庁、2004：3、傍点は本書の著者による）

つまり、日本語「教育」は外国人に日本語を教えるものであるのに対して、日本語「支援」は外国人の日本語学習を支えるものである。また、日本語「教育」は日本語教育の専門家（教師）が日本語を整理し、知識として教えるとされる一方で、日本語「支援」は、専門家ではない一般市民と外国人の交流が深まる活動であると考えられている。そこで西尾ら（2003）などは、地域の日本語教室で行われるのは日本語「教育」ではなく、日本語「支援」であると主張する。日本語「支援」活動では「教育」が行われないため、日本語ボランティアと外国人の間においては「教える-教えられる」関係ではなく、対等な「共に学ぶ」、あるいは「相互学習」といった関係の成立が可能であると考えられるのだ（尾崎、2004）。

実際、このような「教える-教えられる」関係の解消を目指した「相互学習」の概念は広く受け入れられ、地域日本語活動の現場に徐々に浸透してきている。例えば、京都市の地域国際化協会は自らが主催する日本語教室の活動のしおりの中で、教室の開催趣旨を次のように示していた。

> 「ボランティアが対等な立場で日本語学習支援に関わる交流・支援活動として（中略）『先生』と『生徒』ではなく、『学習者』と『協力者』とし

てともに学ぶ（後略）」　　　　　　　　　（京都市国際交流協会、2007：1）

　これを見ると、地域日本語活動における「教える－教えられる」関係を批判する目的とは、非対称的な「教える－教えられる」関係を排除することで、平等な関係を確立することにあることがわかる。では、「教育」から「支援」へ、あるいは「先生」から「協力者」へなどの用語の言い換えによって、「教える－教えられる」関係のない地域日本語教育を実現することができただろうか。
　これは当初の展望を満たすに至らなかった。ほとんどの地域日本語活動団体は、日本語教育関係者の作成した教科書や教材を使用しており、日本語能力試験（JLPT）向けの日本語指導を行っていることから、これは日本語を「教える」ことにほかならない。また2010年に、京都府内の日本語教室の代表者が筆者のインタビューに応じて、運営する日本語教室の特徴を次のように述べている。

　　「ボランティアによる日本語、教室であって、学校ではないので、そういう関係で先生とか、生徒とか、という関係じゃない。だから彼らのことを日本語の先生じゃなくて、日本語チューターと呼んでるんですね！（中略）対等な関係として。（中略）時には日本語を学習するから、まあ、時には先生にもなるんだけども」[2]

　この日本語教室の代表者の証言を見ると、地域日本語教育における「教える－教えられる」関係は用語の言い換えによって解消できないことがわかる。池上（2007）も、地域日本語教育に関して「教える－教えられる」関係という問題が依然として残っており、その問題性がいまだ指摘され続けていると述べている。
　そして日本語「教育」に内包された非対称的な権力関係を批判する目的で導入された「支援」という用語もまた、批判の対象となっている。それは、「支援」が学習者への「助け」に重点を置く用語であり、学習者が日本語ボラン

---

[2] 「京都にほんごリングス」に加盟の日本語教室の代表者に対しての聞き取り調査の結果から、2010年5月8日。

ティアからの助けを受けると、日本語ボランティアに「助けられる」弱者になるためである。例えば柴田（2003：113–115）は次のように、日本語「支援」を批判した。

> 「最近よく聞かれるようになった『日本語支援活動』という言葉についても、少々奇妙な印象を受けます。（中略）これを地域の日本語教室にあてはめて図式にすると、「『困っている人＝日本語を母語としない人』を助ける」ということになり（括弧は原文のママ）、『助ける側』と『助けられる側』という固定した関係ができあがってしまうように思われるからです」

また矢野（2007）も、地域日本語教育について次のように主張し、「教える－教えられる」関係だけではなく、「支える－支えられる」関係も地域日本語教育における平等な関係性の確立を目指すために排除すべきものとした。

> 「（日本語ボランティアと外国人の）双方の関係性は、教える－教えられるでも、支える－支えられるでもなく、共に学ぶ互恵的なものだ」
>
> （矢野、2007：54）

これらの批判に従えば、「教育」も「支援」も使えないことになる。このように、地域日本語教育にとって「正しい」用語を求めることは困難になっている。したがって現在の研究には、地域日本語教育にとっての「正しい」用語の判断を控える傾向が認められる（社団法人日本語教育学会、2008；西口、2008）。このことから、用語の変更だけでは、地域日本語教育における「教える－教えられる」関係を解消させることが不可能であることがわかる。

3.4　地域日本語教育のあり方

「教育」から「支援」への用語の転換だけでは、地域日本語教育における「教える－教えられる」関係の解消は実現できない。しかしこのほかにも、少

なくとも2つの対応策が考えられる。その1つは、この節で取り上げている、地域日本語教育のあり方を再検討することである。

山田（2002）は、「日本語を教える」ことは専門家の役割であり、専門家ではない一般市民による地域日本語教育が果たすべき役割ではないと考えた。池上（2007）も山田（2002）の提案に賛同し、移民に日本語教育を提供する役割を地域日本語教育の活動目的から外すことで、地域日本語教育における「教える－教えられる」関係が解消すると考える。

しかしこの対応策には、少なくとも2つの問題点が考えられる。まず、日本語教育の実施を専門家の役割とするとき、その専門家の定義が曖昧である。日本語教育における専門家の役割を考えたとき、田中（1984：4、傍点は本書の著者による）は、「きちんとした準備をしさえすれば、そして、日本語を反省的に考えている人であれば、日本語はだれでも教えられる」と述べている。すなわち、日本語教育は専門家だけの役割である、とは断言できない。また、専門家の定義を日本語教師の有資格者に限定したとしても、日本語ボランティアの中には実際、日本語教師の有資格者が少なくない。彼らは日本語教育の専門家として見なされていないのだろうか。このことから、日本語教育の実施は専門家の役割であり、日本語ボランティアの役割ではない、という区別をする基準は事実上ないに等しい。

また、日本語ボランティアが日本語を教えなくなり、地域日本語教育における「教える－教えられる」関係が解消されたとしても、専門家による日本語教育における「教える－教えられる」関係は依然として存在している。むしろ、専門家による日本語教育における「教える－教えられる」関係は認められた形となってしまう。地域日本語教育における「教える－教えられる」関係への批判言説が非対称的な力関係の解消を期待するものであるなら、専門家と日本語ボランティアを区別することにより、そこには矛盾が生まれてしまう。

そこで、この対応策の目的はむしろ日本語教育の「専門家」の地位を強化することであると考えられる。

3.5 「共生言語」としての日本語

　もう1つの対応策は、「『共生言語』としての日本語」の創出である。これまでの日本は「単一民族・単一文化指向の社会」とされてきたが、外国人住民の増加によって「多言語・多文化社会」への移行が進んでいる、と岡崎（2002）は考える。岡崎によれば、「多言語・多文化社会」である日本において、それぞれ異なる母語を持つ人間が互いにコミュニケーションを行うとき、意思疎通を可能にする1つの共通言語が必要となってくる。岡崎は、それを「共生言語」と命名した。

　しかし、続いて岡崎（2002）は以下のように展開する。日本社会では日本語を第1言語とする人が一番多いため、日本語が「共生言語」になる場合が多いが、日本語を「共生言語」にすることはそのほかの言語話者に日本語学習の負担をかけるため、不公平になる。また日本語教育は日本語を第1言語とする人の言語行動を学習の規範とするため、意図の有無にかかわらず、日本語の学習者に日本語を第1言語とする人への同化を求めるようになる。

　日本語教育が学習者に日本人への同化を求めることについての批判が少なくない。1945年まで、台湾や朝鮮などの植民地で、当時の同化政策及び皇民化政策の担い手として日本語教育が強行されてきたことが指摘されている（久保田、2005）。その後、日本語教育の役割は大いに変わってきたものの、その前身である植民地占領期の日本語教育との関係は断絶しておらず、戦後の日本語教育の本質は依然として同化主義から脱却していないと告発され続けてきた（西川、2002）。例えば、朝倉（1995：36）は次のように述べ、日本語教育における同化主義的性格を警戒した。

　　「主流言語である日本語の教育は、本来その内容、文法等において極めて日本的であり、効率的な日本語教育をそのまま進めれば、必然的に社会的同化要請の強い教育となる」

　また、川上（1999：17）も「（日本語教育は）日本語学習者を限りなく日本人

に同化する力をその構造的力として持っている」と指摘した。

　同化を求めない日本語教育の実現を目指し、岡崎（2002）は「共生言語としての日本語」という概念を提出した。岡崎によると、「共生言語としての日本語」は従来の日本語とは共通部分があるものの、それとは異なる言語である。つまり「共生言語としての日本語」は日本語を第1言語とする人にとっても自らの第1言語ではないため、日本語の学習者と同様にそれを習得する必要がある。岡崎によれば、誰にとっても自らの第1言語ではなく、習得の必要がある「共生言語としての日本語」を日本語教育における目標言語とすれば、日本語教育に内在する同化構造の解消と、「教える－教えられる」関係の排除も可能になるというのだ。

　しかし、岡崎（2002）の提案には、少なくとも次の3つの難点がある。まず、岡崎は同化を求めない日本語教育の実現を目指す一方、「同化」という概念の多義性を無視している。植民地支配における「同化」と、移民の受け入れにおける「同化」は本来混同してはならないものである。しかし山本（2000）が指摘したように、日本では確かに、「同化」を「抑圧」の同義語として流用する傾向がある。またBrubaker（2001）によれば、これまで「同化」という用語は、少数派が多数派に吸収され、合併され、編入され、それによって起きる文化や社会集団の消失に同一視されるという意味で使用されてきた。しかし、それは、「同化」の意味の1つにすぎない。「同化」の概念は少数者の消滅を意味するだけではなく、複数のグループが「相似になる」プロセスを指すものでもある。したがってこのような「同化」は、場合によって「差異」の反義語ではなく、「隔離」や「疎外」の対極となることも考えられる。そこで、「同化」の概念は、必ずしも「多文化主義」の対極ではなく、さまざまな関係性を開く可能性もある。にもかかわらず、岡崎が想像した「同化」は、「抑圧」や少数派の消失を意味するものにすぎないのである。

　また「共生言語としての日本語」は、想像上の実在しない言語である。そのため、「共生言語としての日本語」を習得の目標とし、実際のコミュニケーション場面に応用することは適切さを欠くことになる。

　さらに、岡崎は「共生言語としての日本語」の創出にあたり、一般的な意味での日本語とそれと異なる言語としての「母語場面の日本語」を分類してい

る。しかし、この分類では従来の日本語が日本語を第1言語とする人だけの日本語となり、第2言語としての日本語は日本語として認められなくなる（牲川、2006）。

　従来の日本語教育における同化主義を告発した言説は、日本語が「日本的」なものであり、日本人の所有物であるとの前提に基づいている。同化なき日本語教育を目指した岡崎（2002）が創出した「共生言語としての日本語」も、これらの言説の限界を超えていない。

3.6 「教える－教えられる」関係に関する批判言説を越えて

　これまで多くの研究者は、用語の転換、地域日本語教育のあり方の再検討、そして「共生言語としての日本語」という概念の創出により、地域日本語教育における「教える－教えられる」関係の解消に取り組んできた。しかし、「教える－教えられる」関係の解消は困難であり、有効な対策がまだ提出されていない。これは、一体なぜだろうか。

　「教える－教えられる」関係の解消に向けて、「教えない」学習活動の実現が重要視されている。そのため、岡崎（2002）や尾崎（2004）などは日本語ボランティアと学習者が「共に学ぶ」関係の構築が必要であると強調し、成人教育

図 3-1　「教える－教えられる」関係批判言説の構造図

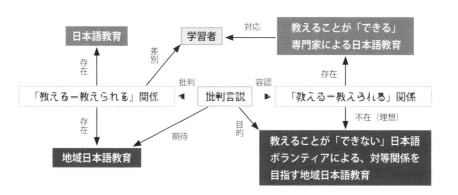

の場合では、教師の役割を徹底的に否定する「共同学習」という理念が提出された（松岡、1994）。しかし、こうした「教える」者のいない「共同学習」論の実現には限界があり、現実に向き合うために「教える」者の役割を認める必要がある、という「共同学習」論への批判や反省もある（大槻、1981；松岡、1994；上杉、2011）。すなわち、「教える－教えられる」関係が解消できない理由は有効な対策が提出され、実践されていないことではない。むしろ「教える－教えられる」関係の解消が不可能であることを意味するのである。

その解消は不可能であるにもかかわらず、これまで地域日本語教育における「教える－教えられる」関係に強くこだわってきた理由は、過去の歴史に対する反省である。大槻（1981）によると、一部の成人教育の関係者が、教えることのない「共同学習」としての成人教育の実現に腐心した理由は、第2次世界大戦前に行われた思想教化に対する反省である。また日本語教育の場合では、西川（2002）や西尾ら（2003）は、日本語教育が植民地支配の一翼を担った歴史を念頭に置いた上で、日本語を教えること自体に内包される「教えられる」者を「教える」者への、抑圧の同義語としての同化に導く権力関係を指摘した。したがって、「教える」者と「教えられる」者という区別のない対等な関係を構築するために、日本語を教えることが否定されてきた。

しかし、その反省はこれまで「教える」者だけに注目してきた。つまり「教える－教えられる」関係に関する批判言説には、「教えられる」者がどのように考えるかということは考慮されていない。「教える－教えられる」関係における「教えられる」者は、「教える」者に抑圧され、主体性なきものとして考えられている（中内、1987；フレイレ、2011）。しかし広田（2003：236–238）によると、「教えられる」者は実際には、「教える」者に従属するものではない。

> 「『教える』という行為に対しても、『学ばない』ということは当然ありうる。教えられたときに学ぶかどうかは、主体Bの判断に委ねられているということである。このことは、教える側が特定の条件を揃えさえすれば、『教える』『学ぶ』関係が自然に成立する、というようなものでは決してないことを意味している。どういうふうに教えても、万人が学ぶということは決してない」

つまり広田は、「教えられる」者は「教える」者に抑圧されて主体性を失ってしまうのではなく、「教える」者が教えようとする内容を受け入れるかを決める能力を持つと考える。したがって、「教えられる」者に「学ばない」ことを決める能力を持つことを認めると、「教える－教えられる」関係は、「教える」者が優位に立つ、という非対称的な関係ではなくなる。この点について、柄谷（1986：6–7）も日本語を全く知らない外国人に、日本語を教える場合を想定し、次のように述べている。

　　「『教える－学ぶ』という関係を、権力関係と混同してはならない。（中略）つまり、『教える』立場は、ふつうそう考えられているのと逆に、けっして優位にあるのではない。むしろ、それは逆に、『学ぶ』側の合意を必要とし、その恣意に従属せざるを得ない弱い立場だというべきである。
　　（中略）（「学ぶ」側）が認めなければ（意味の共有が）成立しない。私（「教える」者）自身のなかに『意味している』という内的過程などない。しかも、私が何か意味しているとしたら、他者がそう認める何かであるほかなく、それに対して私は原理的に否定できない」

　本章の図 3-1 で示したように、従来の「教える－教えられる」関係に関する批判言説は「教える」者の主体性だけを認めて、「教えられる」者を「教える」者に従属するものとしていると考えられる。しかし柄谷によると、「教える－教えられる」関係は必ずしも「教える」者が優位に立つ関係性ではない。なぜなら、「教えられる」者に「学んでもらう」には、「教える」者は「教えられる」者に認められなくてはならず、「教えられる」者との合意が必要である。したがって、「教える」者と「教えられる」者の合意によって成立する「教える－学ぶ」関係は、非対称的なものではない。
　過去の歴史に対する積極的な反省は必要である。しかし、地域日本語教育における「教える－教えられる」関係に対する批判によって反省を促す言説は実際、「教えられる」者も主体であるということを無視し、「教える－学ぶ」関係の成立には、「教える」者と「教えられる」者の合意が必要であることを忘れている。このような「教える」者が恣意に「教えられる」者を従属させ、差別

することを容認する「教える−教えられる」関係の図式は、「教える−教えられる」関係の実態に基づいていない。これらの批判言説が「教える」者のいない関係性の構築に固執するあまり、用語の言い換えなどで形骸化した議論を続けてしまう根本的な原因である。このため、過去の植民地支配における日本語教育に対する反省を促すには、「日本語を教えない」日本語教育の実現より、「教えられる」者の立場に注目し、「教える−教えられる」関係を「教える」者と「教えられる」者が協力して構築する関係性として考える必要があるだろう。

3.7　おわりに

　本章では、地域日本語教育における「教える−教えられる」関係に関する批判を再考した。地域日本語教育における「教える−教えられる」関係は、1990年代以降、指摘され続けている。しかしその「教える−教えられる」関係の本質は、いまだ十分に検討されていないにもかかわらず、「教えられる」者は常に「教える」者に差別されるような非対称的な関係として考えられている。

　いうまでもなく、これまでの地域日本語教育における「教える−教えられる」関係に関する批判言説が登場した背景は、本書の第1章で言及した日本における「国家−民族−言語」の「三位一体」論に対する批判や、過去の植民地支配に対する反省である。つまりそれらの批判言説が反映したのは、1945年以降の政治体制に対する不満や、その政治制度の一部としての教育に対する不信感を反映しているのだ。ところが日本語教育を除いて日本におけるほかの言語教育の場合、「教える−教えられる」関係に関する批判が聞かれたことはない。すなわち「教える−教えられる」関係に関する批判言説の目的は、日本語教育において「教える」者のいない、または「教えない」学習活動の実現である。

　ただし、この「教える側のない」学習活動を徹底しようとする姿勢の根底にあるのは、現在日本の政治や経済、社会体制を是正しようとした批判意識だけではない。そこには「教えられる者」の主体性を認めない意識もあるといわざるを得ない。すでに前節で検討したように、用語の言い換えや地域日本語教育のあり方の再検討、「共生言語としての日本語」の創出などの対策は、いずれ

も問題点を抱えており、「教える−教えられる」関係を解消するものではない。また教師の役割を徹底的に否定することは非現実的である。さらに「教えられる」者は「教える」者に恣意的に支配され、差別される存在ではないし、「教える−教えられる」関係は批判言説が主張したような非対称的なものではない。また「教える」者は「教えられる」者に「学んでもらう」ため、「教えられる」者との合意が必要である。したがって、地域日本語教育にとっての課題は、「教える−教えられる」関係の解消ではなく、「教えられる」者を承認することである。

　本章の冒頭引用で地域日本語教育の目標とされた「多文化共生」は、すでに日本の移民受け入れを代表する理念となっている。しかし「多文化共生」を理想として捉えている風潮の中、「多文化共生」という概念はこれまでどのような機能や役割を果たしたかについては、いまだ十分に考察されていない。そこで次の第4章では、日本における「多文化共生」とは何かを歴史観や実践、抵抗、アイデンティティなどの4つの側面から検討する。

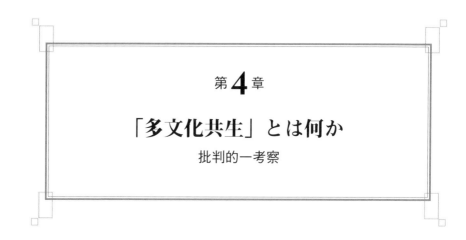

4.1 注目される「多文化共生」

「多文化」と「共生」の2つの言葉によって構成される「多文化共生」[1]は、最初日本に定住する韓国・朝鮮人の反差別運動で初めて提起された概念であり（大沼・徐、1986）、アメリカなどにおける多文化主義を論ずる場合にも用いられるものである。[2]

  「多文化共生」の定義はさまざまであるが、次の定義が代表的である。「国籍や民族などの異なる人々が、互いの文化的違いを認め、対等な関係を築こうとしながら、共に生きていく」   （山脇、2002：8）

このような「多文化共生」への期待や関心は日本社会において1990年代後半から高まりを見せ、現在では、日本の外国人住民施策の理念として定着して

---

[1] 「多文化共生」という言葉の登場は一般的に1995年の阪神・淡路大震災以降だといわれるが、それは実際1995年より前のことである。また、日本における「共生」という言葉の登場が1970年代にあったという説もある（花崎、2002）。
[2] 例えばアメリカにおけるマイノリティ教育の改革を考察した今村（1990）を参照。

いる。在日韓国・朝鮮人住民の多い川崎市は1998年、大阪市は2001年にそれぞれ「多文化共生」を理念とする外国人教育政策を発表した。さらに、総務省は2005年の「多文化共生の推進に関する研究会」の開催、2007年の「地域における多文化共生推進プラン」の発表などを通して、各地方自治体による「多文化共生」施策の推進や実施を求めている。

この「多文化共生」ブームの背景には、日本在住外国人の増加がある。1985年の時点で、日本における外国人登録者数は850,612人であり、当時の総人口の0.7%を占めていた。そのうちの80%は在日韓国・朝鮮人である（法務省、日付なし）。その後、日本経済の好調で外国人の来日が急増し、2014年6月の時点での在留外国人数は2,086,603人にのぼり（法務省、2014）、総人口の1.64%を占めるようになっている[3]。近年では在日韓国・朝鮮人が占める割合が減少し、中国、ブラジルやフィリピン人が占める割合は増加した。そのため、日本在住の外国人の構成は1980年代に比べてその構成が多様になっている（法務省、2014）。

4.2 日本におけるマイノリティ

「多文化共生」という概念が重視されるようになった理由は、日本社会にも複数のマイノリティがあり、在住外国人の増加が示したように彼らの存在が可視化となったことであるといえる。日本における主要なマイノリティは、先住民族、19世紀以降の移住者の中のオールドカマーとニューカマーの3種類に分けることができる。

---

[3] 総務省統計局（2014）により、2014年6月の時点で日本全国の人口数は127,112,637人であった。

4.2.1　先住民族

	推定人口数	説　明
アイヌ民族	2006年の時点で北海道在住アイヌ人口は23,782人（北海道生活環境部、2006）。	日本の先住民族。現在の北海道を中心に居住している。

　アイヌ民族は元来、現在の本州の北部、北海道、サハリンと千島列島で居住していたが、18世紀以降は日本に鎮圧され、独立の地位を失った。20世紀以降アイヌ民族は日本からの支配を受け、自らの言語と文化も喪失しつつあった。第2次世界大戦後アイヌ民族復権の動きが強まり、1997年には「アイヌ文化の振興並びにアイヌの伝統等に関する知識の普及及び啓発に関する法律」が制定された。同法律の成立によりアイヌ民族の地位が初めて確立されるようになったが、アイヌ民族の先住民族としての政治経済的な権利はいまだ認められていない。

4.2.2　オールドカマー

	推定人口数	説　明
在日韓国・朝鮮人	特別永住者と帰化した者。その数は70万人に近いと見られる（在日本大韓民国民団、日付なし）＊。	1920年代から日本への移住が急増した朝鮮系住民（またその後裔）。1965年の「日韓法的地位協定」で永住者としての地位が確認された。
1952年以前から日本在住の華人	不明、数万人程度だと見られる。	1946年2月の時点では中国系14,941人、台湾系15,906人が日本に居住していた（黄、2008：129）。

＊在日本大韓民国民団によれば、2011年の時点で特別永住者としての在日韓国・朝鮮人数は395,234人である。しかし1952年から2010年まで日本に帰化した在日韓国・朝鮮人の数は327,550人であるため、在日韓国・朝鮮人と朝鮮系日本人を合わせると、合計70万人を超えている。

　ここでは「オールドカマー」を19世紀の末から、1952年の「サンフランシ

スコ講和条約」の発効までに日本列島に移住してきた移住者とする。1910年に朝鮮が日本に併合されて以降、労働者として朝鮮半島から日本列島に移住する朝鮮人が激増し、1930年の時点では298,000人になった（外村、2007）。彼らは1952年まで日本国籍を所有したが、それ以降は在日韓国・朝鮮人として暮らしてきている。その後1965年の「日本国と大韓民国との間の基本関係に関する条約」で彼らの日本での永住権が保障された。日本に帰化した朝鮮系日本人が含まれれば、在日韓国・朝鮮人は日本における最大のマイノリティだが、依然としてさまざまな差別問題に直面している。

一方で1952年以前に来日した華人は主に横浜と神戸の中華街で集住しており、人数は在日韓国・朝鮮人より遥かに少なかった。彼らの中でも、王貞治（1940年に日本に生まれた）などの世界的な有名人も輩出した。

4.2.3　ニューカマー（1952年以降）

	推定人口数	説 明
日本国内在住の日系人	推計人口は35万人（海外日系人協会、日付なし）。	日本国外に移住した日本人民の後裔、及び彼らの家族を指すカテゴリーである。1990年代以降、海外に移住した日系人とその家族が日本国内に再移住してくる動きが活発化した。彼らの多くは南米のブラジル、ペル 出身である。またフィリピン出身の者も少なくない。
中国帰国者	2015年1月末の時点ではその家族を含めた中国帰国者数が20,883人となっている（厚生労働省、2015）*。	1945年以前に中国へ移住し、その後やむを得ず中国に残留して1970年代以降帰国した日本人、及び彼らの中国で生まれた家族を指すカテゴリーである。彼らの多くの出身地は中国の東北地域である。

＊自費で日本に移住した中国帰国者及びその家族を考えると、日本在住の中国帰国者数は上記の数値より遥かに多いといえる。

1952年のサンフランシスコ講和条約の締結以降に来日した「ニューカマー」の中で、最も注目されているのは日本国内在住の日系人と中国帰国者である。「日系人」とは、「日本から海外に本拠地を移し、永住の目的を持って生活されている日本人並びにその子孫の二世、三世、四世等で国籍、混血は問わない」とされている（海外日系人協会、日付なし）[4]。しかし、近年では海外に移住した日系人の一部が日本に再移住する動きが見られる。日本政府は1990年の入国管理法改正で、日本人のルーツを持つ日系人の日本国内での定住に有利な規定を設けていた。日本に再移住してきた日系人とその家族の多くは南米のブラジルやペルー出身であり、2012年現在、彼らは日本の多文化共生政策の主な対象となっている。

　1945年まで日本国内から開拓団として当時の満州国に送られた日本人、または彼らの後裔は戦後にも中国で多数残留していた。こうした中国残留日本人の多くは1972年の日中国交樹立以降に日本への復帰を実現し、彼らの家族も一緒に日本に移住してきた。2012年2月までに、日本の国費で帰国を実現した中国帰国者数は20,836人であるものの、彼らの呼び寄せ家族を入れれば、日本国内在住の中国帰国者は10万人ほどではないかという説もある（藤沼、1998）。1994年の「中国残留邦人等の円滑な帰国の促進及び永住帰国後の自立の支援に関する法律」では日本政府の中国帰国者の日本への移住に対する責任が規定され、「中国残留孤児援護基金」を中心としてさまざまな支援対策が展開されている。

4.2.4　日本在住外国人の現在について

　2014年6月現在、日本に在留している外国人数は2,086,603人であり、日本総人口の1.6％を占めている。韓国と台湾に比べて日本在住外国人が日本総人口に占める割合は決して高くはないものの、200万以上の外国人が日本で暮らしていることは事実である。ここでは2014年6月の時点での日本における在

---

[4]　しかし実際、「日系人」をこのように単純に定義することは不可能である。したがって本書では「日系人」という用語の定義を日本政府が発表した「出入国管理及び難民認定法第七条第一項第二号の規定に基づき同法別表第二の定住者の項の下欄に掲げる地位を定める件（平成2年法務省告示第132号）」の規定に準ずる。

留外国人の状況を説明する。

在留資格別（一部）	人数（人）	説明
一般永住者	664,949	「出入国管理及び難民認定法」に従って永住権を取得した移民である。中国、ブラジル、フィリピン出身者が多い。
特別永住者	363,893	99％は1952年以前に来日した韓国・朝鮮移民及びその後裔である。しかし特別永住者数は毎年減少している。特別永住者の99％は前述した在日韓国・朝鮮人であるものの、残りの1％は1952年以前に日本列島に移住した在日台湾人とその家族のことだと見られる。近年では一般永住者数が増加しているが、特別永住者数は日本に帰化する在日韓国・朝鮮人の増加により減少している。
留学生	196,882	日本に来ている留学生の半数以上（51.09％）が中国人である。ベトナム（14.25％）、韓国・朝鮮（8.30％）、ネパール（5.86％）が占める割合も少なくない。
日本人配偶者等	148,431	日本人の配偶者のほかに日本人の外国籍の扶養家族も含まれる。中国人、フィリピン人、韓国・朝鮮人、ブラジル人が最も多い。
定住者	159,596	難民と日系人などの資格によって日本で定住している者を指す。近年南米出身の定住者が減っているものの、ブラジル人が最多の45,947人（28.79％）である。その次はフィリピン人の43,180人である。
ホワイトカラー労働者	208,596	「教授」「芸術」「人文知識・国際業務」「報道」「投資・経営」「医療」「研究」「教育」「技術」「技能」「企業内転勤」「興行」「法律・会計業務」「高度人材」の在留資格を持つ者を合わせた数値である。

ブルーカラー労働者	162,154	「技能実習1号イ」「技能実習1号ロ」「技能実習2号イ」「技能実習2号ロ」の在留資格を持つ者を合わせた数値である。 日本政府がブルーカラー労働者の受け入れはしないと公言したが、開発途上国のための人材育成を目的とした「外国人技能実習制度」で来日した技能実習生が実質上の外国人ブルーカラー労働者となる。彼らは、最長3年間で実習し、就労することができる。
家族滞在者	123,441	ホワイトカラー労働者と留学生の扶養家族。そのうち中国人、韓国・朝鮮人、ネパール人が最も多い。
永住者の配偶者等	25,849	永住者の配偶者、呼び寄せ家族を指す。

出典：法務省（2014）に基づいてまとめた。

　2014年6月現在の日本における在留外国人の特徴は、以下の3点である。まず、2011年12月の時点の外国人登録者数に比べて日本の在留外国人数はほぼ変わっていない。一方でその中身を検証すると、「一般永住者」「留学生」、ホワイトカラー外国人労働者、ブルーカラー外国人労働者などの在留資格を持って日本に居住している外国人が増加しており、「特別永住者」「日本人配偶者等」「定住者」などが減少していることがわかった。それは、2012年7月9日に発行された改正「出入国管理及び難民認定法」からの影響を受けている可能性がある[5]。

　また、2011年12月の時点で「留学」の在留資格を持つ者の67.57％が中国人であり、「定住者」の在留資格を持つ者の34.88％がブラジル人であるのに対して（法務省、2012a）、2014年6月現在の「留学」の在留資格を持つ者の中で中国人が占める割合は51.09％となり、「定住者」の在留資格を持つ者の中でブラジル人が占める割合が28.79％となっている（法務省、2014）。その代わりに

---

[5] 2012年に施行された改正「出入国管理及び難民認定法」では「日本人の配偶者等」「永住者の配偶者等」の在留資格を持つ者が配偶者の身分を有する者としての活動を継続して6月以上行わないこと」を在留資格取り消しの理由としており、不法就労助長罪の適用範囲の拡大などの条項が盛り込まれている。

フィリピン、ネパールをはじめとした東南アジア諸国出身者が占める割合は上昇している。

さらに、「技術」の在留資格を持つ者の46.89%、そして「人文知識・国際業務」の在留資格を持つ者の45.96%、「技能」の在留資格を持つ者の53.40%は中国人であるのに対して、「教育」の在留資格を持つ者の52.02%はアメリカ人である（法務省、2014）。この結果は、2014年7月現在小中学校の外国語指導助手（ALT）の募集を中心とする「JETプログラム」の参加者の54.89%がアメリカ人であることに合致している（財団法人自治体国際化協会、2014）。

先住民族としてのアイヌ民族、そして在日韓国・朝鮮人が代表するオールドカマーに加えて、日本在住外国人、及び日本国籍を取得した中国帰国者、定住者を中心としたニューカマーは「多文化共生」の主要対象となっている。

4.3 「多文化共生」とは何か

「多文化共生」はすでに日本の外国人住民施策の理念となっているが、植田（2006）は近年の日本社会は「多文化共生」を肯定的な理念として捉え、さらに理想として無意識かつ無批判に受容している傾向があると指摘している。またハタノ（2006）は日本社会では往々にして「多文化共生」を異文化の体験として消費し、華やかな国際交流イベントの底流には依然としてさまざまな差別や支配が残っていると批判している。

日本における「多文化共生」の受容の実態は彼らの批判によって明らかにされている。しかし、「多文化共生」の機能や役割はいまだ十分に検討されていない。これについては少なくとも次の4点から考えることができる。

4.3.1 抵抗としての「多文化共生」

日本在住の外国人にとっての「多文化共生」の機能とは、従来の日本社会の外国人に対する不寛容な態度を指摘することで、自らの主体性を守ることである。例えば、これまで日本政府は在住外国人児童が日本の公立学校に通う場合、日本名を名乗り、日本人児童と同じカリキュラムの授業を受け、日本人らしく育っていくことを「平等」だと考えてきていた（日本総合研究所、1990）。とこ

ろが在日外国人は日本政府のいう「平等」が建前にすぎず、実際の目的は彼らを日本人に同化させることであると批判した。したがって、1つの支配的な文化への「同化」ではなく、「多文化」の共存を目指す「多文化共生」の理念は、おそらく在日外国人にとって自らの主体性を保全するための最善の防御策である。

　抵抗としての「多文化共生」は主に「同化」や「排除」の対義語として使われている。しかし一方で、しばしば硬直的で教条主義的なものになる場合もある。例えば、日本国籍取得を選択した日本在住外国人に対して、日本社会による差別からの逃避、あるいは出自の（つまり○○人としての）主体性の放棄であるといった批判がある（大沼・徐、1986）。また、日本語教育には外国人を「日本化」させる傾向があるため、外国人に日本語を教えることは「多文化共生」にそぐわないという考えも一部の研究者と活動家に共有されていることは、本書の第3章で考察した。

　抵抗としての「多文化共生」はこれまでの日本社会で確かに一定の「気づき」を喚起してきた。しかし、日本社会の外国人に対する不寛容な態度を批判すると同時に、逆に自らが硬直的になって抵抗の対象となる場合もある（白井、2007）。

　「多文化共生」の考え方は2000年代以降日本政府によって取り入れられ、官民共有の概念となっている。このことから抵抗としての「多文化共生」がすでに一定の成果を挙げたともいえるが、草の根的な批判理念としての「多文化共生」の役割はこれからも継続される必要があると考えられる。

4.3.2　アイデンティティとしての「多文化共生」

> 「国籍の如何を問わず民族的・文化的背景の異なるすべての人々が差別され、疎外されることなく、自らの民族的アイデンティティを豊かにはぐくみ合える社会をめざすうえで、自己の言語、文化および歴史を学ぶことは当然の権利であり、欠くことのできないことである」
>
> （大阪市教育委員会、2001）

単一のアイデンティティしか持たない社会は複数のアイデンティティを持つ多様性を前提とする「多文化共生」社会になり得ない。そのため、アイデンティティそのものとしての「多文化共生」は、社会に実在する「違い」に立ち向かい、自らの持つ「違い」を自らのアイデンティティにしつつ、他人の持つ「違い」を認識し、尊重することを最も基本的な理念とする。

　ところが日本社会におけるアイデンティティとしての「多文化共生」は、国籍、民族のアイデンティティの「違い」だけに注目する傾向が見られる。アイデンティティとしての「多文化共生」の目的は、日本社会のすべての構成員は日本人にほかならないという「単一民族主義」への挑戦である（稲富、1992）。しかしそれにはいくつかの問題が生じる。

　第1に、アイデンティティとしての「多文化共生」は「日本人」と「外国人」（日系人や日本国籍を持つ帰国者を含む）による多民族の共生となり、国籍や出自以外に存在する「違い」、例えばジェンダー、社会階級などは看過される傾向がある。第2に、「日本人」と複数の「外国人」の「違い」を強調し、しばしば「多民族共生」の同義語として使われる「多文化共生」には、「同じ」人間という点を見過ごす危険性がある。第3に、本来日本における「単一民族主義」の批判を目的とする「多文化共生」は、反対にその「単一民族主義」を強固にしてしまう。「多文化共生」は日本在住外国人のアイデンティティを人々に認識させる一方で、外国人の対となる「日本人」という均質的なアイデンティティをも同時に認識させ、強化させている（Chapman, 2006）。「多文化共生」という理念は結局のところ、統合された「日本」を前提として、日本社会を日本人だけでなくフィリピン人、中国人など複数の「単一文化」が共生する「多・文化」社会に方向づける機能を果たしてしまっていると考えられる。

4.3.3　歴史観としての「多文化共生」

　「多民族国家はある日突然できるのではない。この10年ぐらいの日本社会の変化から分かるように、街で時たま見かけるに過ぎなかった外国人が、何時の間にかお隣りさんになり、子どもの学校のクラスメートになり、職場の同僚になるという形で、見なれた存在にかわっていく。そして、その

人達抜きには社会が動いて行かなくなった時に、私達は多民族社会であることを認知することになる」

(岡崎、2002：171)

　「多文化共生」は在日韓国・朝鮮人の解放運動によって提起されたが、その定着の背景には1980年代後半以降に始まった来日外国人の急増がある。そのため、「多文化共生」がこの20年間の日本社会を代表する現実的な概念であり、これからの日本社会のあり方を示す理想主義的な概念として捉えられている。

　しかし、こうした新しい概念としての「多文化共生」は実はある種の美しき錯覚である。まず、「多文化共生」の概念は確かにこの20年の産物だが、それが反映しようとする現実は過去を持つものである。つまり、歴史観としての「多文化共生」に近代日本社会における外国人の定住は少なくとも1899年の内地雑居の制限撤廃から始まったことが忘れられており、第2次世界大戦後、数多くの在日韓国・朝鮮人が日本国内で居住してきている事実も無視されている。前節でも言及したように、突然に登場した「多文化共生」には1980年代後半までの日本社会における均質性が肯定され、「日本人」という枠組みの中に存在する階級や格差そして被差別民、沖縄、アイヌなどエスニックの「違い」も消されている。そこでこのような新鮮感に溢れた「多文化共生」は、実際には遅れてきた気づきといえるだろう。

4.3.4　実践としての「多文化共生」

　1990年代以来、市民による「多文化共生」社会づくりを目指す運動と地方自治体などによる「多文化共生」施策はすでに一定の成果を挙げている。日本各地では「多文化共生」を目指す国際交流イベントの開催、多言語による情報提供と相談サービスの実施、司法、医療、行政場面の通訳の設置などの取り組みが一部の地方自治体によって行われている。以前に問題とされた国民年金、公的健康保険、公営住宅入居や生活保護制度などにおける外国人の適用制限が「難民の地位に関する条約」の採択を機にほとんど廃止され、社会保障の分野では制度上の問題がほぼ解決されたといえる。[6]

6　ただし、永住権を持つ外国人のみが対象、あるいは非正規滞在外国人が適用できない一

しかし一方で、地方公務員と公立小中高等学校の正教員の採用、外国籍の子供の義務教育の就学義務問題、夫婦同姓の強制、外国人の地方参政権の付与など、いまだ多くの問題が残っている。これまで日本は「多文化共生」の実践において少しずつ進んではきたが、謳われた理想の実現へはまだ遠いだろう。

　総務省は 2006 年に一連の「多文化共生推進プログラム」と日系人を主な対象とする「『生活者としての外国人』に関する総合的対応策」の 2 つの計画を発表した。これらの計画で総務省は、多言語サポート、防災ネットワークの整備、犯罪対策の推進、公営住宅入居の支援など取り組みの推進を地方自治体に求め、これからの国の用務として、外国人在留制度の見直し、外国人在留状況の把握、外国との社会保障協定の締結及び情報収集を挙げた。そのうち外国人在留制度の見直しと外国人への住民基本台帳制度適用が 2012 年 7 月に開始した。

　日本政府によれば、外国人在留制度の見直しの目的は日本における外国人の活動状況を「外国人の適正な在留の確保に資する」ことで、「（日本在住外国人の）在留状況を継続的に把握する」ことである。そのため、今回の外国人在留制度の見直しでは外国人の居住実態を反映させるための申告義務が多く設けられ、その実際の目的は外国人の在留状況の再整理であることが明らかになっている。したがって今回の外国人在留制度見直しが「多文化共生」の実践にもたらす影響を今後も見極めたい。

　日本における実践としての「多文化共生」の主役は日本の地方自治を支える市町村である。「多文化共生」における市町村の役割は外国人住民施策の施行や推進、そして「多文化共生」に関連する市民団体との情報共有や協働などにある（総務省自治行政局国際室、2006）。一方で実践としての「多文化共生」について、市町村の上位団体にあたる都道府県の役割は地域国際化協会の設置、モデル事業の実施などである。地域国際化協会は地方自治体の外郭組織であるが、民間団体として地域レベルの「多文化共生」施策の中核としての役割を果たしている。

　ここでは一例として、2012 年の時点で筆者が携わっている京都市の「多

　　部の社会保障がある。

文化共生」施策の状況を簡単に説明する。2011年12月の時点で京都市内の外国人登録者数は52,563人であり、そのうち特別永住者（52.10％）と留学生（28.42％）が占める割合は特徴的である（法務省、2012b）。京都市の多文化共生施策の中心は京都市役所内の総合企画局国際化推進室と、京都市の地域国際化協会としての京都市国際交流協会である。

　2012年現在、京都市は多文化共生施策として市民ボランティア団体、京都市内の大学に在籍する留学生向けの支援や交流事業を実施しており、医療通訳派遣事業と行政通訳・相談事業も展開している。京都市は市内4つの契約病院で医療通訳派遣事業を実施し、その運営費用は京都市による予算と医療機関による負担金でまかなわれている。2012年現在、医療通訳派遣事業は中国語、朝鮮語、英語の3言語で提供されているが、この中で中国語医療通訳の利用は全体の97％を占めている（京都市国際交流協会、2011）。行政通訳・相談事業とは、京都市国際交流協会が京都市による予算で中国語と英語の2言語で提供する通訳と相談事業である。行政窓口での手続きをはじめ、医療、福祉、教育、観光に関する質問、さらに中国語あるいは英語による悩み相談も行政通訳・相談事業の業務の一部である。通訳の整備は「多文化共生」に不可欠の一環であるが、日本では京都市のような自治体がまだ少なく、前述した京都市の通訳事業の規模も市民のニーズを十分に反映したものとはいえないので、実践としての「多文化共生」はまだ発展途上にあるといえる。

4.4 「多文化共生」のこれまで、これから

　前述の通り、これまで「多文化共生」は多くの役割を果たした一方、多くの課題を残している。課題の解決に向けて、官民双方は「多文化共生」を受け入れ、スローガンとして高く掲げつつも、その内実を引き続き検討することが求められている。

　日本における「多文化共生」の概念の定着から、日本研究を志す者は少なくとも2点を学べると考えている。まず、「日本」を静的で単一的な概念として受容するより、複合的で動的という視座で考察する必要があるということである。つまり「多文化共生」の表象が我々に「日本」を1つの固定概念と考える

危険性を示し、「日本」を多義的に解釈する可能性をもたらしてくれる。また、「多文化共生」は日本の文脈から切り離すことができないが、台湾を含めてほかの国とさまざまな側面で共有することが可能な表象でもある。そこで筆者は「多文化共生」についての批判的一考察をきっかけとして、「多文化共生」についての国境を越えた対話や行動の展開を期待している。

　本書の第1〜4章において、1945年以降の日本における成人移民への言語教育政策の形成過程や多文化共生の内実を検討し、日本における成人移民への言語教育に関する2つの課題、すなわち日本政府の役割と地域日本語教育における「教える‐教えられる」関係を考察した。以下の第5章から、近年では日本と同様に成人移民への言語教育のあり方が議論されるようになった台湾の事例を取り上げる。

第5章
1945年以降の台湾における移民政策の展開

5.1　はじめに

　本書では次の第5章から第7章まで、台湾における成人移民への言語教育や帰化テスト、国際教育について順に考察していく。

　これらのテーマは、移民を対象とする。台湾における成人移民への言語教育、帰化テスト政策などの形成も、これまでの移民政策の展開に密接している。日常生活では「移民」という言葉が何気もなく使われており、受け入れ移民が身近なものとなってきている台湾ではあるが、1945年以降の移民政策の展開を検討した研究は実は皆無に近い。この現象自体も面白いことだが、この第5章では、まず1945年以降の台湾における移民政策の展開を説明する。

　本章は5.2節において、まず台湾におけるエスニシティの構成や言語状況を概観し、5.3節においては1945年以降の台湾における移民政策の推移を説明する。5.4節で台湾における移民の実態を出入国管理政策の構造に基づいて考察する。

5.2 多民族・多言語国家としての台湾

5.2.1 台湾における多様なエスニック構成

さまざまな異論が出ているとはいえ、台湾は、正式国名を「中華民国」と称する多言語・多民族国家である。このような多言語・多民族国家の背景を理解するため、近世以降に台湾の辿った歴史を概観したい。

台湾は中国大陸の福建の海岸から最短距離が 130 キロの台湾海峡を挟んでいるが、16 世紀まで、中国の文献の中における台湾に関する記述はごくわずかである。17 世紀になると複数の強権国家は勢力範囲を台湾に伸ばそうと試みたが、最初に成功したのはオランダである。1624 年にオランダは台湾南部の大員（発音はタイヨワン、現在の台南市沿岸部）を占領し、ゼーランディア城（Zeelandia）を建設して植民地支配を始めた。そしてほぼ同時期の 1626 年にスペインは台湾北部に入り、今の淡水地域にセント・ドミニカ城（現在の「紅毛城」）を建設して独自に植民地支配を開始したが、1642 年にオランダに負けて台湾から撤退した。この時期においてオランダなどのヨーロッパ列強は台湾の資源を搾取するために中国大陸の沿岸部在住の漢民族を労働者として雇い入れ、彼らを台湾に移住させた。

オランダによる植民地支配は鄭成功（国姓爺、1624 年生〜 1662 年没）によって 1662 年に終結した。この鄭成功一族が樹立した鄭氏政権（1662 〜 1683 年）の勢力範囲は台湾の西南部に限られてはいたが、台湾で最初の漢民族政権である。鄭氏政権は中国の清王朝とは敵対関係にあったため、清王朝は東南海岸で海禁政策[1]を実施していた。それに反発した住民の一部は、台湾に移住した。それ以降、台湾では先住民諸民族に加え、中国大陸から移住した漢民族が増加していった。

鄭氏政権を討ち滅ばした清王朝（1683 〜 1895 年台湾を領有）は長い間にわたって台湾への移民を厳しく制限していったが、台湾へ密航した福建沿岸部出

---

[1] 清王朝による海禁政策とは、1655 年から 1842 年のアヘン戦争までに実施や解除を繰り返した、福建・広東を中心とした海上の交通や貿易に制限を加える政策である。

身の移民は増えていった。このような漢民族系移民の勢力増大によって先住民諸民族が制圧され、台湾中部や北部までの土地収奪や開発が進められた。清王朝の統治を経た後、台湾は日清戦争の結果によって大日本帝国の植民地（1895～1945年）に編入された。

日本による植民地統治が終了すると、植民地統治期に台湾に移住していた日本人のほとんどは日本本土に引き揚げた[2]。また中国大陸で行われた中国共産党との内戦に破れた中華民国政府が、1949年12月に台湾に拠点を移した。中華民国（台湾）政府は、中国共産党の支配する中国大陸、そしてモンゴル国の領土を自らの領土であると宣言しつつ、アメリカの支援を得て米ソ冷戦時代を凌ぎ、今日まで台湾、及び金門、澎湖、馬祖をはじめとした付近の諸島を実効統治している。

このように独自の歴史的経路を歩んできたため、台湾のエスニック構成は多様である（図5-1参照）。

エスニック構成の観点から見ると、台湾は主に16世紀以前から台湾に居住している「原住民」族（先住民諸民族）[3]、そして17世紀前後から1950年頃までに中国大陸から移住してきた漢民族系移民の後裔から構成されている。また漢民族系住民は、大まかに1945年まで台湾に移住した移民「本省人」と、1945年から1950年までに国民党に追従して台湾に辿り着いた「外省人」の2つのグループに分けることができる。

---

[2] 第2次世界大戦の終了後、中華民国政府は本人の意向にもかかわらず、技術者や教師またその家族を中心とした日本人27,612人を一時期台湾に滞留させ、雇用していた。しかしこれらの「留用日本人」も652人を除いて、1947年夏までに日本に送還された（小島、2009；歐、2010）。

[3] 台湾の「原住民」族（先住民諸民族）とは、アミ族、パイワン族、タイヤル族、タロコ族、ブヌン族、プユマ族、ルカイ族、ツォウ族、サイシャット族、タオ族、クバラン族、サオ族、サキザヤ族、セデック族、ラアルワ族、カナカナヴ族である。2014年現在、台湾政府は、これらの16民族に先住民諸民族の地位を認めている。2014年11月における「原住民」人口数は539,435人であり、総人口の2.23％を占めている（内政部戸政司、2014b；2014c）。

2001年に施行された台湾の「原住民身分法」により、親の1人が台湾の先住民であり、かつ先住民諸民族の名前で戸籍登録をした者は、先住民としての身分を有するように認められている。この先住民としての身分は、自らの意思で放棄することができる。

図 5-1　一般的な意味での台湾におけるエスニック構成

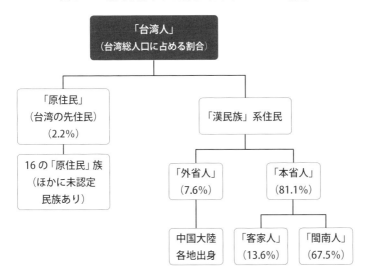

（引用の人口割合数値は、張維安〈2011〉の調査結果による）

　この「本省人」と「外省人」との区別の起源は、1945年に台湾は中華民国の1つの省（日本の都道府県に相当）となったため、それまで定住してきた漢民族系住民は「本省人」と自称し、1945年以降中国大陸から移住してきた移民を「中華民国に所属した他の省」出身のことを意味する「外省人」と呼ぶことに遡ることができる。またその「本省人」は、多数を占める福建南部出身の移民の後裔である「閩南人」と、中国大陸東南沿岸部から移住してきた「客家人」の2つのエスニック・グループに分けることができる。それに対して「外省人」の出自を1つの集団に特定することが困難である。

　ただしこれまで多用されてきた、いわゆる「本省人」や「外省人」「閩南人」そして「客家人」のカテゴリーも、一般論にすぎない。台湾では1992年の「戸籍法」改正により、戸籍管理における「本籍」（通常は父親の本籍）の登録や掲載が停止された。同法は依然として出生地の登録や掲載を求めているが、ほとんどの国民は台湾で生まれたため、国民の出生地で彼らの出自を判断することができなくなる。この措置により「外省人」と「本省人」の区別がなく

第5章　1945年以降の台湾における移民政策の展開　　109

なり、これらの実体は確認できない。また、2011年に成立した「客家基本法」の第2条は、「客家人」を「客家系の血縁を持ち、あるいは客家とのつながりがあり、または自らを客家人と考える者」と定義するもので、「客家人」を含む「漢民族」のカテゴリーは実際、自己認識に基づいて構築された概念でもあることがわかる。

一方、中華民国政府が1947年に制定し、現在台湾で施行されている憲法は、中国大陸のみならず、モンゴル国、新疆(しんきょう)、チベットなども自国の領土としており、それらを独立国として認めていない。[4] そのため、台湾政府はチベットとモンゴルに関する事務を扱う部門を内閣に設置していた。[5] そこで極めて少数ではあるが、モンゴル族、チベット族の住民を台湾のエスニシティの1つとして認めている。[6]

5.2.2 台湾における多言語状況

台湾の言語生活を概観すると、先住民諸民族の話す28の言語（行政院原住民族委員會、日付なし）、中国大陸の沿岸部に近い馬祖列島で話される「閩北語」などのほか、「閩南人」を主要話者とする「閩南語」[7]、「客家人」を主要話者とする「客家語」[8]、そして1926年にまだ中国大陸を支配していた中華民国政府が

---

[4] ただし、民進党政権時代の2002年に台湾政府は保守派の反対を凌ぎ、モンゴル国で外交機関を設置した。これにより台湾はモンゴル国を実質上の「外国」として認めている。国民党の馬英九政権も2012年にこの立場を追認した（行政院大陸委員會、2012）。

[5] これは「行政院蒙藏委員會」（内閣のモンゴルとチベット省に相当）のこと。ただし内閣の再編により、これから廃止される可能性はある。

[6] 台湾在住のモンゴル族やチベット族の人数を把握することが困難である。台湾政府が公表した資料によると、台湾在住のチベット族は約486人（そのうち台湾国籍396人、外国籍90人）である（行政院蒙藏委員會、2008）。

2014年現在、台湾国籍と戸籍を有し、親の1人がモンゴル族またはチベット族である者は、台湾の少数エスニシティとしてのモンゴル族またはチベット族として認定されることが可能である。なお、このエスニック身分は、自らの意思で放棄することができる。なお、インドとネパールから台湾に入国してオーバーステイにより無国籍となった一部のチベット族に対し、台湾政府は台湾国籍の取得とチベット族身分の認定支援を行っている。

[7] 「台湾語」「ホーロー語」など複数の呼称があるものの、「閩南語」とは、台湾教育部が使用している用語である。そのため本章においては「閩南語」を使用する。

[8] 湾政府は「客家人」の伝統文化を保存する目的で、2001年6月に「行政院客家委員會」

「マンダリン」に基づいて制定した「国語」が話されている。台湾の「国語」とは、社会言語学的な観点から見れば、中国の国語として「普通話」と呼ばれるものであり、日本では「中国語」と呼ばれる言語の一変種である。

　1945年から台湾を実効統治している中華民国（台湾）政府は、成人教育や学校教育、メディアに対する管理や統制を通じて「国語」の普及に努め、「国語」による言語統合に絶大な成功を収めてきた。実のところ、1945年まで台湾においては「国語」の話者がほとんどいなかった。しかし台湾政府の行った「国語」による言語統合の結果、今日の台湾において「国語」はほかの言語より社会的に優位に位置づけられており、台湾社会を支配する言語となっている。政府が2010年から2011年までに実施した調査によると、63.9％の客家人家族は「国語」を主要なコミュニケーション言語としており、しかも年齢層が低いほど、「国語」を主要言語とする傾向が強まっている（張維安、2011：92）。また2010年の国勢調査により、台湾で常時滞在している6歳以上の国民の83.1％や81.9％はそれぞれ「国語」や「閩南語」を家庭内の主要言語としていることがわかった（行政院主計處、2011：19）[9]。

　しかしこの一方で台湾では政治の民主化に伴い、1990年代から「国語」による一極言語支配に対する批判が本格化した。2001年度に開始した、小学校における第2言語としての閩南語、客家語、そして先住民諸民族諸言語の教科化などの取り組みによって、「国語」以外の台湾の諸言語の復権の兆しも少しずつではあるが認められる[10]。

　　（内閣の客家省に相当）を設置した。そして「客家基本法」が2010年1月に施行された。にもかかわらず台湾の「客家人」は、「原住民」のような少数民族としての地位を得ていない。

[9]　一方で同調査の結果によると、「客家語」や「先住民諸言語」を家庭内の主要言語とする常時滞在している6歳以上の国民はそれぞれ6.6％や1.4％にとどまっており、また台湾北部の住民はほかの地域より「国語」を多用していることもわかった（行政院主計處、2011：19）。

[10]　2000年9月に公布された「國民中小學九年一貫課程暫行綱要（小中学校九年一貫学習指導要領〈移行措置〉）」では、小学生が全学年において「閩南語」や「客家語」「先住民諸言語」の3つの「郷土言語」の中の1つを選択科目として週一時間以上で履修しなければならず、中学生は3つの「郷土言語」を自由選択科目にすることができる規定を設けた（黃琡惠、2000）。

5.3 1945年以降の台湾における移民政策の展開

台湾政府の移民政策は、最初の移民法案としての「出入国及び移民に関する法律」(「入出國及移民法」)が施行された1999年まで、表5-1に見られるように推移してきた。

表5-1 2014年までの台湾政府の主な移民政策の推移

時期別	年	政策名	内 容
1912～1949 中国大陸統治期	1930	『關於國籍法衝突若干問題公約』(国籍法の抵触についてのある種の問題に関する条約)の第4条「国民は他国の国籍も持つ場合、国家はその国に対して外交的保護権を主張することができない」の承認を留保。	この条項を承認すると、二重国籍を持つ海外在住の中国系住民を自国民として他国の政府に外交的保護権を主張することができなくなる。
	1945	国民党第6回全国代表大会が『民族保育政策綱領(民族の養育に関する政策要綱)』を採択。	当時の人口政策の方向性を指導。「優秀な子供が増えるために、健全な夫婦による生育を促進し、適切な家族計画を指導し、妊婦の安全を守ること。欠陥のある子供の繁殖を防止するため、結婚前の体格検査を実施し、性病を予防し、遺伝子に欠陥がある者を隔離しないし不妊にすること」(王、2011；戴、2012)
	1947	「中華民國憲法」第108条第16項(台湾でも施行されている)。	中央政府の責務：(海外)移民と辺境の拓殖。
	1948	『世界人権宣言』を採択。	

	1949	『臺灣省准許入境軍公人員及旅客暫行辦法（台湾省に進入する軍人、公務員及び旅行者を管理する暫定規則）』と『臺灣省出境軍公人員及旅客登記辦法（台湾省を出る軍人、公務員及び旅行者の登録規則）』を実施。	台湾を拠点として確保するため、出入国管理を強化。目的は異議申し立て者及び左派活動家による入台や台湾人による出国の防止。 1945年以降の台湾では最初に導入された国境管理に関するルール（移民署、2010）。
	1949	政府による戒厳令が発動。	
1950～1987 軍事統治期	1953	蔣中正（蔣介石）が『民生主義育樂兩篇補述』を撰述。	台湾総統かつ最高権力者による国家全般に関する最高指導方針。中国大陸の奪還を目指した「人口問題の対策」：地域間の人口分布の均衡化を図りながら、国民出生率の低下を予防するため、国民の出生を奨励すること。
	1966	内政部は人口政策に関する臨時委員会を開催し、「中華民國人口政策綱領」（中華民国の人口政策指針）、「台灣地區家庭計畫實施辦法」（台湾における家族計画の実施要項）及び「台灣地區人口調節方案」（台湾における人口調整の対策）の3案を内閣に提出。	育児制限政策に関しての構想を練り始めた。
	1968	『台灣地區家庭計畫實施辦法』（台湾における家族計画の実施要項）を公表。	人口政策は成長重視から成長抑制へと方向転換が始まった。 第2条：「当要項の目標は台湾における人口の年間自然増加率の合理的な増加を維持すること」 第3条：「国民は自らの意志で、予防手段で家族計画を実施することができる」

	1969	内政部が人口政策委員会を設立し、また「中華民國人口政策綱領」(中華民国の人口政策指針) を公表。	政府による最初の人口政策指針。また海外移民の計画を初めて言及した政策の指針。 当指針の目的は「人口の質の向上、人口数の合理的な増加、国民健康の増進、国民の家庭生活の安楽を促進すること」 第3条：「国土開発計画を策定し、都会と農村の間、及び国内各地域間の人口密度を調節すること」 第14条：「移民計画を策定する。国内の地域間人口移動を計画的に実施し、または海外移民に指導を行うこと」
	1971	家族計画についての広報活動を強化。	毎年11月を「家族計画推進月間」と決め、スローガンを「子供は2人で結構で、男の子も女の子も素晴らしい」と定める。
	1979	国民の海外旅行解禁。	海外渡航は依然として政府の許可が必要。
	1983	政府が改正「中華民國人口政策綱領」(「中華民国の人口政策指針」) 及び「加強推行人口政策方案」(「人口政策推進強化計画」) を公表。	人口成長の緩和及び都市化による地域間の不均衡の解消を図り、「人口成長の緩和、人口の質の向上、人口分布の均衡、人口教育の推進」を目標とした人口政策の指針とその推進要項。
	1987	38年間に及んだ戒厳令が解除 (1949年から)。	金門、馬祖地域で実施されていた戒厳令の解除は1992年。
1988～2000 国民党の 李登輝政権	1988	行政院 (内閣) 第2095回会議の決議 (監察院、2007：3)。	政府トップは、関連部局に憲法の第108条に基づいて「外国の移民制度及び移民法令を集めて検討し、現段階においてのわが国の移民政策を策定するよう」と指令。

	1989	中国人配偶者の定住が可能になる。	
	1989	ブルーカラー外国人労働者の受け入れの開始。	
	1990	「我國現階段移民輔導措施」（「現段階における我が国の移民支援措置」）を公表。	台湾政府の移民政策を示した最初の文書。 この措置の目的は「海外移住を望む国民、また彼らを受け入れる国の開発を支援し、受け入れ国の政府と民衆によるわが国に対する理解及び国民感情を促進すること」。 具体的な移民支援措置： 第1に、国民に正確な海外移民情報を提供すること。 第2に、国民による海外への集団移民、また政府が主導する海外投資ないし開発協力による集団移民ができる。 第3に、海外移住予定の国民に必要な相談援助を提供し、必要な場合では彼らを対象とする言語教育や生活技能訓練を実施すること。 第4に、海外駐在の外交使節は積極的に移民を支援すること。移民と移民の後裔による中華文化に対する理解を促進するため、適宜に中華文化教育を実施すること。 第5に、法人組織だけが海外移民の仲介に関する業務を行うことができる。

	1990	内政部が「入出國及移民署」（出入国及び移民署）の設立についての検討を開始。	出入国や移民業務を扱う専門官署の設立の検討を開始した。
	1991	「國人入境短期停留長期居留及戸籍登記作業要點」（海外定住国民の台湾への入国及び短期滞在、長期滞在、定住についての審査要項）を公表。	無戸籍国民（華僑）、香港・マカオ人の入国についての行政規則。なお法律の根拠がないことで批判を受けた。
	1992	改正「加強推行人口政策方案」（「人口政策推進強化計画」）を発表。	計画目標を従来の「人口成長の緩和」から「人口教育や家族計画の推進により、人口の純再生産率を人口置換水準で維持すること」に転換。 人口政策の計画に初めて移民政策に関する事項が盛り込まれた。移民政策に関する条項は次のようにまとめる。 第1に、人口移動情勢の変化に備え、中国大陸、香港とマカオ、または海外在住華僑の入国や在留に関する法律を整備。 第2に、人口成長や人口の質に影響を及ぼさないため、外国人労働者の管理を強化。 第3に、海外移民、国境管理、外国人管理を推進するための移民法の制定や移民管理機構の設立。
	1993	「大陸地區人民在臺灣地區定居或居留許可辦法」（「台湾における中国大陸住民の長期滞在または定住についての省令」）が公布。	1992年に施行された「臺灣地區與大陸地區人民關係條例」（「台湾と中国の交流についての法律」）における中国人の台湾での滞在または定住についての条項を初めて明確化にした行政規則。

	1994	内政部が「国籍法研究グループ」を召集。	1929年に施行された国籍法の改正に向かって法律改正の検討を開始する。
	1996	政府が国籍法修正案を国会に提出。	
	1997	内政部が「入出國及移民法」（「出入国及び移民に関する法律」）案を国会に提出。	
	1999	「入出國及移民法」（「出入国及び移民に関する法律」）が成立。	国境管理と移民業務に関する最初の法制化。
2000～2008 民進党の 陳水扁政権	2000	改正国籍法の施行。	子供の国籍取得は父母両系血統主義に修正される。国籍離脱、帰化などに関しての規定も全般が修正される。
	2002	改正「入出國及移民法」（「出入国及び移民に関する法律」）の施行。	高度人材の永住資格取得が可能になる。
	2003	内政部が「現階段移民政策綱領」（「現段階における移民政策の要綱」）案をまとめて内閣に提出。	移民政策の焦点は、国民の海外移住から受け入れ移民に移った。移民政策の目的はまず「国家安全の保障と国家利益の擁護」、また移民政策が人口政策の中の一部であることを明示し、多文化社会の構築や経済発展の促進、国家イメージの向上などの重要性も強調。 出入国や移民業務を扱う専門官署の設立の必要性、そして高度人材移民や投資移民の誘致措置、受け入れ移民に対しての年間クオータ制度、教育や支援措置、難民の受け入れの支援、国際結婚仲介業者に対しての規制についても言及。

第5章　1945年以降の台湾における移民政策の展開　117

	2005	改正国籍法を採択。	「帰化テスト」が導入される。
	2006	「入出國及移民署組織法」(出入国及び移民署の組織に関する法律) を採択。	出入国や移民業務を扱う専門官署が2007年1月に設立。
	2006	改定「中華民國人口政策綱領」(「中華民国の人口政策指針」) を公表。	人口政策の目的が「環境保護や国家の持続的発展の促進、国民福祉の向上」に変わった。 移民政策に関しては下記の措置がとられる。 第1に、富裕層や高度人材の移住に関しての措置を取る。 第2に、受け入れ移民の統合を促進、権利取得や言語教育を支援。 第3に、海外移住を望む国民に必要な情報や相談援助を提供。
	2008	政府は「人口政策白皮書——少子女化、高齢化及移民」(「人口政策白書——少子化、高齢化、移民」) を発表。	出生率の低下を喫緊の課題としている。 移民政策に関して、婚姻・家族移民の統合や高度人材の誘致、不法入国の摘発は課題。
2008 〜2014年現在 国民党の 馬英九政権	2008	改正「入出國及移民法」(「出入国及び移民に関する法律」) の施行。	外国人による投資移民の永住資格取得が可能になる。 なお香港・マカオ人と無戸籍国民による投資移民は1991年から可能になる。
	2009	「人口販運防制法」(「人身取引の禁止に関する法律」) が施行。	最初の人身取引規制法律が実施される。

	2011	改定「中華民國人口政策綱領」(「中華民国の人口政策指針」)を発表。	台湾は世界中で出生率が最も低い国であり、出生率の回復を目指して結婚にやさしい環境づくり、国民の健康の向上、労働者の権利の保障、社会福祉ネットワークの強化、ジェンダーやエスニック・グループ間の平等について早急な対策が必要と明言。
	2013	入国審査窓口で生体情報読み取り措置(指紋や顔写真の取得)を導入。	
	2014	台湾で学位を取得した留学生のための「評點配額制」(「定額ポイント制」)を導入。	留学生の台湾での就職を支援するための制度であり、規制緩和がその目的。2014年度内では「定額ポイント制」利用者を2,000人までに制限(國家發展委員會、2014)。
	2015	「入出國及移民署」は「移民署」に改称。	人身取引の規制や外国人配偶者の支援が所管業務となる。

　ここでは上記の表 5-1 に基づいて 1945 年以降の台湾における移民政策の展開を説明する。

5.3.1　中国大陸統治期 (1912 ～ 1949 年)

　中華民国(台湾)政府は、1949 年まで中国大陸の統治権を持っていた。そのため、それまで実施した法律や行政規則、政策の多くは、1949 年以降の台湾にも持ち込み、さまざまな形で存続させてきた。

　この時期の移民政策に関して、特に重要な動きは「国籍法の抵触についてのある種の問題に関する条約」(以下「国籍法抵触条約」とする)の第 4 章に対する留保や、優生学の重視、中華民国憲法における移民に関する条項である。

　「国籍法抵触条約」の第 4 条を承認すると、当時の中華民国政府は二重国籍

を持つ「華僑」の居住国に対して外交的保護権を主張することが困難となり、政府にとって外交上の利益が損なわれかねないことになる。そしてこの海外在住華僑の二重国籍保有を容認する政策は、2014年現在でも続いている。また第2次世界大戦が終わった頃の中華民国政府（国民党）の人口政策は、人口成長や健全な夫婦による生育の促進を中心としていたことがわかった。

さらに1946年に採択された中華民国憲法の本文は、今でも台湾で施行されている。その中華民国憲法の第108条では、移民と拓殖を政府の責務として規定している。当時の立法者が考えたのは、人口密度の少ない地域の開拓ないしその開拓者集団を送り出すことであるかもしれない。環境が大きく変わったにもかかわらず、この憲法の中の「移民」は台湾政府の責務であることに変わりない。

5.3.2　軍事統治期（1950～1987年）

この時期において、蒋介石総統（1887～1975年、任期は1948～1975年）をはじめとした政府の指導者は戒厳令を実施しながら、山積みの課題に直面していた。その中、最も手こずる課題の1つは人口問題であった。

1950年代の台湾政府は将来に可能な戦争のため、出生率を高い水準に維持することを人口政策の目標としていた。しかし1960年代半ばから政府は、一転して高い出生率がもたらした過剰な人口に危機感を持っていたため、アメリカの支援を得て、「家族計画」すなわち受胎調節を中心とした人口政策を推進していた。この受胎調節政策は著しい成果を収めていた。台湾における人口の自然増加率[11]は、1969年の22.7‰から1982年の17.3‰までに低下してきた（孫、1989：278）[12]。

また1969年に発表された、「人口数の合理的な増加」を目指した最初の人口政策指針では、海外移民の推進を構想していた。さらに台湾は、海外に在住する中国系住民の「真の祖国」であるとし、「華僑」政策により在外中国系移民

---

[11]　人口の自然増加率とは、「出生率から死亡率を減じた値」である。（辞書『広辞苑』第6版より）。

[12]　なお、同時期の日本における人口の自然増加率は、11.7‰（1969年）と6.8‰（1982年）である（厚生労働省、2013）。

の支持を仰ぐものの、彼らの「帰国」定住に対して、消極的な態度を見せていた（范、2005）。

5.3.3　国民党の李登輝政権（任期は1988～2000年）

　民主化運動の波を受けて、蔣介石の長男である蔣経国総統（1910～1988年、任期は1975～1988年）は1980年代において一連の政治改革措置を行った。その中、1987年の戒厳令の解除と中国への渡航制限の緩和は今日の台湾にも重大な影響を与えている。

　蔣経国の急死を受けて1988年に総統を就任した李登輝（任期は1988～2000年）は国内外の情勢変化を受けて、移民政策の改革に迫られていた。

　当時の台湾における移民政策は、概ね次の3つの課題に直面していた。第1に、出入国や移民事務に関しての法制化。第2に、中国人移民やブルーカラー外国人労働者の受け入れ。第3に、海外移民仲介業者の管理である。

　1987年までは戒厳令による軍事統治が行われていたため、台湾では出入国行政が軍と警察の所管とされていた。しかもそれまでの立法院（国会）があまり機能しておらず、出入国業務は政府が行政規則によって恣意に実施されてお

13　2002年に採択された「華僑身分證明條例」（華僑としての身分証明に関しての法律）により、下記の第1から第3までの要件の1つを満した者は台湾の「華僑」としての身分証明を申請することができる。
　　第1に、台湾国籍を有し、中国や香港・マカオではない外国の永住権を取得して4年以上住所を持ち、さらにこの外国で6か月間連続居住し、または最近の2年間で毎年8か月間以上居住している者。
　　第2に、台湾国籍を有し、現に居住している国家には永住権のような制度がなく、またはその取得が困難な国家では、延長可能な在留資格を4年連続保有し、かつこの外国で4年以上住所を持ち、さらにこの外国で6か月間連続居住し、または最近の2年間で毎年8か月間以上居住している者。
　　第3に、台湾から外国に移住し、10年連続して住所を持ち、かつ、この外国で4年間以上就労した者と規定している。第1または第2の要件を満たす者の多くは、中国や香港・マカオではない外国で生まれて、台湾国籍を出生により取得した台湾人移民の後裔と、1949年以前に中国大陸から台湾以外の地域（外国、ただし香港とマカオは含む）に移住した中国系移民の後裔を指し、第3の要件を満たす者は、外国に移住した台湾人移民の一世に限られている。これは、中国政府による「華僑」の定義とは異なる。
　　ただし、中国国籍を有したことがある者、あるいは中国国籍、香港・マカオ地域の永住権を持つ者は、台湾政府の定義する「華僑」に該当しない。

り、関連法律は完全に成立していなかった[14]。

　しかし民主化の進展により、台湾では出入国や移民行政の法制化、そして「入出境管理局」（「出入国管理局」）を警察署の所管機関から独立させることが求められるようになった。1990年に公表された「現段階における我が国の移民支援措置」は出入国や移民行政の法制化に触れていなかったものの、同時に政府はすでにその法制化の検討を始めていた（監察院、2007）。それで最初の移民法としての「出入国及び移民に関する法律」は1999年に採択された。また出入国や移民業務を扱う専門官署「出入国及び移民署」は、政府の組織再編に合わせるため、2007年1月に設立された。

　1987年11月2日、台湾政府はそれまで厳禁されてきた中国への肉親訪問を許可した。それ以来、中国と台湾の間における人的交流が急速に拡大し、台湾への訪問、または台湾での滞在、定住を望む中国人が増えていた。しかし中台関係は極めて複雑で、中台間の人的交流のために特別法の制定が要請されていた。そこで台湾政府は1992年に「台湾と中国の交流についての法律」、1993年にその補足としての「台湾における中国大陸住民の長期滞在または定住についての省令」を公表し、中国人移民の受け入れを法制化した。また1989年10月には、経済界の要請によりブルーカラー外国人労働者の受け入れを開始した[15]。1992年にブルーカラー外国人労働者の受け入れを管理する法律も採択された。

　人口密度が非常に高いことで知られている台湾は、これまで移民送り出し国

14　例えば1999年11月に廃止された「國人入境短期停留長期居留及戸籍登記作業要點」（「国民の入国や短期滞在、長期滞在、戸籍取得の手続き要項」）は法律ではなく、「無戸籍国民」の上陸許可や在留資格の取得要件を規定する「行政規則」である。

15　台湾政府はタイ、ベトナム、フィリピン、インドネシア、マレーシア、モンゴル（受け入れ人数順）の6か国政府とブルーカラー外国人労働者の受け入れに関する協定を交わしている。彼らは仲介業者を通じて、台湾で海運業、漁業、工業、またはホームヘルパーに従事している。

　ただし、彼らは自由に転職することはできない。しかもブルーカラー外国人労働者として居住する期間は、一般帰化、あるいは永久居留権取得の在留期間要件（台湾に5年以上住所を持つこと）に含まれない。

16　2013年版の『人口政策白書』によると、2012年台湾の人口密度は毎平方キロメートル646人である。これは、人口が1,000万以上の国の中の第2位（第1位はバングラデシュ）となる（内政部、2013：21）。

として数えられたことはなかった。1970年代から国民の海外移住が注目されるようになってはいたが、移住者は留学生や一部の富裕層に限られ、その主たる移住先はアメリカ合衆国や中南米諸国であった。

ところが、政治の民主化の始まりに伴い、国民の海外旅行が1979年に解禁され、海外渡航の許可制度も1987年に廃止された。それと同時に、中産階級を中心とする国民の海外移住が話題となった。海外移民市場の過熱は、不法斡旋業者に対しての規制を行う必要性をもたらした、という声が上がっていた（立法院、1988；立法院、1995）。そのため、政府は1990年に発表された「現段階における我が国の移民支援措置」で海外移民の仲介に関する業務を行うことができるのは法人組織だけであると宣言し、ようやく1999年に実施された最初の移民法、「出入国及び移民に関する法律」における「移民輔導」（移民支援）の章も、移民斡旋業者に対しての規制に重点を置いている。

5.3.4　民進党の陳水扁政権（任期は2000～2008年）

この時期において、台湾の移民政策は大きな転換期を迎えていた。まずこの頃「移民」という用語の意味は「送り出し移民」から「受け入れ移民」に変わっていた。また国境管理や移民業務を行う専門官署もこの時期で設立された。

1990年代までの台湾では、「移民」とは通常、国民の海外移住を意味する用語であった。この傾向は、1990年に発表された「現段階における我が国の移民支援措置」の内容は、海外移民に対しての支援措置であることに裏づけられた。この移民は国民の海外移住だ、という意識も移民政策の方向性に反映されている。「出入国及び移民に関する法律」の草案が国会で議論されていたとき、次の会話があった。

　　野党の国会議員：「（前略）我々の移民政策とは何かを教えてください」
　　内政部の官僚：「わが国の移民政策は『海外からの移入は厳しく、海外
　　　　　　　　　への移動は易しく』です」
　　野党の国会議員：「これはまさに私たちがこの法案を審議する前提です。
　　　　　　　　　次に（後略）」

　　　　　　　　　　　　　　　　　　　　　　　　（立法院、1998a：824）

しかし、この「海外からの移入は厳しく」というスタンスをとっていた台湾でも、1996年には国内に移入してくる人口が海外へ移動する人口を上回っていた（内政部戸政司、2014a）。それから受け入れ移民の存在感は、移民政策の方針とは真逆であっても、ますます増大してきた。

　2003年に公表された「現段階における移民政策の要綱」（以下「要綱」とする）は、このような「移民」の意味の変容を象徴したものである。この「要綱」は国家安全の保障や国益の擁護を移民政策の最優先の目的としながら、多文化社会の構築に向かって受け入れ移民に対しての相談援助、社会福祉や教育などの支援の必要性も強調した。一方で「要綱」には受け入れ移民の割当て制度（クオータ）の続行や国境管理の厳格化など、「海外からの移入は厳しく」という方針を裏づけした措置が多く載っていた。

　しかし、台湾は決して「海外への移出は易しく」する国ではない。それは、国民の海外移住を妨害し制限する意味ではなく、政府は実は国民の海外移住を推進しないことを示した意味である。「出入国及び移民に関する法律」の審議過程で、内政部長黄主文（当時）は政府主導の集団移民を呼びかける与党の国会議員に対して、「移民は推奨しない」という態度を崩さなかった（立法院、1998b：200–201）。また、2004年には副総統（副大統領、以下同）呂秀蓮（任期2000年5月〜2008年5月）が台風7号による水害の被災者（その多くは先住民）を中南米諸国に集団移住させる提言をしたが、これは官民双方の不評を買った。これらを考慮すると、実際のところ台湾からの集団移民は不可能に近い。[17]

　移民法の成立よりやや遅れたものの、出入国や移民業務を扱う専門官署である「出入国及び移民署」が2007年1月に開設された。1945年以降の台湾における国境管理は最初軍の支配下に置かれていたが、1972年9月、つまり日中国交樹立の直前から警察の所管に変わった。軍の業務であり警察の業務であっても、台湾における国境管理は法律が皆無のまま、つまり政権の意思だけで行

17　湯（2013）によると、ブラジル政府は1953年に公式に台湾政府に台湾人のブラジル移住を要請したことがある。それを受けて台湾政府は1959年に「国際移民推進方案」を開始し、その実施可能性を検討していた。しかし1965年に台湾政府は態度が一転、ブラジル移民に消極的になった。その理由はやはり、集団移民の実施は当時の国民党政権の基盤を揺るがしかねない恐れがあることにある。

われてきていた。これに鑑みて1980年代半ばには出入国や移民業務を扱う専門官署の設立を望む意見が浮上した（立法院、1984：1026-1027；立法院、1988：251-252）。

1997年の第454号大法官解釈（憲法解釈）は、台湾における国境管理の法律が不在の状態を指摘した。これを受けて政府と国会による移民法の制定が加速されていた。しかし「出入国及び移民署」の組織法である「出入国及び移民署の組織に関する法律」は、その8年後の2005年11月に採択された。組織法の法律制定が遅れた主な理由は、専門官署への移行に伴う従来国境管理を担当した警察官の処遇問題などである（立法院、2003：391-408；2005：3-31）。

5.3.5　国民党の馬英九政権（任期は2008～2016年で終わって継続中）

馬英九総統が就任直後の2008年5月、台湾政府は最初の「人口政策白皮書──少子女化、高齢化及移民」（「人口政策白書──少子化や高齢化、移民」、以下「人口政策白書」とする）を発表した。この「人口政策白書」が着眼した課題は、出生率の低下がもたらす人口の少子化や高齢化である。また移民政策に関して、「人口政策白書」では国境管理の強化により不法移民の摘発の推進を強調する一方で、これまでの「海外からの移入は厳しく、海外への移出は易しく」という従来の移民政策の方針を再検討する必要があると表明した（内政部、2008：95）。

この時期において移民政策の重点は、移民受け入れに関しての規制緩和である。2009年の改正「台湾と中国の交流についての法律」により、中国人配偶者の入国や滞在、国籍取得に関する権利規制が大幅に緩和された[18]。そして外国人による投資移民が可能になり、台湾で学位を取得した留学生のための「評點配額制」（「定額ポイント制」）が2014年7月に導入された[19]。一方で「人身取引

---

[18]　2009年の法律改正により、中国人配偶者は台湾国籍の取得に必要な期限が通常の8年から6年に短縮された。また同改正によって中国人配偶者の台湾における就労の制限も解除された。

[19]　これまで台湾の大学、大学院を卒業した留学生は台湾で働くことを希望する場合、全国労働者の平均月給に相当する賃金や2年以上の仕事経験を有することが求められた。今回の「定額ポイント制」の導入によって上記要件の緩和が可能になる（國家發展委員會、2014）。

の禁止に関する法律」の施行や入国審査窓口における生体情報読み取り措置の導入は、移民政策の方向性が規制緩和一辺倒のものではないことを示す動きでもある。

　さらに2015年1月から、「出入国及び移民署」は、「移民署」と改称される。その改称の理由について、政府は「海外諸国では出入国管理や移民事務を扱う機関の多くは『移民局』に命名」していると説明する（内政部、2012）[20]。

5.4　台湾における移民の実態

　2014年現在、台湾で施行されている憲法は、1947年に中華民国政府が南京を首都としたときに制定されたものである。しかし1949年以降、中華民国（台湾）政府は台北に移り、その実効支配地は台湾や中国大陸沿岸部の金門、馬祖、南沙列島など台湾周辺諸島にとどまっている。にもかかわらず、中華民国（台湾）憲法は依然として1947年当時の領土、つまり中国大陸や香港、マカオ諸島、チベット、モンゴル、そして独立国家共同体諸国の一部を憲法上の領土としている。そのため、台湾政府は公式に、中華人民共和国（以下「中国」とする）の独立国としての地位を認めておらず、香港・マカオを中国とは別の特殊地域と見なしている。また台湾政府はこの憲法に従って、1949年以前の中国大陸や香港・マカオから外国に移住した中国系移民の後裔、すなわち「華僑」による台湾国籍の取得を認めている。

　それでも台湾政府は、中国人や香港・マカオ人、そして多くの「華僑」に「国民」としての権利を与え、台湾へ自由に移住することを認めるのは、現実的ではないと考えている。そのため、台湾政府は、国境を越えて移動する人間を管理するために、本来国民である「台湾地区人民」（以下「台湾人」とする）や「外国人」のほか、次の3つのカテゴリーを創出した。第1、「華僑」、海外

20　「出入国及び移民署」の名称の由来は、1999年に成立された「出入国及び移民に関する法律」である。同法律の国会審議で台湾政府の官僚は、法律名に「出入国」を入れることは「中華民国（台湾）が独立国」であることを表す意味があると述べた（立法院、1998b）。ちなみに台湾の国境管理行政では、中国人、香港・マカオ人の出入国を「出入（国）境」、そのほかの出入国を「出入国」といっている。

に移住した台湾人にあたる「無戸籍国民」、第2、中国人にあたる「大陸地区人民」、第3、香港・マカオ住民にあたる「香港・マカオ地区人民」である。

しかし憲法上の制限により、台湾政府は「無戸籍国民」や「大陸地区人民」（以下「中国人」とする）、「香港・マカオ地区人民」（以下「香港・マカオ人」とする）を移民と見なしているものの、公式には「無国籍国民」や「中国人」「香港・マカオ人」を「外国人」と同列に扱うことができない。そのため台湾政府が公表した「外国人登録者数統計」（「外僑居留人數統計」）などの資料だけでは、「無国籍国民」や「中国人」「香港・マカオ人」の居住実態を把握することができない。

簡単に説明すると、「無戸籍国民」とは、台湾国籍を有するものの、台湾戸籍を取得したことがない者である。「無戸籍国民」には、外国で生まれ、台湾戸籍を取得したことがない台湾人の実子、また帰化によって台湾国籍を取得したものの、台湾で戸籍登録をしていない者、さらに1949年以前の中国大陸や香港・マカオから外国に移住した中国系移民の後裔が含まれる。しかし、台湾人の実子（養子を含む）と帰化によって台湾国籍を取得した者は届出により台湾戸籍を取得し、台湾人になることができるため、「無戸籍国民」のほとんどは、実際、中国や香港・マカオを除く外国で居住し、両親から台湾国籍を受け継いだ中国系移民の後裔である。

「無戸籍国民」は台湾人と同様に台湾国籍を有し、「国民」ではあるといえるものの、彼らは出入国管理の対象であり、台湾で中長期滞在、永住または台湾戸籍を取得するには政府の許可を得る必要がある。つまり「無戸籍国民」は台湾国籍を有する「国民」ではあるが、台湾において彼らの権利や義務は基本的に「外国人」に相当し、またはそれ以上である。

そして「香港・マカオ地区人民」とは、イギリスまたはポルトガル国籍を有せず、香港あるいはマカオの永住権を持つ者を指す。香港（1842〜1997年はイギリス領）とマカオ（1887〜1999年はポルトガル領）は、それぞれイギリスとポルトガルの植民地であったが、台湾憲法によってそれはあくまでも、ヨーロッパ列強に譲渡した自国の領土にすぎない。そのため台湾政府は、親米資本主義陣営の一員としてのイギリスとポルトガルとの交流を展開しつつ、香港・マカオを中国とは異なる特殊地域と見なしている。こうした特殊地域の地位は、

香港・マカオが中国に返還された後も維持されている。したがって「香港・マカオ人」は、台湾において中国人と同一視されていない。

台湾における移民のカテゴリーについては、次の図 5-2 と表 5-2 でまとめている。

図 5-2　台湾における移民のカテゴリー

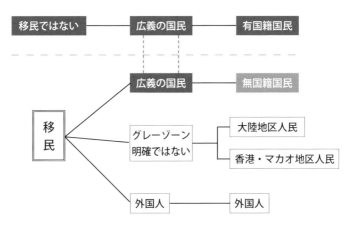

表 5-2　台湾における移民のカテゴリーの説明

カテゴリー	定　義	説　明
無戸籍国民	台湾国籍を有するものの、台湾戸籍を取得したことがない者を指す。	一般論としての「華僑」、または海外に移住した台湾人など。
大陸地区人民	公式見解では「中華人民共和国で戸籍を有する者」。ただし中華人民共和国の国民が台湾を含む外国に移住し、または外国で生まれた場合でもこの「大陸地区人民」に含まれる。すなわち「大陸地区人民」とは中華人民共和国の国籍を有する者。	一般論としての中国人。

香港・マカオ地区人民	イギリス国籍（海外国民）またはポルトガル国籍を有せずに、香港あるいはマカオの永住権を持つ者。なお1999年より前にポルトガル国籍を取得したマカオ人は「香港・マカオ地区人民」と見なされる。	一般論としての香港人、マカオ人。
外国人	台湾国籍を有しない、かつ上記のすべてのカテゴリーにあてはまらない者。	台湾国籍を持つ二重国籍者は台湾国籍で入国する場合は台湾人と見なされる。

いわゆる「台湾人」を指す一般国民としての「有戸籍国民」を除いて、台湾政府は移民を上記表5-2でまとめられた4つのカテゴリーで管理している。ここでは台湾政府が公表した資料に基づいて、台湾における移民の実態把握を試みる。

台湾政府によると、1991年から2014年までの24年間で、160,627人の中国人、23,576人の香港・マカオ人、そして255,669人の「無戸籍国民」が台湾国籍（戸籍）を取得した（内政部入出國及移民署、2014a）。またその中で、台湾人の配偶者として台湾国籍を取得した中国人は110,940人であり、香港・マカオ人は6,946人である（内政部入出國及移民署、2014b）。つまり台湾国籍を取得した中国人や香港・マカオ人の多くは、台湾人と結婚した者やその呼び寄せ家族であるといえる。

一方で、2014年11月の外国人登録者数（中国人、香港・マカオ人を含まない）は629,997人であり、台湾総人口の2.70％を占めている（内政部入出國及移民署、2014c）。その中で、インドネシア人が最多の223,792人であり、その次はベトナム人の156,660人、フィリピン人の118,045人、タイ人の78,342人、マレーシア人の18,859人、日本人の17,377人である。

2014年度まで台湾政府は台湾在住移民の人口数に関する集計データを発表したことがないため、台湾における移民の実態を理解するには、複数の統計に分散する資料を統合して検討する必要がある。2014年4月に初めて発表された「外來人口居留人數」（「現に在住している中長期滞在者数」）によると、2013

年 12 月の時点で台湾における中長期滞在者は 586,646 人である。そのうち外国人（中国人、香港・マカオ人を除く）は 525,109 人、中国人は 50,088 人、香港・マカオ人は 8,697 人、無戸籍国民は 2,752 人である（内政部入出國及移民署、2014d）。

2013 年 12 月の時点で、台湾に住所を持つ外国人（台湾国籍以外の国籍を持たない無戸籍国民を含む一方、当時点では有効な在留資格を持つものの、実際住んでいない者は除く）は総人口の 2.51％を占めていた。2014 年度の集計結果はまだ発表されていないが、台湾における中長期滞在外国人は少なくとも総人口の 3％以上を占めていると推測できる。

表 5-3　台湾における中長期滞在外国人の国籍構成（2014 年 11 月現在）

国籍	人数	人数の内訳		割合
		男性	女性	
インドネシア	223,792	51,202	172,590	32.36％
ベトナム	156,660	88,014	68,646	22.65％
フィリピン	118,045	43,883	74,162	17.07％
タイ	78,342	61,188	17,154	11.33％
中国	50,088	1,761	48,327	7.24％
マレーシア	18,859	10,005	8,854	2.73％
日本	17,377	10,496	6,881	2.51％
アメリカ	12,814	9,014	3,800	1.85％
香港・マカオ	8,697	4,747	3,950	1.26％
韓国	4,682	2,157	2,525	0.68％
無戸籍国民	2,752	1,561	1,191	0.40％

（割合は、各項目の人数 /〈2014 年 11 月現在の外国人登録者数に 2013 年 12 月の時点の中国人、香港・マカオ人、無戸籍国民の人数を加える人数〉で算出されたもの）

台湾における移民の実態には、次のような特徴がある。まず台湾では出入国から短期滞在、長期滞在、永住資格または国籍の取得まで、移民を4つのカテゴリーで分類し、管理している。また台湾は二重国籍を一定の形で容認しており、法律上では中国や香港・マカオとの関係も非常に不明瞭なため、各カテゴリーの移民、そして移民全般の実態を確認することは困難である。

　次に国籍から見ると、上記の表 5-3 の整理で移民の出身国は東アジアや東南アジア諸国に集中していることがわかる。その中ではインドネシア人とベトナム人が最も多い。中国人の進出が急増しているものの、中国人を対象とした就労などの規制がまだ残っているため、中国人移民が占める割合がタイ人に続く 5 位となっている。またインドネシア、中国、タイ出身の移民の中で、男女の人数に歴然とした差があることがわかった。台湾におけるインドネシア人女性の多くはケアワーカーをしており、タイ人男性の多くは製造業で働いている（内政部入出國及移民署、2014c）。それに対して台湾における中国人女性の多くは、台湾人と結婚した中国人配偶者である。彼らの多くは、それから台湾で一定期間の居住を経て国籍を取得する場合が多いと考えられる。

　2014 年の台湾における中長期滞在外国人は総人口の 3％以上を占める可能性がある。この割合は、韓国をわずかに下回っている[21]一方、日本を上回っている。

5.5　おわりに

　本章は、1945 年以降の台湾における移民政策の展開を通時的に検討したものである。台湾は今まで独自の歴史的経路を辿ってきたため、複数のエスニック・グループを持つ多民族・多言語国家となっている。

　1945 年以降の台湾における移民政策の展開は、中華民国がまだ中国大陸を統治していた時期、戒厳令が実施されていた軍事統治期、戒厳令が解除された後の李登輝政権、陳水扁政権、現在の馬英九政権の 5 つの時期に分けて検討することができる。台湾における移民政策は、人口政策の一部分と考えられてお

---

[21]「韓国に滞在する外国人 過去最多の171万人超」『聯合ニュース』2014 年 9 月 23 日。http://japanese.yonhapnews.co.kr/headline/2014/09/23/0200000000AJP20140923001300882.HTML

り、その方針は「海外からの移入は厳しく、海外への移出は易しく」であると考えられている。しかし出生率の低下や1990年代以降ブルーカラー外国人労働者や外国人配偶者を中心とした受け入れ移民の急増をはじめとした社会環境の変容を受け、移民受け入れに関しての規制緩和がこれからも進められると予測できる。

　厳しい国際政治環境に置かれているため、台湾政府は移民を複雑なカテゴリーで分類し、世界中に見ても極めて特殊な「国籍／戸籍」の二元体制で管理している。台湾における移民の大半は、中国、インドネシアやベトナムをはじめとする東アジア・東南アジア諸国出身者であることがわかる。また2014年現在、台湾における中長期滞在外国人は少なくとも、総人口の3％以上を占めていると推測できる。

　2006年に改定された「中華民国の人口政策指針」では、海外移住を望む国民に対しての支援だけでなく、移民統合措置の強化、特に言語教育や生活適応教育の実施を政府の責務と表明した。そこで次の第6章では、1945年以降の台湾における成人移民への言語教育をその政策形成と対象選択を中心に検討する。

第6章

台湾における成人移民への言語教育
その政策形成と対象選択を中心に

6.1 はじめに

　台湾政府の言語政策に関するこれまでの研究は、1945年以降の「国語」による一極支配の確立や閩南語(びんなんご)など「国語」以外の言語の地位の低下について、そして1980年代後半に始まった民主化運動がもたらした閩南語、客家語(はっかご)や先住民族諸言語の復権に関するものが中心であった（陳、2009；中川、2009）。これらの研究は、台湾における「国語」とそのほかの言語との権力関係の解明に大きく貢献したが、移民と台湾の言語との関係に注目するものではない。

　台湾は2005年に帰化テストを導入し、台湾国籍の取得を希望する移民に台湾の言語の習得を要求している。帰化テストの導入は、1990年代に本格化した成人移民への言語教育と深く関連している。陳（2006）と何（2007）は、成人向けの識字教育研究の観点から台湾における成人移民への言語教育政策の形成過程を検討し、その言語教育の発展に資するための提言を行った。しかし、これらの先行研究は台湾の教育部による政策だけを対象とするもので、移民統合を所管する内政部による政策を検討するものではなかった。また、台湾における成人移民への言語教育は外国人配偶者を主要な対象者としているにもかかわらず、これらの先行研究は、台湾政府が対象者を選択する理由や目的につい

て検討を行っていない。

　そこで本章では、前の第5章で検討した1945年以降の台湾における移民政策の展開を前提として、これらの先行研究において十分に考察されていない1945年以降の台湾における成人移民への言語教育政策の形成過程を通時的に検証し、成人移民への言語教育の目的を文献資料や国会議員、政府官僚などの関係者からの証言に基づいて解明する。

　本章は、次の6.2節において、まず1945年以降の成人移民への言語教育政策の形成過程を検証する。6.3節において、2014年現在、台湾における成人移民への言語教育の内容や実施状況を検討する。そして6.4節では、成人移民への言語教育の目的を考察する。なお、本章における台湾に関する用語の定義については断りのない限り、本書の序章及び第5章で言及したものに従っている。

6.2　1945年以降の成人移民への言語教育の政策形成

　ここでは、1945年以降の台湾における成人移民への言語教育の政策形成を1945年から1990年まで、1991年から1998年まで、1999年から2005年までの3つの時期に分けて検討する。

6.2.1　1945年から1990年まで──「国語」の普及と成人教育

　台湾における「国語」は、1926年に中国大陸を支配していた中華民国政府が「マンダリン」に基づいて制定した言語であり、事実上唯一の公用語である。「国語」の前身であるマンダリンは清王朝時代の北京「官話」であるが、実のところ1945年までこの「官話」、すなわち「国語」は、中国大陸で広く話されていなかった。中華民国政府は「国語」を中国大陸で普及させるため、1920年代後半から、学齢を超過しても小学校に就学していない国民を対象とする成人教育を推進していた（戸部、2009）。当時の中華民国政府はこうした成人教育の推進を重要視しており、1947年に施行された中華民国憲法は、12歳を超過しても義務教育（当時では6年間）を受けていない国民は、政府の実施する成人教育を受ける義務があるという規定を明記している。

　中華民国政府の実効支配下の領土となった1945年当時、台湾における主要

言語は「閩南語」「客家語」、先住民族諸言語や植民者の言語である日本語であった。当時の台湾では、「国語」の話者が非常に少なかった。そのため、中華民国（台湾）政府は成人教育の推進により、自政権を代表する言語、「国語」の普及を目指していた。

　台湾政府が 1951 年 2 月に実施した調査の結果によれば、18 〜 45 歳の成人国民の中で、義務教育を受けたことのない者は 1,413,569 人で総人口の 33.8％ の割合を占めた（教育部教育年鑑編纂委員會、1957：897）。台湾では義務教育を受けたことがない者は、「非識字者」と見なされている。そこで台湾政府は、成人国民の中には「非識字者」が多いため、「非識字者」の減少を目的とする成人教育の推進が必要であるとした。しかし森田（2008：43）によると、当時台湾政府は義務教育を受けたことのない者だけでなく、「中国語で書かれた文章と新聞を読み、（中国語で）手紙を書き綴ることができない者（後略）」をも「非識字者」としていた。つまり日本植民地時代にすでに義務教育を受け、日本語により識字化されていたにもかかわらず、「国語」能力を有しない者は「非識字者」とされていた。このことから、「非識字者」の減少というよりも、成人国民を対象とする「国語」の普及が当時の成人教育の主な目的であったと考えられる。

　このような「国語」の普及を主な目的とする公的な成人教育は、主に小中学校附属の補習学校で行われていた。その授業時間の大半を占めていたのは「国語」の授業であったが、「国語」のほかに、社会・政治意識の啓蒙に関連する授業など、政権基盤の安定化また国民統合の強化を念頭に置く科目も重視されていた（教育部教育年鑑編纂委員會、1957）。1950 年代の規定により、小中学校附属の補習学校で 4 か月間、合計 204 時間の「民眾補習班初級班」（「成人教育の初級コース」）[2]を終了した成人国民は「非識字者」ではなく、1,500 字から

1　1945 年までの台湾の歴史は、本書の第 4 章を参照。また、台湾が大日本帝国の植民地だった 1930 年に起こった「霧社事件」をテーマとした映画『賽德克・巴萊』（『セデック・バレ』2011 年）は、20 世紀前半の台湾における多言語状況をよく伝えている。

2　「民眾補習班初級班」の授業は週 12 時間で、その中の 1 時間半は音楽の授業で、残りの 10 時間半は全部「国語」の授業である。また注音符号や習字などもそのカリキュラムに含まれていた（教育部教育年鑑編纂委員會、1957）。

2,000字ぐらいの漢字を読める、小学校4年生程度の「国語」能力を有する者と認められた。

　この時期において、政府は成人教育の推進を非常に重視していた[3]。そのため成人教育は、成人「国民」を対象とする「国語」の普及に重要な役割を果たしていた。このような小中学校附属の補習学校を中心として実施される成人教育は、その後、成人移民への言語教育を推進する基盤ともなった。

6.2.2　1991年から1998年まで──移民の登場

　台湾憲法の第108条によれば、移民は政府の所管事項とされている。しかし台湾政府は1987年度まで、移民の出入国についての本格的な統計を作成しておらず、1999年の「入出國及移民法」（「出入国及び移民に関する法律」）が成立されるまで、出入国管理は法律ではなく、政府の行政通達によって行われていた。さらに、この「出入国及び移民に関する法律」における「移民」は実際のところ、アメリカ合衆国を中心とする台湾人の国外移住を指す言葉である。

　しかし、政治の民主化がさまざまな規制緩和をもたらし、長い間禁止されていた中台間の交流が1987年に再開された。台湾政府は、中国人による台湾への移住を厳しく制限していたにもかかわらず、台湾人の配偶者を中心として、中国人移民は増加しつつあった。1991年から1998年までの間に、台湾国籍を取得した中国人移民は23,965人に及ぶ（内政部入出國及移民署、2014a）。

　中国だけでなく、この時期、東南アジア諸国との交流も非常に盛んになった。1989年から、台湾政府はタイやインドネシア、ベトナムなど6か国のブルーカラー外国人労働者を受け入れている。経済交流の拡大に伴い、台湾人と東南アジア諸国の人々との国際結婚は急増し、台湾に移住する外国人配偶者も多くなった。台湾政府の統計によると、1994年から1998年の間で、台湾人の配偶

　3　教育部教育年鑑纂委員會（1957：90）によると、台湾政府は成人教育を普及させるため、次の5つの手法を導入した。
　　第1に、「非識字者」の強制入学。第2に、成人教育の実施場所は状況に応じて小学校のキャンパス内、または町内の公共施設にした。受講できない婦人などに対しては巡回指導を実施すること。第3に、注音符号の指導を重視すること。第4に、生徒の興味を引き出せる教材を使用すること。第5に、成績優秀者に奨励金を支給すること。

者として台湾に移住したインドネシア人やマレーシア人、フィリピン人、タイ人、ミャンマー人、ベトナム人は計48,573人である（夏、2002）。そして1998年度における国際結婚数は、同年度における結婚数の15.69％を占めていた（内政部入出國及移民署、2014b）。

移民の増加とともに、「国語」をはじめとする台湾諸言語に対する移民の学習需要が高まった。しかし台湾の成人教育の目的は「国語」による国民統合の強化であったため、その対象は成人「国民」とされていた。したがって台湾政府にとって、台湾に在住している移民は国民ではないため、彼らによる成人教育の受講は想定外であった。

それでも1990年代から、一部の小中学校附属の補習学校に移民は通い始める。当時の台湾政府は、成人教育の対象は成人国民である、との姿勢を変えようとしなかったが、移民の中でも将来、台湾国籍の取得が見込まれる外国人配偶者を「準国民」と見なすことに支障はないと考え、彼らの受講を容認した（台湾省政府教育廳、1995）。

このことから、外国人配偶者による国語の習得を重要視する移民支援団体は、地方自治体の協力を得て、1995年に農村部の小学校で、外国人配偶者だけを対象とする成人教育クラスを開設した（夏、2002）。これは台湾で初めての試みであった。このような動きは、台湾で移民の登場が注目され、そして外国人配偶者の存在感が高まったことを示している。しかし、当時の成人教育政策に詳しい台湾政府の官僚は、外国人配偶者の存在感の高まりは、台湾政府の政策決定にあまり影響を与えていなかったと考え、次のように述べている。

> 「われわれ（台湾政府）は（外国人配偶者対象の言語教育クラスを）開設する意図を持っていなかったのです。彼女（移民支援団体のリーダー）自身が関心を持って地域の人を動かして、自分勝手に小学校で（「国語」の）クラスを作って、教えていたのです。（中略）われわれ（政府）の成人基本教育クラスは本来、『文盲』（「非識字者」の意味）向けの事業です。なぜ勝手にそれを外国人配偶者対象のクラスにしたのだろうか！」[4]

---

[4] 教育部の上級幹部のインタビューより、2011年2月11日、台湾台北市。

1990年代から、台湾では移民の受け入れが本格化した。一部の移民支援団体は、外国人配偶者による国語の習得を重要視し、移民のための言語教育クラスを開設した。しかし当時の台湾政府は移民を国民統合の対象とせず、成人移民への言語教育の実施には消極的であった。

6.2.3　1999年から2005年まで──成人教育から移民成人教育へ

表6-1　近年の台湾における国際結婚数について

年度	台湾人同士の結婚数	国際結婚数	国際結婚が占める割合
1998	123,071	22,905	15.69%
1999	140,946	32,263	18.63%
2000	136,676	44,966	24.76%
2001	124,313	46,202	27.10%
2002	123,642	49,013	28.39%
2003	116,849	54,634	31.86%
2004	100,143	31,310	23.82%
2005	112,713	28,427	20.14%
2006	118,739	23,930	16.77%
2007	110,341	24,700	18.29%
2008	133,137	21,729	14.03%
2009	95,185	21,914	18.71%
2010	117,318	21,501	15.49%
2011	143,811	21,516	13.01%

出典：内政部入出國及移民署（2014c）。

1990年代の台湾における移民の中で、外国人配偶者は最も注目されていた。1998年度の国際結婚数は結婚総数の15.69％を占めており、2000年度の割合は24.76％となっていた（内政部入出國及移民署、2014b）。[5]

　このように台湾に移住した外国人配偶者が増加したことから、彼らを対象とする言語教育の必要性が検討され始めた。

　1999年4月に開かれた国会の委員会審議で、野党の国会議員は政府に対して、台湾に嫁ぎ、一生を台湾で暮らすようになる外国人配偶者は台湾人の生活習慣を受け入れ、台湾の文化を理解しなければならないと述べ、政府による対策が必要であると主張した。続いてもう1人の野党の国会議員は、自分の選挙区で頻発した外国人配偶者の家出など「国際結婚ならでは」の事件への対策として、政府は外国人配偶者向けの言語教育や生活教育を実施する必要があると述べた。さらに同委員会に出席した与野党の国会議員は、外国人配偶者を対象とする言語教育や生活教育の実施を政府に対して要求する決議案を可決した（立法院、1999）。

　この決議案を受け、台湾政府において移民関連事務を担当する内政部は1999年12月に、成人移民への言語教育事業としての「外籍新娘生活適應輔導班」（「外国人配偶者向けの生活適応クラス」、以下「生活適応クラス」とする）の実施計画を発表した。これは台湾で初めてのケースである。

　発表当初の計画内容によると、「生活適応クラス」は、一期72時間から96時間、週6時間から8時間であった。「生活適応クラス」の授業内容は担当講師が決定するが、これには言語教育をはじめ、滞在ビザや日常生活、優生保護、育児、そして地域の文化など、外国人配偶者に必要と思われるものが含まれていた（内政部、1999）。「生活適応クラス」の担当講師は原則として、小中学校の教員から選任される。2000年からは、政府による「生活適応クラス」のための教員養成研修が開始された。「生活適応クラス」の実施に必要な経費の大半は、台湾政府が負担する。

　2000年度から2002年度までの「生活適応クラス」の実施状況を、下記の表6-2にまとめた。

---

[5] 台湾における国際結婚の状況に関して1997年度までの集計データは、公表されていない。

表6-2 2000年度から2002年度までの「生活適応クラス」の実施状況

年 度	開講クラス数	のべ受講者数	中央政府補助金 （台湾ドル）	国際結婚数
2000	23	459	159.08万	44,966
2001	46	1,438	58.6万	46,202
2002	66	1,346	64.72万	49,013
合 計	135	3,243	282.40万	140,181

出典：内政部（2003a）、内政部入出國及移民署（2014b）によって整理したもの。

　上記の表6-2から、台湾では国際結婚数が急増したにもかかわらず、「生活適応クラス」の受講状況は低迷していたことがわかる。2000年から2002年までの「生活適応クラス」ののべ受講者数は、同時期における国際結婚数の2.31％にすぎない。すなわち、台湾に移住した外国人配偶者のほとんどが、「生活適応クラス」を受講していなかったのである。この状況を受け、行政院（内閣）の外郭団体が主催した、国際結婚や外国人配偶者の出入国ビザ、生活管理、社会福祉などについてのシンポジウムで、移民支援団体の専門家は「生活適応クラス」の受講状況を改善するために、2つの意見を提出した。

　それはまず、外国人配偶者向けの入国ビザの発給や彼らによる台湾国籍の取得の要件に、一定の言語能力を有することや、また成人移民への言語教育を一定時間以上受講することを条件として加えることである。専門家たちは、このような要件の設定によって、成人移民への言語教育を受講する外国人配偶者を増やすことができると考えた（財團法人婦女權益促進發展基金會、2001；姜、2001；莊、2001）。

　また、外国人配偶者はしばしば彼らの台湾人家族の反対のために、成人移民への言語教育を受講することができない現況にあると考えられていた。そこで専門家たちは、成人移民への言語教育の受講状況の改善に、外国人配偶者と結婚する台湾人及びその家族の意識改革も重要であると考えていた（財團法人婦女權益促進發展基金會、2001）[6]。

　台湾政府は、このような意見を受け、2002年に外国人配偶者を成人教育の

重点対象者として指定し、2003年に従来の成人教育制度に外国人配偶者向けの成人教育コースを開設した。それとともに、政府は受講状況の改善に向けたさまざまな方法を模索し始めた。

最初に台湾政府は、従来の成人国民向けの補習教育を外国人配偶者にも義務づける可能性を検討した。政府によれば、この方法により、外国人配偶者は台湾で一定の学歴を取得し、台湾の言語を習得することが可能になる。

台湾政府は、外国人配偶者に補習教育の受講を要求する理由を、中国やベトナム、インドネシアなどの東南アジア諸国出身の外国人配偶者の教育レベルが低いためと述べていた。政府の統計資料によれば、2002年度内に結婚した者の中で、最終学歴が義務教育9年間にあたる中学校卒、もしくはそれ以下の台湾人女性の割合は25.8％である。一方で同年度台湾人男性と結婚した東南アジア諸国出身の女性の中で、最終学歴が中学校卒、もしくはそれ以下の割合は38.8％であり、中国人女性の割合は42.9％である（内政部、2003b）。政府は、教育レベルが比較的低い外国人配偶者は親としての資質を欠いており、したがって彼らの子供、つまり次世代の台湾人の発達や成長に不利な影響をもたらしかねないと考えていた（内政部、2003b）。また政府は、教育レベルの低い外国人配偶者が台湾国籍を取得すると、彼らは国民の中で非識字者となって国民全体の識字率を低下させてしまい、これによって台湾の国家イメージが損なわれる懸念があると表明した（監察院、2004；内政部・教育部、2004）。

台湾憲法の第160条では、学齢を超過しても義務教育を受けていない国民は、成人教育を受けなければならないことを規定していることから、政府は、外国人配偶者に就学を義務づけようとした場合、法律上の根拠は存在すると考えている（内政部、2003b）。しかしこの構想の実現に向けて、問題とされるのは、憲法の規定は成人「国民」を対象とするものであり、これを根拠として国民ではない成人移民に就学義務を求めることができるかということである。実

---

6 実際、2003年の嘉義県政府のように、国際結婚をする台湾人配偶者が言語教育の対象となった事例がある。
7 台湾政府は2014年度から、義務教育を12年間に延長するとしている。
8 国家イメージの向上は、台湾政府が2003年に提出した「現階段移民政策綱領」（「現段階における移民政策の要綱」）で移民政策の目的の1つであった。

際、政府は、移民の教育レベルを国籍取得の要件とする外国の先例が皆無であると認めている（内政部、2003a）。また政府の内部には、憲法の規定は児童の教育権を保障するものであり、成人に義務教育の受講を義務づけさせるものではないという意見もあった（教育部、2003）。このような反対意見を受け、政府は2004年11月に、外国人配偶者に義務教育の受講を義務づける構想を断念したと発表した（教育部、2004）。

次に台湾政府は、移民の国籍取得に言語能力の要件を追加することを検討した。つまり、台湾の国籍を取得しようとする移民に、「基本語言能力」（「基本的な言語能力」）及び「國民權利義務基本常識」（「国民の権利義務に関する基本的な常識」）を有することを要求することである。実際、「基本的な言語能力」と「国民の権利義務に関する基本的な常識」を有することが移民の国籍取得要件とされた2005年以降、成人移民への言語教育の受講意欲はかなり改善されたと見られている[9]。

6.3　2005年以降――成人移民への言語教育政策の定着と発展

図6-1　2014年現在台湾における成人移民への言語教育の概要

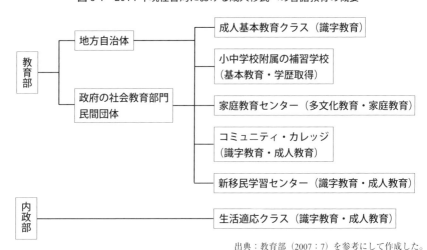

出典：教育部（2007：7）を参考にして作成した。

9　「國籍法修正後 外籍配偶適應班變搶手」（2006年8月11日）中國時報。

2005年以降、台湾における成人移民への言語教育政策に大きな変化は見られない。したがってここでは、2012年現在の台湾における成人移民への言語教育の概要を検討する。

6.3.1　成人移民への言語教育の財源、またその実施における政府の役割について

　台湾の成人移民への言語教育は、外国人配偶者を対象とする総合的統合政策、すなわち「外籍與大陸配偶照顧輔導措施」[10]（「外国人配偶者向けの支援・教育対策」）の一部に取り入れられている。成人移民への言語教育の実施にあたって政府は、経費の拠出や実施成果の評価、講師の養成、情報ネットワークの構築、外国政府との情報交換を役割としている。一方で各県（市）レベルの地方自治体（日本の都道府県、政令指定都市に相当）の役割は、成人移民への言語教育の実施や、各地の実情に即した教材開発などとされている（教育部、2004）。

　成人移民への言語教育のための国庫支出金は各省庁の予算として拠出されているが、これに加えて政府は2005年に「外籍配偶照顧輔導基金」（「外国人配偶者支援・教育基金」）を設立し、政府や地方自治体、民間団体が行う外国人配偶者向けの事業に補助金を拠出している。2005年からの10年間で、政府は毎年3億台湾ドル（約10億円）、合計30億台湾ドルを「外国人配偶者支援・教育基金」に出資している。丘・何（2008）が成人移民への言語教育の授業実施団体を対象としたアンケート調査の結果によれば、93％の団体は政府（地方自治体を含む）からの補助金を受けていたことがわかる。そして2012年度において「外国人配偶者支援・教育基金」による補助金に624件の団体が申請し、その中で452団体が承認された（内政部入出國及移民署、2013a）。

10　「外籍與大陸配偶照顧輔導措施」（「外国人配偶者向けの支援・教育対策」）とは、台湾政府が2003年に実施を開始した外国人配偶者を対象とする総合的対策である。内政部（2003b）によると、最初の「外国人配偶者向けの支援・教育対策」には言語教育のほか、外国人配偶者の生活実態調査、外国人配偶者向けの行政窓口の設置、衛生や優生指導、家庭内暴力防止向けの措置、外国人配偶者の子供向けの発達検査や支援、就労規制の緩和や通訳システムの創設などの22項目がある。

次に台湾における成人移民への言語教育を構成する主な事業、「成人基本教育クラス」(「成人基本教育研習班」)、「生活適応クラス」、小中学校附属の補習学校の概要を説明し、それぞれの役割を検討する。

6.3.2 「成人基本教育研習班」(「成人基本教育クラス」)

「成人基本教育クラス」は、1991年に台湾政府が成人国民の識字率を高めるために開始した事業である。1991年の台湾で、成人国民の中で非識字者が占める割合は7.14％であった（内政部戸政司、2012）[11]。教育部（2002）によると、スイスの国際経営開発研究所（International Institute for Management Development, IMD）が毎年度発表する「国際競争力ランキング」（World Competitiveness Rankings）は、成人国民の中で非識字者が占める割合が2％以下であることを先進国の要件としている。このため台湾政府は、このランキングで先進国の地位を獲得するため、成人国民の中で非識字者が占める割合の低下を重点的な課題としていた（監察院、2004）。

成人国民の中で非識字者が占める割合を減少させるために発足された「成人基本教育クラス」は移民の登場により、2003年から、外国人配偶者向けのクラスが開設された。

「成人基本教育クラス」の受講は無料である。2003年度から2010年度までの「成人基本教育クラス」の開講クラス数やのべ受講者数、実施経費は、次の表6-3でまとめている。

11　台湾政府は、「非識字者」を「一般の書籍、新聞を読み、短い文章を書くことができない者」と定義し、「識字者」を「日常生活において一般の書籍、新聞を読み、短い文章を書くことができる者」と定義している（内政部・教育部、1997）。しかしこの定義を見ると、台湾政府は「非識字者」を「国語」の読み書き能力、あるいは「国語」だけではなく、すべての言語の読み書き能力で判断しているのかがわからない。

表 6-3 「成人基本教育クラス」の実施状況（2003 年度から 2010 年度まで）

年度	開講クラス数	のべ受講者数*	経費（台湾ドル）
2003	391	7,820	1517.08 万
2004	588	11,760	3381.44 万
2005	786	15,720	3049.68 万
2006	1,013	20,260	3930.44 万
2007	1,073	21,460	4163.20 万
2008	1,245	24,900	4830.60 万
2009	1,304	24,900	5059.50 万
2010	1,221	24,000	4737.40 万

＊のべ受講者数には、外国人配偶者以外の受講者も含まれる。

出典：内政部入出國及移民署（2004；2005；2006；2007a；2007b；2007c；2010a；2010b；2010c；2010d；2010e；2011a；2011b）に基づいて作成した。

2003 年以降、「成人基本教育クラス」の開講クラス数や、実施経費、のべ受講者数の増加が顕著に認められる。外国人配偶者向けの「成人基本教育クラス」の実施場所は、小中学校、そして「新移民學習中心」（「新移民学習センター」）などである。「新移民学習センター」とは、小学校の余剰教室を活用して開設されたもので、外国人配偶者及び彼らの台湾人家族向けの中心となる学習支援センターである。2014 年現在では、中国大陸沿岸部の金門県と連江県（馬祖列島）、首都の台北市を除き、そのほかの県（市）には少なくとも1か所以上、合計 28 か所の「新移民学習センター」が開設されている（教育部、2014a）。

「成人基本教育クラス」の担当講師は、原則として小中学校の教員免許を所持しているが、常勤教員として勤めていない者を優先的に採用している。このような候補者を選任することが困難である場合に限り、常勤教員の兼任、または民間人の招聘が認められている。この方針を見ると、政府は「成人基本教育クラス」の授業担当を、教員免許を持ちながら、常勤教員として勤めていない

者に就職を提供する機会としていることがわかる。しかし、「成人基本教育クラス」の講師経験者によれば、都市部ではない地域で開講される場合、常勤教員として勤めていない者にとってこれは魅力的な仕事ではなく、そのため担当講師の多くは小中学校の現職教員または民間人である[12]。

「成人基本教育クラス」には初級、中級、上級の3レベルがある。1レベルあたりの授業時間数は72時間である。初級レベルを修了した学習者は、台湾政府に「識字者」として認められ、また上級レベルを修了すれば、小学校中退の教育レベルがあると認められる（内政部・教育部、2008）。ただし、台湾政府は学習者の出席状況のみを唯一の評価項目としており、学習者の習得状況に対する評価や進級の判定を行っていない。そのため、「成人基本教育クラス」におけるレベル分けは、必ずしもそれぞれのレベルにおける授業の難易度や学習者の能力を反映するものではない。実際、開講されている「成人基本教育クラス」のほとんどは、初級クラスである。

6.3.3 「國民小學（中學）補習學校」（小中学校附属の補習学校）

台湾政府は、「国語」による言語統合、そして国民統合を推進するため、成人教育を国策として強く推進してきた。5.3.1節で述べているように、この公的な成人教育は小中学校附属の補習学校を中心に展開され、「非識字者」に無料で提供されている。2013年度において、小学校附属の266校、中学校附属の204校の合計470校の補習学校が開設されている（教育部、2014b）[13]。2003年度から2011年度まで小中学校附属の補習学校に在籍した、外国人配偶者である生徒数は、次の表6-4でまとめている。

---

12 成人基本教育クラスの元講師のインタビューより、2011年2月15日、台湾台北市。
13 1998年には中学校附属の306校、小学校附属の410校の合計716校が開設されていたが、それがピーク期となって連年減少してきている。

表 6-4　小中学校附属の補習学校に在籍した外国人配偶者数（2003～2011年）

年度	小中学校附属の補習学校に在籍の外国人配偶者数	小学校附属補修学校在籍者総数	中学校附属補修学校在籍者総数
2003	5,000	17,662	14,719
2004	8,948	17,071	12,858
2005	10,250	16,967	11,001
2006	13,902	19,175	9,998
2007	13,949	18,425	9,507
2008	6,902	16,313	9,138
2009	11,904	15,379	8,652
2010	10,049	13,320	8,253
2011	8,007	12,099	7,739

出典：内政部入出國及移民署（2004；2005；2006；2007a；2007b；2007c；2010a；2010b；2010c；2010d；2010e；2011a；2011b）、教育部（2012a）に基づいて整理したもの。

　上記の表6-4により、多くの外国人配偶者が小中学校附属の補習学校に通っていることがわかる。

　台湾における小中学校附属の補習学校は、学齢を超過したが、義務教育を受けたことがない国民にそれを受ける機会を提供するために開設されたもので、正規の学校教育の一部とされている。小中学校附属の補習学校の教職員は、原則として、その母体である小中学校の教職員が兼任している。小学校附属の補習学校は、小学校1年生から3年生までの教育レベルにあたる初級と、小学校4年生から6年生までの教育レベルにあたる上級の2部に分けられている。授業期間は初級が1年で、上級は2年である。中学校附属の補習学校の授業期間は3年である。ただし、小中学校附属の補習学校では「成人基本教育クラス」のような外国人配偶者向けのコースは開設されていない。

　小中学校附属の補習学校のカリキュラムは、台湾政府が規定した指導要領に沿って作成されている。小中学校附属の補習学校の授業は、週3日または週4

日で、一日4時間の授業が行われている。その授業は、言語教育のみならず、数学、英語、理科などの科目が含まれている。また中学校附属の補習学校では、一般の学校と同様に第2外国語が選択科目とされている（教育部、1996）。

6.3.4 「生活適應輔導班」（「生活適応クラス」）

「生活適応クラス」は、外国人配偶者を対象とした最初の成人移民への言語教育事業として1999年に開設された。「生活適応クラス」は、入国してから3年以内の外国人配偶者を優先的な対象とするが、すでに台湾国籍を取得した外国人配偶者や彼らの台湾人家族による授業の参加も歓迎されている。「生活適応クラス」の受講は無料である。

内政部が発表した統計資料に基づいて、2003年度から2010年度までの「生活適応クラス」の開講クラス数やのべ受講者数、実施経費を、次の表6-5にまとめた。[14]

表6-5 「生活適応クラス」の実施状況（2003年度から2010年度まで）

年 度	開講クラス数	のべ受講者数	経費（台湾ドル）
2003	119	3,427	400.60万
2004	304	7,232	969.29万
2005	274	5,443	834.64万
2006	972	22,737	1432.89万
2007	762	16,547	1279.98万
2008	790	17,239	1379.83万
2009	156	3,882	1074.50万
2010	148	4,625	1035.13万

出典：表6-3、6-4と同じ。

---

14 各地方自治体による独自の取り組みは含まない。

2006年度から2008年度にかけて、「生活適応クラス」の開講クラス数や受講者数は大幅に増加していたが、近年は激減している。その背景には、2004年以降の国際結婚数の減少があると考えられる。[15]

　移民関連事務を所管する内政部は、「生活適応クラス」の実施を地方自治体に加えて、コミュニティ・カレッジや家庭教育センター、民間団体に委嘱している。コミュニティ・カレッジとは、2002年に施行された「終身學習法」（「生涯学習の推進に関する法律」）に、「地方自治体が開設し、またはその委託運営を受けて、正規学校教育の外部で地域住民を対象として生涯学習活動を実施する機構」と定義されている成人教育事業である。2013年現在、105校（うち先住民族向けのコミュニティ・カレッジは14校である）が開設され、のべ326,000人以上の学習者が学んでいる（教育部、2014c）。家庭教育センターとは、2003年に施行された「家庭教育法」により開設された公的な成人教育施設である。「生活適応クラス」は、コミュニティ・カレッジや家庭教育センターなどの公的成人教育施設のほか、地方自治体の戸籍事務所、小中学校、公民館、宗教施設などで実施されている。

　「生活適応クラス」の担当講師は原則として、小中学校の教員免許を所持しながら、常勤教員として勤めていない者が優先的に採用されている。このような候補者を選任することが困難である場合に限り、常勤教員の兼任、または民間人の招聘が認められている。ただし、2007年度に「生活適応クラス」を担当した講師1,230人の中で、小中学校の教員免許を所持していながらも、常勤教員として勤めていない者は66人にすぎなかった（内政部入出國及移民署、2010a）。これを見ると、優先的な採用の規定があるにもかかわらず、そもそも応募の少ないことがわかる。

　しかし、内政部所管の「生活適応クラス」は教育部所管の「成人基本教育クラス」と比べて、補助金の交付にあたって、民間人の報酬を教員免許所持者または学校教員を雇用する場合よりも高く設定している（内政部、2008）。つまり内政部は、「生活適応クラス」の実施者に民間人の招聘を奨励しているのだ。また補助金の交付において、「生活適応クラス」の授業に参加する通訳者や保

15　内政部入出國及移民署の中級幹部のインタビューより、2011年2月17日、台湾台北市。

育士にも一定の報酬を支給すると規定されている。

　台湾政府は「生活適応クラス」の標準的なカリキュラムを指定していないが、2006年に「生活適応クラス」の授業科目案を参考のためとして、次のように示した。

表6-6　台湾政府による「生活適応クラス」の授業科目案

	科　目	時間数
1	ビザ更新と国籍（戸籍）取得について	2
2	国際結婚家族間交流活動	4
3	地域名所見学ツアー	4
4	台湾の歴史について	2
5	地域の地理環境について	2
6	身体の安全確保について	2
7	育児能力と親子教育活動について	4
8	地域の交通事情について	2
9	地域の医療事情について	2
10	利用可能な社会福祉サービスについて	2
11	居住環境の改善、及びコミュニティ衛生環境づくりの見学	4
12	乳幼児の世話について	2
13	地域の実情に即した講座の実施	4
	合　計	36

出典：内政部（2007）。

　上記の授業科目案によると、ビザや国籍の取得についての知識や育児能力、衛生と安全意識の向上、地元の生活情報の提供や国際結婚家族間の交流が「生活適応クラス」の重点とされていることがわかる。

6.3.5　教科書分析
　　　──『府城之愛』（2004 年）と『成人基本識字教材』（2011 年）の場合

　台湾政府はこれまで、成人移民への言語教育の標準的なカリキュラムを発表していない。授業の担当講師が、授業内容を決めており、政府はむしろ、地方自治体に成人移民への言語教育の教科書の開発を奨励している。2012 年 12 月現在までに、嘉義県の『温馨讀書情』（2003）や、桃園県の『桃園縣成人教育外籍配偶教材』（2004）、台南市の『府城之愛』（2004）、新竹市の『微笑新生活』（2009）などの教科書が出版されている。次に台南市の『府城之愛』の内容を説明し検討する。

- 『府城之愛』（2004 年）

　台南市は台湾南部の主要都市であり、台湾屈指の歴史都市でもある。『府城之愛』[16]は、2004 年に台南市役所により出版された市内在住の外国人配偶者のための教材である。台南市役所によると、『府城之愛』の開発目的は「外国人配偶者ができるだけ早く新しい環境に適応し、日常生活の問題が解決できる上、子供に良い教育をし、我が台南に栄光をもたらす」ことである（王水文、2004：27）。

16　「府城」は、台南の旧称である。清王朝は台湾を領有した時期において台南で「台湾府」を設置し、城郭を設けていたため、台南が「府城」と呼ばれるようになった。

図6-2 『府城之愛』の内容――歴史的文化財の見学についての会話コラム

對話時間：

一、你到過台南市的哪些古蹟？這些古蹟有什麼特別的地方呢？

二、你的家鄉有哪些名勝古蹟？

安平古堡砲台

開元寺門神彩繪

孔廟大成殿的石獅

第4頁

出典：『府城之愛』第一冊4ページ

図6-3 『府城之愛』の内容——台湾のグルメ

至於名聞全省的擔仔麵；名稱奇特的棺材板、鼎邊趖，更是「吃巧不吃飽」的美味小品。住在台南，可要找個機會去品嚐一下喔！

蚵仔煎

棺材板

鼎邊趖

鱔魚意麵

擔仔麵

第17頁

出典：『府城之愛』第一冊17ページ

『府城之愛』は教科書4冊、練習帳4冊、そして「注音符号」（「注音符號」）教材1冊の合計9冊で構成されている。教科書4冊にはそれぞれ5課があり、合計20課がある。『府城之愛』の内容は、下記の表6-7でまとめている。

表6-7　『府城之愛』（2004年）の内容概要

冊	テーマ（目次）	内　容
入門 ──「注音符号」の教材	1. 数字（数字） 2. 顔色（色） 3. 穿衣服（着衣） 4. 動物 5. 家庭用品 6. 賞月（月見）	注音符号の読み書きの練習が中心。第6課「月見」にはわずか42字の短編文章が登場。
第1冊	1. 風土文物稱古都（古都・台南の文化財） 2. 民俗節慶傳世代（一）（年中行事1） 3. 民俗節慶傳世代（二）（年中行事2） 4. 府城小吃巧風味（台南のグルメ） 5. 生活規範重禮節（社会慣習）	テーマは「府城文物」である。目的は学習者に台湾の「古都」である台南の歴史的文化財、年中行事、社会慣習など、地元ならではの文化や習慣を理解すること。
第2冊	1. 親屬稱謂（親族関係） 2. 夫妻相處（夫婦関係） 3. 子女教育（子供の教育） 4. 休閒活動（余暇活動） 5. 敦親睦鄰（隣人との付き合い）	テーマは家庭生活、子供の教育、余暇活動である。同音異義字や漢字の部首などの紹介が入っている。
第3冊	1. 騎機車（バイクの乗り方） 2. 府城公車（台南のバスの乗り方） 3. 坐火車（電車の乗り方） 4. 飛航安全（飛行機の乗り方） 5. 安平港（地元の港の利用）	テーマは交通安全、台南における公共交通機関の利用案内である。
第4冊	1. 銀行服務佳（銀行の利用） 2. 郵局好鄰居（郵便局の利用） 3. 超商真便利（コンビニの利用） 4. 保健和醫療（食意識や健康意識、病院の利用） 5. 訊息一線牽（故郷と台湾とのつながり）	テーマは公共サービスであり、最後の一課の電話に関する内容では台湾とベトナム、タイとの一体感を強調した。

『府城之愛』の特徴は、まず教科書が地域の特色を中心とし、台南ならではの教科書を作る意欲が見られることである。また学習者が外国人配偶者であることをはっきりと意識した上、教科書の中では台南の特色を紹介しながら、学習者に故郷の情報を共有し、交流を促すために設けられたコラムが多く入れられている。そしてこの教材は4冊で構成されているが、それぞれの内容は独立しており、難易度の区別は明確には見あたらない。

- **『成人基本識字教材』**（2011年）

　一方で政府は、2004年にベトナム語、タイ語など多言語版を含む外国人配偶者向けの教科書『快樂學習新生活』そして『終身學習好生活』を開発し、また2011年にその改訂版として『成人基本識字教材』を出版した。合計6冊の『成人基本識字教材』は1,680字の漢字に基づいて開発され[17]、初級、中級及び上級の3レベルに分けられている。『成人基本識字教材』に使用される漢字のすべてには、台湾で用いられている発音記号の「注音符号」[18]（「注音符號」）のルビが振られている。

17　漢字1,680字とは、台湾政府が規定する、非識字者が識字者になるために必要な識字数基準における目安である。ちなみに台湾の小学校教育指導要領では、小学4年生の識字数の目安は漢字1,500字から1,800字まで、小学校6年生の目安は2,200字から2,700字までとしている（教育部、2011）。
18　「注音符号」（「注音符號」）とは、中華民国政府が1918年に開発した「国語」のための発音記号である。

図 6-4 『成人基本識字教材』の内容——自己紹介

第三課
自我介紹（下）——我的生活

　　小時候，我喜歡和爸爸、媽媽一同到海邊，爸媽工作，我玩水和抓魚。

　　結婚以後，我喜歡美食，也喜歡唱歌，還喜歡到處品嘗

品嘗臺灣小吃

喜歡唱歌

生字
我 介 下 生 活 小 爸 同 工 作 後 也

出典：中華民国教育部『成人基本識字教材』第一冊（初一級、20ページ）

図6-5 『成人基本識字教材』の内容——金融機関の利用について

第七課
金融機構

　喜善一進公司，就依照規定申請銀行帳戶，方便每個月的薪水，可以自動匯入帳戶。

　她申請銀行自動扣繳服務，繳交水費、電費、電話費等，還利用ATM轉帳，繳還房屋貸款。

ATM 提款

水電費轉帳繳款

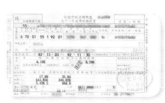
繳交房屋稅

生字
構　匯　扣　款

出典：中華民国教育部『成人基本識字教材』第四冊（中二級、62ページ）

『成人基本識字教材』の内容は、下記の表6-8でまとめている。

表6-8　2011年版の『成人基本識字教材』の内容概要

初級1（レベル1）		初級2（レベル2）	
テーマ	自己紹介	テーマ	母子保健
内容	発音記号／数字、基本漢字の理解と自己紹介／出身地と現居住地の紹介の練習	内容	母子手帳／妊婦検査／産前産後の食事や予防接種に関しての注意事項
テーマ	私のカード	テーマ	親になるには
内容	在留カード／国民IDカード／国保カード／運転免許証とクレジットカードに関しての注意事項	内容	児童と青少年保護に関する法律／ホットラインの紹介／小学1年生のための注意事項と連絡帳の使用法
テーマ	食事と買い物	テーマ	人間関係
内容	各国料理の紹介／食事のバランス／買い物と消費者安全	内容	二世代家族のための付き合い／隣人との付き合い／友達との付き合いの重要性

中級1（レベル3）		中級2（レベル4）	
テーマ	伝統的な祝祭日	テーマ	就職支援サービス
内容	春節、端午、中秋の3つの祝祭日について	内容	台湾政府による職業訓練と就職斡旋／個人起業についての相談サービスの紹介
テーマ	祭り文化	テーマ	労働の基本知識
内容	墓参り／理想的な葬儀観／伝統芸能／台湾のことわざの紹介	内容	労働基準法／労働安全衛生／職場倫理と努力の重要性
テーマ	台湾を知る	テーマ	お金の管理
内容	台湾の地理／台湾の交通事情と家族旅行計画の設計	内容	銀行サービスの紹介／記帳とマネー管理／安全な資産運用について／詐欺犯罪から自分を守ること

上級1（レベル5）		上級2（レベル6）	
テーマ	生活安全	テーマ	情報と生活
内容	防災知識／メンタルヘルス／病院の診療科の紹介／無料子宮がん検診の情報	内容	電気製品／携帯製品の使用／マニュアルについて／ネット使用の注意事項／メディア・リテラシー
テーマ	社会生活	テーマ	親になるには
内容	公共交通機関における席の譲り合い／公衆道徳の重要性／我々の生活を守る公務員たちと移民統合教育サービスの紹介	内容	各国の宗教の紹介と信仰の自由／男女平等の意識／国際結婚と多文化共生
テーマ	民主的な生活	テーマ	幸せな人生
内容	中央政府の構造／台湾の地方区分／選挙投票の意義と選挙違反について	内容	生涯学習の意義と重要性／ボランティア活動のすすめ／環境保全の重要性

出典：『成人基本識字教材』（教育部、2011a）に基づいて作成した。

2011年版の『成人基本識字教材』の特徴は、次のようにまとめられる。まず、テキストの例文に登場する主人公の大半は女性の外国人配偶者であり、外国人配偶者の視点で物語は進められている。すなわち政府は、女性の外国人配偶者を想定しながら『成人基本識字教材』を開発しており、それには彼女たちの理解や共感を得ようとする意図があったと考えられる。

そして台湾政府が外国人配偶者に最も理解を促したいと願っている内容は、初級のテキストに配置されている。『成人基本識字教材』の初級は、外国人登録証、国民身分証、健康保険証などの証明書類の紹介のほか、料理や母子保健、親として責任、家族と隣人との付き合いを含んでいる。一方で中級は祝祭文化、就労や金銭管理、上級の内容は防災や選挙投票、多文化共生を含んでいる。

外国人配偶者は、台湾政府が主催・委託運営する成人教育講座を72時間以上受講すると、「国籍法」における帰化の言語能力要件を満たすと見なされる。そのため、72時間の「成人基本教育クラス」初級レベルを終了した外国人配

偶者の大半は、それ以上の受講を継続しない。したがって政府は最も外国人配偶者に伝えたいことを、『成人基本識字教材』の初級の学習内容に入れなければならない。一方で初級の内容を見ると、政府は各種身分証のほか、外国人配偶者が台湾人の妻として、台湾人の母親としての役割を果たすために必要と思われる知識、つまり料理や育児、舅姑との付き合いを最も重要視していることがわかる。そして、『成人基本識字教材』の内容は情報提供にとどまらず、各課のトピックスについて学習者による発表や、担当講師と学習者、学習者間での意見交換を重視している。

　続いて『成人基本識字教材』には、東南アジア諸国の宗教や文化、芸術が取り入れられている。それは、外国人配偶者の中にベトナムやインドネシアなど、東南アジア出身者が多いためである。そして台湾政府はこの教科書の中で、イスラム教や仏教、キリスト教などの信仰を認め、信教の自由を強調している。

　さらに、『成人基本識字教材』は識字教育のための教材であり、学習者の漢字読み書き能力の向上を目的としたものであるため、その中で、学習者の会話や聴解能力の向上に関わる内容は多く設けられていない。そのため、『成人基本識字教材』そして台湾の成人移民への言語教育は、会話と聴解能力を重要視していないことがわかる。

　最後に、『成人基本識字教材』は、台湾の歴史や中華文化、中国と台湾の関係に触れる内容を含んでいない。例えば、『成人基本識字教材』の「中級1」における「台湾を知る」という章は、台湾の地理環境を紹介するものであり、台湾の歴史に関するものではない。また、全6冊のテキストの中で、「中国」という言葉は、漢字の部首を説明するための2か所に出てくるにすぎない。これは、『成人基本識字教材』で学習する中国人配偶者に対する配慮であると考えられる。この点において、台南の文化の紹介をテーマとした『府城之愛』とは異なっている。

6.4　外国人配偶者という「問題」
　　──成人移民への言語教育の実施目的

　台湾政府は1999年に、成人移民への言語教育の目的を次のように述べている。

> 「外国人花嫁向けの生活適応指導を実施し、彼女の言語能力や生活適応能力を強化することで、彼女らが我が国の生活環境に円滑に融けこみ、我が国民と円満な家庭を築き、そして彼女らの不適応が招いた社会と家庭の問題が回避できるよう（後略）」　（内政部、1999、傍点は本書の著者による）

　この文書を見ると、成人移民への言語教育は、外国人配偶者という「問題」を解決するために行われるものであることがわかる。しかし、なぜ外国人配偶者が「問題」なのか。そしてなぜ成人移民への言語教育は外国人配偶者という「問題」に対処できる政策として考えられたのだろうか。

　台湾政府が2004年に発表した移民政策のあり方に関する検討報告では、1980年代後半から受け入れている移民を「経済移民」と「それ以外の移民」の2グループとして考えている。ここでの「経済移民」とは、ブルーカラー外国人労働者やホワイトカラー外国人労働者、また一定額の投資により[19]、永住権が与えられる投資移民を指している。それに対して「それ以外の移民」とは、難民や家族呼び寄せ移民、外国人配偶者を指している。「経済移民」の大半はブルーカラー外国人労働者であり、「それ以外の移民」のほとんどは、外国人配偶者であると見なされている（行政院經濟建設委員會、2004）[20]。

---

[19]　2014年現在、台湾ドル1,500万元（2015年2月1日現在では約5,580万円）以上を会社の資本金として出資し少なくとも5人の台湾人に就職機会を提供し、または台湾の国債を台湾ドル3,000万円以上購入する外国人（中国人を除く）は、「投資移民」として台湾で永住することが可能とされている。

[20]　「出入国及び移民に関する法律」では、家族呼び寄せ移民として台湾で6か月以上滞在を希望する無戸籍国民は申請の時点において、その直系血族または配偶者、兄弟姉妹、配偶者の親のいずれかが台湾戸籍を有しなければならないという規定がある。この規定により、現在台湾人の親戚を持っていない華僑は、家族呼び寄せ移民として台湾に移住するこ

台湾政府は、ホワイトカラー外国人労働者や投資移民は誘致の対象であり、台湾社会の安定に影響を与える可能性が少ないため、外国人配偶者と同様に扱うべきではなく、成人移民への言語教育を含む移民統合政策の対象とする必要がないと考えている（呉、2004；監察院、2007）。ブルーカラー外国人労働者は最長 12 年間台湾で就労することができるが、彼らは台湾国籍や永住権を取得できない。しかも彼らには、家族の呼び寄せ、また台湾人との結婚、台湾での子供の養育などの権利も認められていない。これにより 2011 年 2 月に、与党の国会議員は筆者のインタビューに対して、ブルーカラー外国人労働者は「移民ではない」と述べ、政府は全く彼らを移民統合政策の対象として考えていないと強調した[21]。

　一方で、経済移民ではない外国人配偶者がどのような問題をもたらしたのだろうか。台湾政府によると、外国人配偶者女性の増加は国際結婚をした台湾人男性の増加を意味することであり、台湾人女性と台湾人男性の結婚の機会は外国人配偶者女性の登場によって減少した。また、台湾で就職する外国人配偶者は台湾人の就職機会を奪い、国民の中で失業者が増えるため、政府の社会福祉予算を増加させる可能性がある。さらに国際結婚の中には恋愛感情に基づかない場合が多く、このような結婚は社会問題を招く傾向があり、外国人配偶者は親として、次世代の国民の発達に不利な影響を与える恐れがあると考えられている（行政院經濟建設委員會、2004）。

　台湾政府は、成人移民への言語教育を実施することで、外国人配偶者が彼らの子供である次世代の国民の発達に不利な影響を与えることを防ぐ効果があると考えている。政府は、外国人配偶者の多くは親としての役割を遂行する能力を持っておらず、彼らの子供は先天性障害または発達障害になる可能性が高いとまで主張した（内政部、2003b）。そして、この主張に論拠を与えるために、政府は独自の調査を実施した。その調査を見ると、両親とも「台湾人」である子供に比べて、外国人配偶者の子供が発達障害になりやすいという結果は見あたらない。にもかかわらず政府はこの調査の結果から、外国人配偶者の子供の

とができない。
21　ある与党国会議員のインタビューより、2011 年 2 月 17 日、台湾台北市。

障害の中で一番多いのは、言語発達障害であると述べ、そのため外国人配偶者の言語能力は、子供の発達に不利な影響を与えかねないと主張した（行政院經濟建設委員會、2004）。そこで2003年に、当時の行政院長（内閣総理大臣に相当）の游錫堃（任期は2002年2月〜2005年2月）は、閣議で次のような結論を発表した。

> 「外国人配偶者の子供の教育問題を解決するには、子供自身だけではなく、外国人配偶者をも教育対象とすべきである」

（内政部・教育部、2004：1）

つまり、成人移民への言語教育の目的は、外国人配偶者の教育ではなく、次世代の国民として彼らの子供を教育することにある。そのため台湾政府は、教育レベルの低い親は育児や子供を教育する能力を持っていないと強調し、外国人配偶者の家庭での役割の強化を狙っている。そこで台湾政府は、育児や料理、住まいの衛生管理、舅姑との付き合いを「生活適応クラス」のためのカリキュラム案や「成人基本教育クラス」のための教科書での最も重要な項目とした。台湾政府の官僚はまた、外国人配偶者向けの学習支援センターである「新移民学習センター」においても、外国人配偶者が「料理を学んだり、裁縫や生花をしたり、たまには漢字の練習をしたりするぐらい」のことを通して、彼らの役割は「家」にあると強調した。[22]

ただし、台湾政府はすべての外国人配偶者を、成人移民教育の対象と考えているのではない。内政部（2006）が外国人配偶者に言語教育の参加を促すパンフレットは、華語（つまり台湾の「国語」）、英語、タイ語、インドネシア語、ベトナム語やカンボジア語で作成されている。それは、中国や東南アジア諸国出身の外国人配偶者（台湾国籍を取得した者も含まれる）が台湾における成人移民教育の事実上の対象であることを示している。ただし、ここでシンガポール、香港・マカオ出身者は除かれており、また英語版のパンフレットの想定読者はフィリピン人配偶者であると考えられる。つまり欧米諸国などは「先進国」で

---

[22] 教育部の上級幹部のインタビューより、2011年2月11日、台湾台北市。

あり、「先進国」出身の外国人配偶者は「問題」ではないため、成人移民への言語教育の対象とする必要もないのだ（監察院、2007）。

しかし中国や東南アジア諸国出身の外国人配偶者が成人移民教育の対象とされた理由は、必ずしも言語能力など客観的な事実に基づくものではない。なぜなら、極めて近似した言語を使っているにもかかわらず、大多数の中国人配偶者は間違いなく成人移民教育の対象であることを、教育部の関連業務担当者は強調しているからである[23]。また、台湾政府は、中国や東南アジア諸国出身の外国人配偶者の教育レベルが低いと主張したが、その背景には、台湾政府がそれらの国の学歴の認可に消極的であったという事情がある（教育部、2003）。そのため、ベトナムの大学院で修士課程を修了した外国人配偶者は、台湾政府に小学校卒の教育レベルと見なされる場合がある[24]。さらに台湾では、中国や東南アジア諸国をはじめとする「後進国」の外国人配偶者による入国ビザ申請は、「先進国」出身者に比べて非常に厳格な審査を受けていた。このことから、彼らが成人移民教育の対象とされた理由は、台湾政府の選考によって恣意的に構築されたものであるといえる。

成人移民への言語教育は、外国人配偶者という「問題」を解決するための手段である。その「問題」は、外国人配偶者の言語能力だけではなく、彼女たちの出身国や社会経済的な地位、そして彼女たちが台湾人の妻や次世代の国民の母親という点に生じたのである。成人移民への言語教育は、これらの社会統合の「問題」に対処する手段として考えられているが、その「問題」の根源は中国や東南アジア諸国出身の外国人配偶者が持つ「後進性」であることを確認するものだとわかった。

6.5　おわりに――「新移民」からの道のり

台湾では、女性が多数を占める外国人配偶者を一般的に、「外国人配偶者」（「外籍配偶」の意味）、または「外国人花嫁」（「外籍新娘」の意味）と呼んでいる。

---

[23] 教育部の中級幹部のインタビューより、2011年2月17日、台湾台北市。
[24] また内政部中堅幹部の担当者のインタビューより、2011年2月17日、台湾台北市。また何・丘（2007）論文を参照。

しかし、外国人配偶者の多くはすでに台湾国籍を取得している。そのため、彼らを「外国人」と呼ぶのはふさわしくないとの批判があり（夏、2005）、移民支援団体の呼びかけで、外国人配偶者を「新移民」[25]と呼ぶ者が多くなっている。そして「新移民」という呼称は、教育部や一部の地方自治体において行政用語としても定着している。

　「新移民」という用語は本来、1945年から1950年までの間に中国大陸から台湾に移住した者を指す言葉である（立法院、1997；王、2003）。それに対して「旧移民」というのは、1945年以前に中国大陸から台湾に移住した漢民族系住民の後裔を指す。したがって、1980年代以降、台湾に移住した外国人配偶者を「新移民」と呼ぶ目的は、彼らを台湾人の仲間として受け入れ、台湾という「移民国家」の歴史の一部として扱うということである。このことから、成人移民教育の役割は、外国人配偶者を「新移民」に変容するプロセスであるといえる。そして外国人配偶者にとって、成人移民教育の受講は、台湾人になるための1つの通過儀礼ともいえる。

　しかし本章の考察では、成人移民への言語教育は、台湾政府にとって一部の外国人配偶者の「台湾人」への同化を目指すものではなく、外国人配偶者が台湾人の妻として機能し、次世代の国民たる彼らの子供を「台湾人」らしく教育する能力を持つようにする手段であることがわかった。また台湾政府が公表しているいずれの統計資料においても、すでに台湾国籍を取得し、台湾人になっているにもかかわらず、元外国人配偶者は「外国人」配偶者として数えられている。彼らは参政権をはじめ、さまざまな権利の制限を受けている。すなわち、外国人配偶者の「同化」は不完全であり、彼らは「新移民」となっても、現実には「他者」としての地位が変わっていないことがわかる。

　本章は、台湾における成人移民への言語教育を検討することにより、その背景にある移民統合政策の意図を明らかにした。なお、これまでの考察は台湾政府の視点を中心として行われてきたため、当事者である移民の視点は取り上げていない。したがって、移民の視点から、成人移民への言語教育を包括的に検討することが、次の研究課題であると考える。

25　また、互換性のある「新住民」という用語を使う場合もある。

第7章

成人移民、国家と「国語」
台湾の帰化テスト政策の形成過程を中心に

7.1 はじめに

　2013年末の台湾、テレビではある外国出身の女性モデルが台湾国籍の取得、すなわち帰化を決心したニュースが流れていた。テレビの中で彼女は、ファンに台湾に帰化する決心を述べながら、台湾の帰化テストに合格したこともアピールしていた。

　各テレビ局は報道の焦点を、彼女の出身地やこれまでの経歴、「台湾人」になろうとした理由だけでなく、彼女が受けたばかりの帰化テストにも置いていた。しかし帰化テストについて、レポーターたちはその問題が「難しくて多くの台湾人は恐らくその正解がわからない」[1]、「大学の入試問題より難しい」ことを奇異な目で強調した一方[2]、なぜ帰化のためにはテストがあるのかについては、全く触れていなかった。

　華々しくニュースを飾った外国出身女性モデルの台湾国籍取得だが、その要件としての帰化テストは一般に広く知られておらず、その仕組みについて何の

---
1 「烏克蘭名模瑞莎歸化台籍　考題刁鑽？」（2013年12月26日）TVBS新聞。
2 「性感美模瑞莎『歸化』成為台灣人　讚：有濃濃人情味」（2013年12月27日）ETtoday影劇新聞。

説明も行われていない。このことから、台湾人は帰化テストに対しての関心度が低いことと、これまで台湾における帰化テストの政策形成の過程、またその実施方式と内容を検討した研究は皆無であることを裏づけている。しかし帰化テストは、実施に至る過程、そして試験言語の決定や試験方式、出題内容が、それを実施する各国の社会と経済、政治的文脈、移民事情に深く関連すると考えられる。帰化テストについて、その制度の正当性や合理性を批判することもできるが、その一方で、帰化テストの検討を通して、国家、国語と移民の関係を把握することもできる。[3]

　そこで本章は、台湾における帰化テストについて、その実施に関する政策形成の過程、またその実施方式と内容を検討し、台湾における国家と「国語」、そして移民の関係を解明する。本章は、7.2 節において帰化テストの歴史、7.3 節においてこれまでの台湾における帰化政策の推移を論ずる。7.4 節で台湾における帰化テスト政策の形成過程について論じ、7.5 節でその実施方式と内容、特徴を検討する。そして 7.6 節で、台湾の事例を中心に移民統合に関する国語の役割、移民政策における帰化テストの位置づけ、そして台湾の帰化テストが果たした機能を考察する。

7.2　帰化テストの歴史

　帰化テストとは、外国人の帰化、すなわち国籍の取得や永住権など公民権取得の申請過程において、申請者の言語能力や、受け入れ国の歴史、文化や理念の理解度を測定し、評価し判定するテストである。帰化を希望する移民を対象としてテストを実施している国家は台湾だけではない。その帰化テストの歴史

　3　国語とは、一般的に「特定の国家が連想され、しかも国家のアイデンティティの象徴と見なされる言語」(Llamas, Mullany and Stockwell, 2007: 223) のように定義されることが多いが、日本、台湾や朝鮮半島など東アジアの漢字文化圏に属する国家では、「国語」という用語はしばしば特定の言語の名称としても使われている。例えば台湾において「国語」とは、1926 年に中国大陸を支配していた中華民国政府が「マンダリン」に基づいて制定した言語を指すもので、小中学校の教科としての「国語文」の教授言語を指すのが一般的である。本章では混乱を避けるため、このように国語が特定の言語の呼称となる場合、括弧つきの「国語」として表記する。

は、1900年前後に遡ることができる。帰化テストに類似の制度は、イギリス植民地であったナタール（Natal、現在の南アフリカ共和国の一部）で1897年に実施された（Mclean, 2004）。当時の帰化テストは特定の言語で実施されておらず、その内容は移民の読み書き能力を判断するものである。このような移民の読み書き能力を図るものとしての識字能力テストはその後、同じくアングロサクソン系移民国家（もしくは植民地）であるオーストラリア（1901年）、アメリカ（1917年）カナダ（1919年）に導入され、それに合格できない移民による帰化の申請は却下される。

　当時、上記の国家（植民地）が帰化プロセスにテストを加える目的はいうまでもなく、移民を制限することであった。例えばナタールによる帰化テストの実施目的は、インド人移民の移入を制限することである（Mclean, 2004）。またオーストラリアの帰化テストは「白豪政策[4]」を実現するための手段であり（Tate, 2009）、アメリカの帰化テストは、南ヨーロッパ及び東ヨーロッパ諸国出身の移民を排除しようとした当時のアメリカ人の心理の産物であった（Hoyt, 1916）。

　アメリカは1952年に移民と国籍法を修正し、移民によるアメリカの歴史に関する知識や政治の原理、政府の仕組みを測定するための帰化テストを移民による帰化の要件にしたが、帰化テストの実施は各州政府の権限で、内容や方式は統一されていなかった（Orgad, 2011）。またそれまで帰化テストを導入した国も少なかった。それでもなおオーストラリアは1958年に、前述した「白豪政策」の手段としての帰化テストを撤廃した（Martin, 1999）。

　現代の帰化テストのほとんどは、1980年代以降に導入されたものである。アメリカ移民帰化局（INS）が1986年に、初めて国家レベルの標準的な帰化テストを導入した。カナダ連邦政府も1995年に帰化テストを標準的な筆記試験として実施し始めた。Paquet（2012）によると、カナダ政府が標準的な帰化テストを導入した主な理由は、試験実施の効率化やそのコストの低減が可能になるからである。

　それまで帰化テストを実施した国家はまだ少なかった。2000年の時点で、

　4　オーストラリアの「白豪政策」とは、1901年から1973年まで実施していた、白人社会の同質性を維持するための非白人移民の差別政策を指すものである。

帰化テストの導入を決めた西ヨーロッパ国家はオランダだけである（Williams, 2014）[5]。しかしその後、イギリスは 2005 年、オーストリアとデンマークは 2006 年、ドイツは 2008 年にそれぞれオランダに追従して帰化テストの導入を決定した。2010 年の時点で、欧州共同体（EU）に加盟した国の中では、少なくとも 26 か国が帰化を希望する移民に一定レベル以上の国語能力を持つことを帰化の要件とし、17 か国が筆記試験または面接試験の帰化テストを実施している（Goodman, 2010）。さらにオーストラリアも 2007 年に帰化テストの実施を開始した。

2000 年以降、西ヨーロッパ諸国が相次いで帰化テストを導入した背景は、移民政策の方針転換であると考えられている。例えば、これまで、移民マイノリティの文化を尊重する態度を示したオランダは、西ヨーロッパでは最も早い 1998 年に成人移民を対象とする言語教育や歴史文化教育プログラムとしての「統合コース」（Inburgerings programma）を開始し、帰化テストを導入した国である（Entzinger, 2003; Michalowski, 2007）。オーストラリアの帰化テストも、1970 年代半ばから国是とされてきた多文化主義からの転向を示した動きとして考えられている（Park, 2008; Tate, 2009）。

西ヨーロッパ諸国にはこれまで、それぞれの移民政策の伝統があると見られている（ブルーベイカー、2005）。しかしこのような帰化テストの相次いだ導入は、西ヨーロッパ諸国が一斉に移民政策をより制限的な方向へ変更しているのではないかという見方がある（Joppke, 2007）。それでも各国の帰化テストの実施方式や質問の内容、合格率などの側面を検討すると、帰化テストの目的は制限的であると一括りにすることができないという主張も出ている（Michalowski, 2011）。また、フランスの中道右派サルコジ（Sarkozy）政権（任期は 2007～2012 年）が 2012 年 7 月に予定していた帰化テストの導入が、後任の社会党政権に破棄された事例を見ると[6]、帰化テストに関しての政策決定は各国の政治情勢にも左右されていることがわかった。

台湾の帰化テストは、西ヨーロッパ諸国とほぼ同時期の 2005 年に導入され

5　ただしその実施開始の時期は 2003 年である。

6　"France scraps citizenship test for naturalisation"（2012 年 10 月 18 日）Radio France Internationale（RFI）。

た。もちろん北東アジアの台湾は、これまでの欧米諸国と移民受け入れの背景を共有してはいない。台湾における帰化テストの政策形成過程やその政策内容を検討するため、次の節からはこれまで台湾における帰化（国籍取得）を概観し、帰化政策の推移を検討する。

7.3　台湾における帰化（国籍の取得）について

　この節では台湾における帰化、言い換えれば国籍の取得を1949年までの中国大陸統治期、1949年から1987年までの軍事統治期、1987年から2000年までの李登輝政権、2000年から2008年までの陳水扁政権、さらに2008年から2014年現在継続中の馬英九政権の5時期に分けて説明する。

7.3.1　中国大陸統治期（1912〜1949年）

　1945年10月25日から台湾の実効支配を開始した中華民国（台湾）政府が施行していた国籍法は、1929年に南京にある中華民国政府が採択したものである。その「国籍法」の前身は、1909年の清王朝時代に制定された「大清國籍條例」である。「大清國籍條例」は海外に移住する「華僑」が自国民であることを主張するため、中国人男性の子供であれば、自動的に中国籍に付与される父系血統主義の国籍法を設定した。この基調は、後に1929年に施行された中華民国「国籍法」にも継承された。

　この「大清國籍條例」には国籍の取得（当時では帰化ではなく、「入籍」といっていた）に関する内容が入れられたものの、この国籍条例の重点はいかに「国民」の範囲を拡大し、海外在住「華僑」または華人の国籍を保存させられるかということにある（陳、2005）。「大清國籍條例」では一般外国人（無国籍者を含む）による自国籍の取得を、中国国内で10年以上住所を有して自立できる財産や能力を持ち、かつ中国の国籍を取得すると自動的に本来の国籍が喪失する男性のみが申請できるようにしていた[7]。これで外国人による国籍取得に対して清王朝政府の態度は、「華僑」に対する国籍の付与の寛大さとは全く正反対

7　「大清國籍條例」第3条を参照。

であることがわかった。[8]

　1911年の辛亥革命によって樹立された中華民国に入ると、北京を拠点とした北洋政権（北京政府、1912～1928年）が1912年に一旦「国籍法」を制定したが、その内容はほぼ「大清國籍條例」を踏襲するものである。また蔣介石は袁世凱が樹立した北洋政権を倒した直後の1929年に、国民政府による最初の「国籍法」を発表した。1929年の「国籍法」には父系血統主義など、「大清國籍條例」に継承した部分が多い一方、「帰化」については規制の緩和が認められる。

　1929年の「国籍法」では一般帰化の要件を20歳以上で本国法によって行為能力を有し、また引き続き5年以上中国に住所を有し、素行が善良であり、本人が自らの技能または資産によって経済的に自立できることとしている。また同法では中国で住所を有する外国人は、親の1人または妻がかつて中国人であった場合などで、引き続き3年以上中国に住所を持つ場合で、帰化の申請ができることを規定している。1928年6月から戦争直前の1935年6月まで、1,832人が帰化によって中華民国の国籍を取得した（董、1943）。[9]

　なお国籍の喪失は政府の許可によることなど、「華僑」を含む自国民の二重国籍を容認する条項は残っている。中華民国政府は1946年1月に、この「国籍法」に基づいて1895年以降が「華僑」と見なされた台湾人の国籍を「回復」させ（許、1991；王、2005）、そのときから2000年までにも、台湾でこの1929年に施行された「国籍法」を実施してきていた。

7.3.2　軍事統治期（1949～1987年）

　この時期において、台湾では国籍や出入国に関する法制度の整備が滞っていた。1929年の「国籍法」について、台湾政府は国内外の情勢変容によって改正の必要があると認めていたが、戒厳令が解除された1987年まで国会に法案を提出していなかった。台湾政府が改正を望んだ重点課題は、法律における「中国」の文言を「中華民国」に変更することや、無国籍者による国籍取得、

8　台湾人の国籍をめぐって「大清國籍條例」と日本の「明治国籍法」との競合、また大日本帝国政府の国籍政策については遠藤（2009）などを参照。
9　また3,073人は帰化者の家族として国籍を取得した。

重国籍者による公務就任権と兵役履行の義務であった[10]。特に重国籍者による公務員就任権は、社会の関心を集めていた。

また1929年の「国籍法」によって中華民国（台湾）の国籍は父系血統によって無限に継承されていくことができ、国籍は政府の許可がない場合には失われることがないため、清王朝時代に海外に移住した「華僑」またはその後裔は台湾国籍を有すると推定されている。実際「華僑」は台湾の在外公館に華人のルーツを持つことを証明すれば、在外公館に「華僑」として認定されて台湾国籍を取得することができる[11]。

この時期において、台湾国籍を取得した「華僑」は台湾への上陸許可を受けると、台湾人の身元保証人がいれば、台湾での戸籍登録が許可される可能性が高いと考えられている（監察院、2011）。これで台湾は「華僑」の受け入れに積極的であるように見えたが、政権基盤の安定性を最も重要視している台湾政府による上陸許可は実際容易ではない。しかも台湾在住の親戚などがいないと、身元保証人が見つからない可能性も高いと考えられる。

7.3.3　李登輝政権（1987～2000年）

中台間における人的交流の再開、戒厳令の解除、香港・マカオの返還など、国内外情勢の大きな変化により、台湾は法制度の整備を迫られた。

台湾では1980年代後半から、1929年の中国大陸で制定された「国籍法」（以下「旧国籍法」とする）の改正を呼びかける声が強まっていた。その主な問題点とは、まず「旧国籍法」における自国のことを「中国」で表現した文言の修正、また父系血統主義の採用、二重国籍の対処などである。

長時間の議論を重ねて2000年に採択された修正「国籍法」では、20歳以上の外国人による帰化の要件を台湾で引き続き5年、かつ毎年183日以上住所を有し、素行が善良であって犯罪歴がない、本人が自らの技能または資産によって経済的に自立できる、または生活の基盤が安定していることとしている。帰

10　「内政部商討修改國籍法」（1969年06月15日）聯合報。
11　1952年に蔣介石総統（任期は1948年5月20日から1975年4月5日まで）は、このように華人のルーツを持つ者は1,200万人以上であると宣言した。この数は実際、当時の台湾総人口より多い（范、2005）。ただしそれには中国人（中華人民共和国の国民）は含まれない。

化希望者は台湾人の配偶者であり、または台湾人の子、台湾国内で生まれたなどの場合、台湾で引き続き3年、かつ毎年183日以上住所を有すれば、帰化を申請することができる。なお帰化を希望する外国人は、依然として原国籍を放棄しなければならない。また、それまで外国人による帰化申請は警察機関が審査していたが、2000年の改正「国籍法」が施行されると、帰化申請は戸籍事務所が審査するようになった。

　一方ですでに本書の第4章で説明したように、外国人（無国籍者を含む）のほか、「無戸籍国民」や「大陸地区人民」（中国人）、「香港・マカオ地区人民」（香港・マカオ人）の3つの移民のカテゴリーはこの時期に創出された。戒厳令がまだ敷かれていた1984年に公表された「國人入境及戸口管理聯繫作業要點」（「国民の入国及び戸籍管理についての共通規程」）の第6点では、「出入国管理局は国民を台湾での戸籍の有無によって明確に分ける」と規定していた。また1993年に施行された「國人入境短期停留長期居留及戸籍登記作業要點」（「国民の短期滞在、長期滞在及び戸籍登録規程」）では初めて「無国籍国民」という概念を創出し、台湾で「無国籍国民」が台湾人の直系尊属、配偶者または兄弟を持つ場合、または台湾の銀行に台湾ドル1,000万元以上の貯金を持つ場合には、「長期居留」（長期滞在）の許可を申請することができる。この「長期居留」は、永住権に相当する在留資格である。同規程では「無国籍国民」による「短期居留」から「長期居留」への変更は不可能とされており、1年以上の「長期居留」を経れば戸籍登録、つまり台湾人になることができると規定していた。

　1992年に施行された最初の「臺灣地區與大陸地區人民關係條例」（「台湾と中国の交流についての法律」）では、中国人による台湾での定住、戸籍（国籍）取得を厳しく制限していた。同法律は台湾で定住を申請できる中国人を台湾人の配偶者に限定し、台湾人の中国人配偶者は台湾で戸籍登録ができるのは、結婚4年後以降と規定していた。なお、中国人は台湾の「国籍法」の対象ではないものの、中国国籍を放棄しないと台湾で戸籍が登録できない。[12]

　「香港・マカオ人」は1997年の香港返還に対処するため創出されたカテゴ

12　ここでの中国国籍の喪失は、台湾における法令の文言では中国「戸籍」の喪失と表現されている。

リーである。それまで香港・マカオ人は基本的に無戸籍国民と見なされていた。1997年6月30日に発表された「香港澳門居民進入臺灣地區及居留定居許可辦法」では、直系尊属、配偶者、配偶者の親、兄弟が台湾人、または台湾の銀行で台湾ドル500万元以上の貯金を持ち、高度人材と見なされる場合で「長期居留」ができる。また台湾で引き続き1年以上の「長期居留」をすれば戸籍登録が可能になる。ただし香港・マカオ人は台湾で戸籍を登録しても、香港・マカオ人としての資格の放棄は求められていない。

この時期において台湾政府は、このようにそれぞれのカテゴリーの移民による台湾国籍の取得にあたって、複数の制度や基準を実施し始めている。

7.3.4 陳水扁政権（2000～2008年）

台湾史上最初の政権交代を遂げた陳水扁政権では、移民による国籍取得に関して要件の厳格化が見られた。

その動向は、まず「華僑」の構成要件の変更で見られる。それまで華人のルーツだけで台湾国籍を取得することができたが、2001年の法律改正により、「華僑」という身分は現在海外在住で台湾の戸籍を持つ国民（または彼らの子女）に限定されるようになっている。また2003年から、台湾人と結婚した中国人配偶者が台湾で「長期居留」を申請する要件は、結婚してから少なくとも6年以上、かつその間で引き続き4年以上台湾で住所を有する場合に限定される[13]。そして「長期居留」を許可されてから引き続き台湾で2年以上住所を有する場合、台湾戸籍（国籍）の取得が可能になる。そして2005年には帰化テストが実施された。

一方で外国人による永住権取得の要件は、陳水扁政権の終盤に緩和の動きが見られる。2007年末の移民法改正では、一般外国人の永住権申請は台湾に引き続き7年以上住所を有することが要件だったものが、5年に短縮された。しかし台湾人の外国人配偶者（中国人、香港・マカオ人を除く）による永住権取得は、台湾で引き続き10年以上住所を有することであり、変えられることはなかった。

---

13 ただし、夫婦間で子供が生まれる場合ではその期間が短縮できる。

つまり2007年まで、台湾在住の外国人は帰化申請の要件より厳しい永住権申請の要件に直面していた。また外国人の中で、中国人、香港・マカオ人を除く外国人配偶者による帰化の要件が一番容易である一方で、永住権の取得が一番困難であることがわかった。

7.3.5　馬英九政権（2008年から2016年まで予定）

　この時期において社会運動が活発になり、いくつかの移民による帰化または国籍取得の要件のいくつかが緩和された。これまで中国人配偶者は結婚してから満2年、または夫婦間に子供が生まれた場合だけ、台湾で一定の在留資格で滞在することができた。しかし2009年からこの制限が撤廃され、中国人配偶者は引き続き台湾で4年以上住所を有する場合、台湾で「長期居留」することができる。また引き続き2年以上住所を有する場合、台湾戸籍（国籍）を取得することができる。

　居住期間の要件だけでなく、そのほかの帰化または国籍取得の要件もこの時期において緩和された。そのうち最も注目されたのは、帰化または国籍取得に関する資産の要件である。前述した2000年「国籍法」では帰化の要件に居住期間のほか、「本人が自らの技能または資産によって経済的に自立できる、または生活の基盤が安定している」なども追加した。「自立できる」または「安定している」は何を意味しているかについて、台湾政府は2001年に「最近1年の平均月給は最低賃金の2倍、または所有する動産と不動産の価値は台湾ドル500万元を超えること」と定義した。[14] もし帰化を希望する外国人が台湾人の配偶者または子女であった場合、前述した平均月給または資産額は家族の収入や財産を入れて計上することができる。また外国人による永住権の申請に関しては2001年、中国人配偶者による戸籍（国籍）の申請は2004年に上記の資産要件に適用されている。

　しかし、このような「自立できる」、または「生活の基盤が安定している」

---

[14] 2001年2月まで台湾では帰化を希望する外国人を対象とする財産または収入を規定する法律または行政規則がないが、その基準は台湾ドル38万元以上の貯金（当時の月間最低賃金の2年分に相当）であるといわれていた。「申請歸化我國籍 有新規定　財力證明認定有變 還要附警察紀錄證明書 後天起實施」（2001年2月1日）聯合報。

と思われる基準は、帰化を希望する移民にとっては実現するのが相当に困難な目標となっている。台湾政府は 2008 年 11 月に外国人配偶者による永住権の申請、帰化の申請、さらに中国人配偶者による戸籍（国籍）の申請における平均月給を得る、または一定の財産を有するという要件を撤廃した。

また「国籍法」における帰化の要件に関して、近年でも国会の委員会審議で、「国籍法」における「素行が善良であり」の定義を明確化、「犯罪歴がない」の要件を「警察に刑事犯罪歴を登録されたことがない」、高度人材の帰化に対しては原国籍の放棄を求めないなどの条項が盛り込まれ、規制緩和の動きが見られる。

7.4 帰化テストの政策形成の過程

7.4.1 「基本的な言語能力」及び「国民の権利や義務に関する基本的な常識」について

2004 年 11 月、移民や国籍、戸籍業務を所管する政府の内政部は立法院（国会）に「国籍法」修正案を提出した。この修正案は、外国人の帰化に際して、台湾で話される言語の能力を有し、かつ台湾の国民たる権利と義務に関する常識を知る要件を追加するものであった。内政部によれば、外国人による帰化に関してこれらの要件を提出した理由とは、次の 3 点である。

まず、「アメリカ合衆国など多くの国の法律を参照すると、それらの国の法律のほとんどは『基本的な言語能力』を有することと、『国民としての権利義務についての規定』の理解を外国人の帰化要件としている」という点が挙げられる（立法院、2004）。

また、帰化を希望する外国人は少なくとも数年間は台湾で居住しているため、台湾の言語を理解できることが当然であると考えられる（立法院、2004）。

さらに、帰化テストの実施により、外国人に対しては台湾の言語学習への動

---

15 「越南媳婦 夫公公婆 相繼亡 攜幼女求生難　丁氏金翠沒身份、沒補助、沒固定工作 明年入籍 還совет有房產、有技能、有 40 萬存款」（2004 年 04 月 05 日）聯合報。

16 「移民法修正 具體規範 "品性不端" 高級專業人才 可免放棄原國籍就歸化我國籍」（2014 年 12 月 17 日）聯合晚報。

機づけを高め、外国人配偶者に対しては台湾政府が実施する成人移民への言語教育の受講意欲を押し上げることが可能になる（立法院、2004）。

　このため政府は、外国人の帰化、すなわち国籍取得の資格要件に、「基本語言能力」（「基本的な言語能力」）及び「國民權利義務基本常識」（「国民の権利や義務に関する基本的な常識」）という基準を設定し、帰化申請者の大多数を占める外国人配偶者の言語教育の受講率の向上を目指した。その結果、「基本的な言語能力」と「国民の権利や義務に関する基本的な常識」を備えるという要件も満たさなければならなくなった。

　「基本的な言語能力」と「国民の権利義務に関する基本的な常識」の両者について、台湾政府は「歸化取得我國國籍者基本語言能力及國民權利義務基本常識認定標準」（「帰化により国籍を取得する者のための基本的な言語能力と国民の権利義務に関する基本的な常識についての認定基準」、以下「基本の言語能力と一般常識の基準」とする）で次のように定義している。

　　「日常生活において他人と会話し、意思疎通を図る能力を有しており、
　　かつ社会における一般常識を持つこと」　　　　　　　　　（内政部、2005）

　このように定義された「基本の言語能力と一般常識の基準」を有すると見なされる移民は、台湾で正規の学校教育を1年以上受けた者、あるいは台湾政府が主催・委託運営する成人移民への言語講座、成人教育や生涯学習を一定時間以上受講した者、「歸化取得我國國籍者基本語言能力及國民權利義務基本常識測驗」（略称「歸化測試」、本書では「帰化テスト」と呼ぶ）に合格した者に限られる。

7.4.2　帰化テストの登場

　1899年に施行された日本の「明治国籍法」、または1929年の「旧国籍法」、2000年に改定された新しい「国籍法」のいずれにおいても、帰化の要件として外国人に一定の言語能力、または基本常識能力を求めていない。一方で台湾政府はなぜ2005年に帰化テストの実施に踏み切ったのだろうか。

　皇民化運動期の「国語常用運動」や戦後の国民政府が台湾で実施してきた

「国語」推進政策などを背景として、台湾社会で言語政策は最も複雑な課題の1つとなっている。1990年代までの外国人受け入れがまだ顕著ではなかった時代には、移民を対象とする言語政策を意識した者は非常に少なかった。しかし1990年代後半から、台湾社会ではブルーカラー外国人労働者をはじめとする移民が存在感をますます増大し、彼らがもたらした「言語問題」が重要視された。

1990年代の半ば頃、当時では20万人を超えた、異なる言語を持つブルーカラー外国人労働者によって生じた「社会安全上の問題」がすでに注目されていた（立法院、1996）。2000年以降は、ブルーカラー外国人労働者に代わって外国人配偶者の「言語問題」が社会の関心を集めた。2003年4月、与党・民進党の国会議員は帰化テストを導入する必要性について、質問書を提出した。それによれば、外国人配偶者は言語能力が不足しているため、社会に適応できず、子供の教育ができない。そして、このような外国人配偶者がもたらした社会問題を解決するには、帰化の際に言語テストの実施、あるいは国籍取得後の外国人配偶者に義務教育の受講を要求する必要性がある（立法院、2003a）。この質問に対して、政府は「次回の国籍法改正の参考に入れる」と答弁した（立法院、2003b）。そして約半年後、野党の国会議員が近似の質問をしたとき、政府の答弁は「現在まとめている国籍法改正案では、基本言語能力を有することを帰化の要件に入れる予定」となった。

2004年4月に台湾政府は改正「国籍法」に「基本の言語能力と一般常識の基準」を帰化の要件に組み込むことを決めた[17]。帰化テストも、その「基本の言語能力と一般常識の基準」の実施によって導入された。政府によると、この「基本の言語能力と一般常識の基準」を実施する目的は、外国人配偶者の育児能力を高め、社会参加を促進することである[18]。

帰化テストをめぐって、台湾社会には賛否両論があった。その反対意見は主に、台湾はアメリカ合衆国と異なり、永住権者と一般外国人との境界線が曖昧であり、一般外国人に対する永住権者の優越的地位が明確に保障されておらず、

---

17 「《新聞短波》外籍人士歸化 須具國台語能力」（2004年04月22日）中國時報。
18 「外國人入籍 須具語言能力」（2004年11月18日）中國時報。

永住権者の権利保障は不十分であることへの批判であった。そのため台湾在住の移民は永住権ではなく、台湾国籍を取得し、台湾人として暮らしていく必要がある一方で、帰化テストの実施によって移民の台湾国籍の取得が一層困難になることにほかならない（立法院、2005a；移民／移住人権修法聯盟、2005）[19]。また移民支援団体は、帰化テストのほか、移民は政府が主催・委託運営する成人移民への言語講座、成人教育を受講すると基本言語能力と一般常識を持つと見なされるものの、日々の生活に追われる移民にとって負担にもなると主張した（移民／移住人権修法聯盟、2005）。

移民支援団体の批判に対して、政府は終始、「アメリカ合衆国でも実施している」という論拠によって反論し、帰化テストの正当性を強調していた[20]。アメリカでは帰化テストを実施しているため、移民支援団体の立場は実際、帰化テストの実施は時期尚早であると主張するにとどまり、帰化テストの正当性を否定し、その導入に反対するものではない（移民／移住人権修法聯盟、2005）。

一方で国会審議の場に戻ると、与野党の国会議員は、基本的に帰化テストの実施に賛成していた。彼らは、教育レベルの低い外国人配偶者が帰化して台湾人になったことにより、台湾人の中で教育レベルの低い者が増えると考えていた。したがって、これらの教育レベルの低い外国人配偶者が台湾人になったために、台湾人全体の教育レベルは低く評価される恐れがある。また国会議員たちは、「後進国」からの移民は社会問題を引き起こしうるのだが、帰化テストの実施により、それらの問題を阻止できると考えた（立法院、2005b）。このようにして帰化テストの導入が決定された。

7.4.3　中国人移民をめぐって

台湾では帰化テストが「国籍法」（「國籍法」）の改正で導入されたが、「国籍法」は、中国人や香港・マカオ人による台湾国籍の取得を規定するものでは

---

[19] 2014年現在、台湾では一般外国人に対する永住権者の主な権利は、主に就労に関しての制限、例えば職種制限や健康検査結果の提出（雇い主経由の）就労許可の取得の条件などが免れられることである。永住権者は、生活保護（生活扶助）の受給対象者や厚生年金（労工退休金）と国民年金の被保険者になることはできない。

[20] 「政府修《國籍法》訂語言検定標準」（2004年11月18日）蘋果日報。

ない。彼らの国籍取得は、それぞれ「台湾と中国大陸間の人的交流に関する法律」(「臺灣地區與大陸地區人民關係條例」)と「香港・マカオ人による台湾での出入国及び滞在、定住に関する省令」(「香港澳門居民進入臺灣地區及居留定居許可辦法」)の規定に基づく。ただしこれらの法令は、「基本的な言語能力」と「国民の権利義務に関する基本的な常識」を台湾国籍取得の要件としていない。台湾政府は最初、「基本の言語能力と一般常識の基準」も中国人配偶者による戸籍(国籍)取得に関連する法令に導入すると検討していたが、その導入を断念した理由について明言を避けていた(立法院、2005b)[21]。

しかし、これは政府が中国人移民の移住を優遇することを表すものではない。むしろ台湾での中国人移民に対する規制は、ほかの移民より厳格に行われている。1993年、政府閣僚は国会で、次のような発言を行った。

> 「台湾人と中国人の結婚は法律で制限することはできません。しかし政府の政策方針として台湾人と中国人の結婚に賛同できないのです」
>
> (立法院、1993：141-142)

すなわち台湾にとって、中国人移民こそが最も排除すべき「他者」でもあるのだ。現在のところ、中国人、香港・マカオ人を除く外国人配偶者は、台湾に4年以上居住すれば、帰化の申請が可能になる。これに比べて、中国人配偶者は、2009年の法律改正案の成立まで、8年以上居住しなければ、台湾の戸籍と国籍を取得することができなかった。しかも定住には人数制限が設けられており、就労権などの公民権も近年まで厳しく制限されていた。2009年以降、中国出身の台湾人配偶者の国籍取得の要件は台湾に6年以上居住することとなり、これと同時に年間の定住許可者数や就労権などの制限も大幅に緩和された。しかし、彼らは、依然として中国以外の国出身の移民に比べて、台湾の法律によって多くの権利が制限され、公務員就任権、政党を組織する権利、被選挙権などの差別を受けている(監察院、2010)。

---

21 「歸化台灣 要考本國語、憲法　內政部修正國籍法 不具中文背景者須語言測驗 國語、閩南語、客語、原民語不拘」(2004年04月19日) 聯合報。

政府は中国人移民に対する差別的措置のために、これまで移民支援団体、そして政府内の監督機関から批判を受けてきた。それを是正するため、政府は2012年11月に、中国人配偶者の台湾国籍取得にあたっての居住期間要件を最短4年に短縮し、外国人配偶者のそれと一致させる法律の改正案を国会に提出した。また同法の改正案では、中国人配偶者及び台湾政府の許可を得て中長期滞在をする中国人移民の国籍取得に、「国民の権利義務に関する基本的な常識」を有することを要件として規定した（立法院、2012）。言い換えれば、政府は中国人移民を帰化テストの対象に入れようとしているのである。

　政府によると、中国人移民は台湾国籍を取得する前に、「近代市民社会の核心的理念に対する理解を深め、台湾の多元的民主主義に適応する」必要がある（立法院、2012：政21–政22）。そのため、彼らに「国民の権利義務に関する基本的な常識」を有することを要求している。政府の狙いは、国籍取得に関する中国人移民とそれ以外の外国人移民の処遇をできれば一致することで、反対派の理解を得ることである。しかし2014年現在のところ、この居住期間要件の緩和をめぐって与野党の立場は違うため、合意に至るまで少し時間がかかるようである。

7.5　帰化テストの実施方式と内容

7.5.1　台湾における帰化手続きについて

　下記の表7-1では、2014年現在、台湾の「国籍法」における移民による帰化の手続きを説明する。

表 7-1 台湾の「国籍法」における移民による帰化の手順

	流れ	提出先	審査機関	必要な書類
(1)	「準帰化證明」（「仮帰化証明」）を申請	各自治体の戸籍事務所	内政部	• 仮帰化申請書 • 有効期間中の外国人登録証明証 • 台湾で住所を有する期間を表す証明書 •「自らの技能または資産によって経済的に自立できる、または生活の基盤が安定していること」を証明できるもの •「基本の言語能力と一般常識の基準」を満たす証明書類（帰化テストの合格証明書、一定時間の成人教育講座を受講した証明書など） • そのほかの証明書類 • 証明書料金は台湾ドル 200 元
(2)	原国籍の放棄	自国の在外公館など		原国籍の放棄は、「仮帰化証明書」が渡された 2 年以内に行われなければならない。 仮に申請者に帰責できない理由で原国籍が放棄できない場合では原国籍の放棄を証明する書類の提出義務が免除される。
(3)	帰化の申請	各自治体の戸籍事務所	内政部	• 仮帰化申請書 • 有効期間中の外国人登録証明証 • 台湾で住所を有する期間を表す証明書 •「自らの技能または資産によって経済的に自立できる、または生活の基盤が安定していること」を証明できるもの •「基本の言語能力と一般常識の基準」を満たす証明書類 • 原国籍の喪失を証する書類 • そのほかの証明書類 • 証明書料金は台湾ドル 1,000 元

(4)	「台灣地區居留證」（「台湾在留証」）	移民署の各支署	・申請書 ・帰化許可証書 ・外国人登録証明証 ・証明書料金は台湾ドル1,000元
(5)	「臺灣地區定居證」（「台湾定住証」）を申請	移民署の各支署	（「台湾在留証」に渡された時点から引き続き1年以上台湾で住所を有する後） ・申請書 ・「台湾在留証」 ・直近3か月以内の健康検査合格証明 ・そのほかの証明書類 ・証明書料金は台湾ドル600元
(6)	戸籍登録	各自治体の戸籍事務所	・住民票 ・国民身分証申請料金は台湾ドル50元

出典：内政部（2014a）に基づいて作成した。

台湾における帰化手続きには、次のような特徴がある。

まず、最初の仮帰化から、戸籍登録までの帰化手続きは全部地方自治体の機関で行われる。しかし帰化申請を審査し、許可または拒否する最終的な権限を持つのは政府である。

また、帰化手続きには面談がなく、忠誠の宣誓もない。台湾では帰化の審査は、基本的に書類審査だけである。帰化手続きにおける忠誠の宣誓については、アメリカをはじめ、デンマーク、ドイツ、韓国を含む多くの国家が実施しているが、台湾は帰化申請者にそのような要請をしていない。

さらに、台湾では特殊な戸籍制度を実施しているため、帰化の許可を得る者はまず「無戸籍国民」となる。彼らは「無戸籍国民」になってから、「無戸籍国民」による戸籍登録ができる居住期間の要件を満たせば、戸籍登録が可能になる。つまり移民にとっての帰化許可は、台湾人になるための「中間成果」にすぎないともいえよう。

そして台湾の「国籍法」では帰化希望者に原国籍の放棄を求めているが、やむを得ずそれが放棄できない場合、原国籍を喪失しなくてもよいと規定している。これは、自国民による国籍の放棄を認めない国は台湾を国家として認めて

いないための措置であり、台湾国籍の取得を理由として自国民による国籍の放棄を認めない国出身の移民による重国籍の状態を実質上容認している[22]。

最後に、仮帰化から戸籍登録までの帰化手続きに必要な費用は、台湾ドル3,000元以下に抑えられている。そして帰化テストの受験をする場合、その受験料は、1回台湾ドル500元とされている。それに対してアメリカ合衆国の場合、帰化テストの受験費用を含む帰化手続きの費用は約680米ドルであり、これは台湾の帰化手続きに必要な費用の約10倍にあたる（US Citizenship and Immigration Services, 2014a）。

7.5.2　台湾の帰化テストの実施方式

台湾の帰化テストの実施方式と内容には、次のような特徴がある。

- **合格基準点について**

まず、外国人配偶者に異なる合格基準点を設けている点が挙げられる。2014年現在、帰化テストの合格点は下記の表7-2でまとめる。

表7-2によると、台湾の帰化テストは、台湾人の配偶者である受験者（または過去にそうであった場合）、または65歳以上の受験者などのための合格基準は、一般帰化者などそのほかの受験者より優遇されていることがわかった。

22　これは、いわゆる2000年「国籍法」の中の「日本条項」である。内政部中堅幹部の担当者のインタビューより、2011年2月17日、台湾台北市。また「歸化我國 可免放棄原國籍　立院趕工修法增列但書 戶政司長稱符合我國默認雙重國籍政策」（2000年01月17日）聯合報を参照。

表 7-2　台湾の帰化テストの合格点について（満点は 100 点）

	カテゴリー	合格点
(1)	一般の帰化申請者	70 点
(2)	親の 1 人が現に台湾国籍を有している。またはかつて台湾国籍を有し、現在離脱した者	60 点
(3)	国民の養子	
(4)	台湾で生まれた者	
(5)	現在は台湾人の配偶者	
(6)	親の 1 人が台湾で生まれ、自身も台湾で生まれた者	
(7)	台湾で引き続き 10 年以上住所を持つ者	
(8)	台湾人との婚姻関係が解消した後に、台湾人である未成年子女に親権を行使している者	
(9)	上記 (1)、(5) ～ (8) の要件を満たし、かつ年齢が満 65 歳以上の者	50 点
(10)	国民の未成年の実子、または養子	免除

出典：立法院（2014）に基づいて作成した。

• 合格率

　台湾の帰化テストの合格率は高いといえる。実施が本格化した 2006 年 6 月から 2014 年 12 月までの間で、帰化テストを受験した者は 20,243 人であり、合格率は 87.62％である（内政部戸政司、2015a）。2013 年の合格率は、過去最高の 94.25％であり、2014 年の合格率は 89.64％であった（内政部戸政司、2015a）。これは 2009 年 10 月から 2014 年 10 月までアメリカ合衆国の帰化テストの合格率の平均 91％に比べれば低い（US Citizenship and Immigration Services, 2014b）。しかしアメリカの帰化テストの合格率は世界中でも比較的高いといわれている（Joppke, 2013）。カナダの帰化テストの合格率は 80％以下であり（Beeby, 2010）、イギリスの帰化テストの場合では、2009 年度までの合格率は 70.9％、2011 年[23]

23　'British citizenship test: One in three immigrants fails'（2010 年 5 月 27 日）British Broadcasting

の合格率は73％である（Goodman, 2012）。さらにデンマークの帰化テストの場合では、2009年6月までの合格率は42.1％にすぎなかった（Ersbøll, 2010）。また台湾政府は、合格率を高めるため、全試験問題を収録した教材を配布するほか、インターネット上でも問題を公開している。さらに多くの地方政府は、受験希望者に無料の個別指導や模擬試験を実施している[24]。

• 免除条項

帰化テストの受験には免除条項がある。台湾政府は帰化テストに加えて、正規の学校教育や、政府の主催する、または運営を嘱託する成人移民への言語教育、あるいはそのほかの社会教育・生涯教育（生涯学習）講座での一定時間以上の受講も、「基本の言語能力と一般常識の基準」と定めている。2014年現在、一般の帰化申請者は前述した教育講座を200時間以上、台湾で生まれた者等は100時間以上、台湾人の配偶者、または台湾人との婚姻関係が解消した後に、台湾人である未成年子女に親権を行使している者は72時間以上受講すれば、この基準を満たしていると認定される[25]。

実際、帰化を希望する移民の中で、帰化テストの受験を選択した者は少ない。2007年から8年間で、帰化により国籍を取得したのは62,410人である（内政部戸政司、2015b）。それに対して帰化テストに合格したのは14,764人にすぎなかった（内政部戸政司、2015a）。つまりその時期において、帰化により台湾国籍を取得した移民の中で、帰化テストの受験を選択したのはその23.66％にすぎないということになる。

• 面接試験と筆記試験の二者択一

言語能力テストを行わないことも台湾の帰化テストの特色となっている。台湾の帰化テストは、移民の「基本的な言語能力」と「国民の権利義務に関する基本的な常識」の有無を確認する。しかし台湾の帰化テストには言語能力テス

Corporation（BBC）。

[24] 例えば内陸部の南投（名間郷戸政事務所、2013）、南部の高雄（岡山區戸政事務所、2012）などがこのようなサービスを提供している。

[25] 一般の帰化申請者であって満65歳以上の場合、その基準も72時間である。

トがなく、一般常識テストだけが行われている。この一般常識テストは、筆記試験または口頭試験のいずれか1つを受験すればよいとされている。帰化テストの試験時間は30分である。筆記試験（2～4者択一式）と口頭試験（問答式）のいずれを選択しても問題数は20問である。

　正答が決まっている筆記試験より、口頭試験の採点は面接官の裁量による部分が多い。面接官は受験者の言語能力を判断し、試験問題をわかりやすく説明することができる。また採点について、例えば「現任総統は誰か」という質問の場合、総統の名前がわからなくても、総統の愛称などがわかれば正解と見なされる可能性がある[26]。

　これに対して、アメリカ合衆国の帰化テストは、英語のリスニング、ライティングそしてスピーキング能力を測定する英語能力テスト、及びアメリカの歴史・政治制度・文化の理解度を測定する公民知識テスト（Civics Test）の二部より構成されており、筆記試験と口頭試験の両者が行われている。

● 対象言語

　さらに、台湾の帰化テストは複数の言語をテストの対象言語としている。実質上の国語としての「華語」（マンダリンのこと、「国語」の別名の1つ）だけでなく、いまだ公用語として認められていない「閩南語」「客家語」や先住民族の28言語も含む。口頭試験では、受験者は先住民族の諸言語やその変種のほか、「客家語」の中で政府が公式に認める言語変種の「四県腔」（四県弁）、「海陸腔」（海陸弁）などで受験することもできる。筆記試験の対象は華語のみであるものの、口頭試験を選択した受験者は、これら言語の中から1つの試験言語を指定することができる。

　これに対して、アメリカ合衆国では英語が連邦の公用語でないにもかかわらず、英語を帰化テストの唯一の試験言語と規定している。また多文化主義を国是としているオーストラリアでも、国語である英語を帰化テストの唯一の試験言語としている。イギリスの帰化テストは英語やウェールズ語、スコットランド・ゲール語で受験することができるが、それはイギリスが連合王国であり、

26　「試題難易不一 戸政員寛鬆給分」（2006年01月10日）中國時報。

イングランド、スコットランド、ウェールズ、北アイルランドから構成されることが理由として挙げられる。

- **受験費用と再試験**

　台湾の帰化テストは受験費用が安く、しかも再試験の制限がないことも特色であろう。1回の受験費用を台湾ドル500元としている。これに対して、イギリスの帰化テストの受験費用は50ポンド[27]であり、オランダの帰化テストの受験費用は230ユーロである。[28]

　また、台湾の帰化テストで不合格判定を受けた受験者は、いつでも再受験することができる。これに対してアメリカ合衆国の帰化テストは再受験の回数を1回にとどめており、アメリカ合衆国への帰化を希望する者は2回目の帰化テスト受験に合格しなければ、その後は帰化を申請することはできない。

7.5.3　帰化テストの試験問題

　2006年の導入から2014年現在まで、台湾政府は帰化テストの試験問題について、少なくとも7回以上の改定を行っていた。その試験問題の入れ替わりがある一方、出題範囲はほぼ固定している。下記の表7-3と表7-4では、2006年に公表された最初の試験問題と2014年版の試験問題の概要をまとめている。

27　2015年2月28日現在台湾ドル2,425元に相当。
28　2015年2月28日現在台湾ドル8,110元に相当。

表7-3 台湾の帰化テストの出題範囲（2006年版と2014年版の比較）

カテゴリー	2006年版 問題数	2006年版 問題例	2014年版 問題数	2014年版 問題例
政府の構造	15	下記の機関の中で、地方公共団体はどれですか。（1）行政院（2）直轄市（3）内政部	15	第7回総選挙から立法委員（国会議員）の任期は何年に変わりますか。（1）3年（2）4年（3）5年
国旗	3	わが国の国旗の制式は何ですか。（1）赤地、左上は青天白日（2）星条旗（3）赤、青、白の縞模様で構成される旗	2	2006年版と同じ。
参政権	7	下記の国民の参政権の中で「事」に対しての投票はどれですか。（1）罷免権（2）選挙権（3）直接請求権	6	帰化して戸籍を登録して（国民身分証を入手）から何か月間後、地方自治体の首長選挙に投票できますか。（1）4か月（2）6か月（3）10か月
地理	5	台湾は台湾本島のほかに、どの五大離島がありますか。（1）金門、亀山島、小琉球、蘭嶼、緑島（2）金門、澎湖、小琉球、蘭嶼、緑島（3）金門、澎湖、蘭嶼、馬祖、緑島	8	最も早く台湾という土地で定住を始めたのは下記の誰ですか。（1）スペイン人（2）先住民（3）日本人
習俗と祭祝日	10	月餅や柚子を食べるのはどの祭祝日の習俗ですか。（1）端午の節句（2）清明の日（3）中秋の日	11	ランタンを見たり、謎掛けをしたり、団子を食べたりするのはどの祭祝日の習俗ですか。（1）端午の節句（2）清明の日（3）元宵節

一般法律	15	選挙や投票所へ投票しに行く際、候補者からのプレゼントまたは「走路工錢」(閩南語の移動費の意味、つまり買収金)を受け取ることができますか。(1) はい (2) いいえ	15	どの法律は娘も息子も遺産の相続権を持つと規定していますか。(1) 民法 (2) 憲法 (3) 刑法
教育	10	児童と少年の福祉に関する法律により、親は何歳以下の子供を1人で留守番をさせてはいけませんか。(1) 18歳 (2) 10歳 (3) 6歳	11	どのような学校の学生は教育ローンの申請が可能ですか。(1) 高校や高等専門学校 (2) 大学や大学院 (3) 上記のすべてがあてはまる
租税と金融	10	毎年所得税の納付期限の提出期間はいつですか。(1) 翌年の2月15日から3月15日まで (2) 翌年の3月1日から3月31日 (3) 翌年の5月1日から5月31日	9	下記の誰に贈与する財産は、金額を問わず、贈与税が全額免除されますか。(1) 両親 (2) 子女 (3) 兄弟姉妹 (4) 配偶者
兵役	5	男子の兵役義務には「常備役」と「予備役」以外に何がありますか。(1) 民兵役 (2) 義務役 (3) 代替役	5	帰化した徴兵年齢期(19〜36歳)の男性は戸籍を初めて登録した日の翌日から満何年で兵役義務が発生しますか。(1) 1年 (2) 2年 (3) 3年
防災	8	何歳未満の子供は空へ放つタイプ、飛ぶタイプ、または爆音を発するタイプの爆竹を使用してはいけませんか。(1) 10歳 (2) 11歳 (3) 12歳	7	もし災害や事故に遭ったとき、または道沿いに病人が倒れていたり、妊婦に出産の兆候が出たりするのを見つけた場合、下記のどちらの電話番号に支援を要請しますか。(1) 110番 (2) 105番 (3) 113番
交通安全	15	運転中の車の中で運転席と助手席に座る乗客が安全ベルト着用義務に違反する場合の罰金金額はいくらですか。(1) なし (2) 1,500元 (3) 500元	14	国内線の飛行機に搭乗する際にも航空保安検査を受けますか。(1) はい (2) いいえ

環境保護	7	強制的ゴミ分別収集制度では、ゴミをどの3種類に分けていますか。(1) 資源化可能ゴミ、食べ残し、一般ゴミ (2) 古着、電池、ゴミ (3) 家具、ポリスチレン、一般ゴミ	8	バイクは製造日から何年以降になると、毎年に何回の排気ガス検査を受けなければなりませんか。(1) 1回 (2) 2回 (3) 3回
ビザと旅券	7	一般旅券の有効期限は何年ですか。(1) 10年 (2) 8年 (3) 6年	3	台湾への入国ビザを申請するには、外国旅券の有効期間の残りは何か月間以上が必要とされていますか。(1) 2か月 (2) 4か月 (3) 6か月
外国人としての滞在	6	外国人登録証は期限の何日前に更新手続きをしなければなりません。(1) 60日 (2) 15日 (3) 1日	9	外国人登録証または永住資格証明証を紛失した場合、再発行の申請は下記のどの機関で行いますか。(1) 保健センター (2) 居住地の移民署の分署 (3) 戸籍事務所
帰化	8	帰化でわが国の国民になると、すぐ戸籍事務所で国民身分証の申請を行うことができますか。(1) はい (2) いいえ	19	「仮帰化証明書」の目的は何ですか。(1) 何もない (2) 外国人に原国籍国に国籍の放棄を申請するためのみ (3) すでに帰化して国籍を取得した証明
健康保険と医療	12	外国人登録を済ませた無職の外国人は、何か月間以上の滞在をすると、国民健康保険に加入しなければなりませんか。(1) 4か月間 (2) 6か月間 (3) 7か月間	12	エンテロウイルスの予防法として、一番推奨されているのは下記の中のどれですか。(1) よく手を洗う (2) よく運動する (3) 十分な睡眠をとる

就労	15	現在台湾の毎月最低賃金は台湾ドル何元ですか。(1) 13840元 (2) 14840元 (3) 15840元（いずれも当時の状況である）	15	就職したい、または職業訓練を受けたい場合、下記のどちらに問い合わせするのがいいですか。(1) 行政院衛生署（当時）または直轄市、県（市）政府の衛生局 (2) 行政院環境保護署、または直轄市、県（市）政府の環境保護局 (3) 行政院労働者委員会（当時）または直轄市、県（市）政府の労働局、社会福祉局
家庭内暴力防止	3	家庭内暴力事件が起こると、下記のどこに保護命令の申し立てを提出できますか。(1) 保健センター (2) 役所 (3) 裁判所	5	家庭内暴力事件が起こると、下記のどの機関は貴方のために裁判所に保護命令の申し立てを行ってもらえますか。(1) 直轄市、県（市）政府の家庭内暴力及び性的暴行防止センター (2) 直轄市、県（市）政府の警察署、交番 (3) 上記のすべてがあてはまる
福祉サービス	6	老齢手当は下記のどちらに申請しますか。(1) 戸籍登録地の警察署 (2) 戸籍登録地の役所 (3) 戸籍登録地の戸籍事務所	19	農民健康保険に加入している場合、農閑期でも労働保険に参加することができますか。(1) はい、無条件に加入することができます (2) はい、しかし労働保険に加入できるのは年間180日まで (3) いいえ
戸籍	8	帰化をして「台湾定住証」を入手すると、何日以内に戸籍の登録をしなければなりませんか。(1) 30日 (2) 60日 (3) 90日	22	出生届を出す際、新生児の姓はどのように決定されますか。(1) 父の姓に従う (2) 母の姓に従う (3) 両親が念書を交わして決める

先住民	7	中部、北部の山、埔里から花蓮を一直線に結んだ線より北の地域に居住しており、最も重要な祭は「祖霊祭」であり、歌舞は「口簧琴」(ルブゥ、楽器名)や「口簧琴舞」で構成される民族は下記のどれですか。(1) アミ族 (2) タイヤル族 (3) ルカイ族	なし	「地理」に編入
不動産登記	3	土地取引が成立すると、何か月以内に固定資産事務所で所有権移転登録をしなければなりません。(1) 1か月 (2) 2か月 (3) 3か月	3	被相続人が死亡した場合、相続人は被相続人が死亡した日から何か月以内に固定資産事務所で相続登記をしなければいけませんか。(1) 6か月 (2) 9か月 (3) 12か月
消費者保護	6	消費者からの苦情を受けると、小売業者は何日以内に対応しなければなりませんか。(1) 30日 (2) 15日 (3) 5日	6	通信販売(例えばテレビのショッピングチャンネル)または訪問販売(例えば街中のセールス)から買った商品は、商品が届いてから何日間以内であれば、無条件に返品ができ、費用もかかりませんか。(1) 5日 (2) 7日 (3) 10日
日常生活	10	何歳に達するまで、愛玩動物を飼育してはなりませんか。(1) 14歳 (2) 15歳 (3) 16歳	7	家族が行方不明になったら、下記のどの機関に支援を求めることができますか。(1) 戸籍機関 (2) 衛生機関 (3) 警察機関
出題される可能性のある問題数	200		231	

出典：内政部(2006；2014b)に基づいて作成した。

2006年の初版帰化テストに比べて、2014年版は出題範囲を維持しながら、出題される可能性のある問題の数を15％程度増やした。また、難しいと批判された2006年の初版帰化テスト[29]の中で、例えば「今まで政府が認める先住民の民族数とはいくつありますか」「愛玩動物を飼育する者は、その動物の生後何か月以内に、居住地の県（市）の行政庁、もしくはその委任を受けた事業者に飼育の登録をしなければなりませんか」「適齢期の未婚男女が正しい結婚観を身に付けるよう、県（市）政府（都道府県庁・政令指定都市役所に相当）は結婚前家庭教育を何時間以上提供していますか」などの問題は、すでに2006年7月に出題範囲から削除された[30]。

　比較すると、2014年版の帰化テストの問題には「国旗」「参政権」「先住民」「日常生活」「ビザと旅券」などのカテゴリーで2006年の初版より、出題される可能性のある問題の数が減少した一方、「帰化」「福祉サービス」「戸籍」「外国人としての滞在」などのカテゴリーでは大幅な増加を見せる。その理由はいうまでもなく、「福祉サービス」などの分野に関する知識は、これからも台湾で定住していく可能性が高い帰化申請者にとって「ビザと旅券」より必要性が高いと考えられるからである。移民は帰化で台湾国籍を取得すると、外国人として台湾への入国ビザを申請する必要はもうなくなるのである。

　台湾政府は、いつも帰化テストの発案についてアメリカをモデルとしたと公言している。しかしその出題範囲を考えると、むしろ同様に2005年に導入が決定された、同様に社会生活に関する知識を主な出題範囲とするイギリスの帰化テスト "Life in the UK"（「イギリス生活に関する知識のテスト」）のスタイルが近似しているといえる。しかし、これだけでは "Life in the UK" は台湾の帰化テストのモデルの1つであるともいえない。

　"Life in the UK" は24問の多岐選択式の問題で構成されている。受験者は45分間以内で24問の中の18問に正答すると合格になる。その出題範囲は、イギリスの祝祭日、一般法律、地理、政府の構造、民主政治の制度、公共サービス

29　「外籍歸化考題 中外都叫難　死背題庫 36 人過關 胡志強等官員 一問三不知」（2006 年 04 月 13 日）聯合報。

30　「垃圾分類、郵購退貨 題目生活化 新版歸化國籍題庫 不難」（2006 年 12 月 26 日）中國時報。

など多岐にわたったものである（Michalowski, 2011; Paquet, 2012）。またイギリス政府は2013年4月から、これまで試験の教材に入っているものの、出題範囲とされていなかったイギリスの歴史、文化、伝統そして歴史上の人物に関する知識を出題範囲に入れると発表した。ハーパー移民相（Mark Harper、当時）は、今回の出題範囲の改定は「イギリスの根本をなす価値と理念」に焦点を置いており、移民によるさらなる社会参加を促すことができると述べた[31][32]。

しかし台湾の帰化テストは、イギリスの"Life in the UK"に比べて下記の特徴がある。まずは位置づけが違うことが挙げられる。台湾の帰化テストは、移民が台湾国籍を取得するために受験する試験であるのに対し、"Life in the UK"は移民がイギリスの永住権を取得するために受験する試験である。もし、移民が台湾の帰化テストに合格できなくても、それは台湾での定住資格に直接的な影響を及ぼすことはない。しかし移民が"Life in the UK"に合格できなければ、永住権の取得が不可能になり、在留資格の有効期限が切れると出国を余儀なくされる。

また台湾の帰化テストは、"Life in the UK"に比べて難易度が低い。一般帰化申請者の場合、台湾の帰化テストの合格点は70点であるのに対し、"Life in the UK"の合格点は75点である。そして台湾政府は出題可能の問題を公開し、無料で配布しているが、イギリス政府は"Life in the UK"の問題を直接に公表しておらず、教材を有料で販売している。

さらに台湾の帰化テストは、台湾の歴史、文化に関する問題をほとんど含んでいない。そのため、内容は公共サービスや日常生活に関する常識に偏っており、台湾の帰化テストは、「台湾の根本をなす価値と理念」を移民に理解させられるものではないといえる。この点において台湾の帰化テストはイギリスだけでなく、アメリカ、オーストラリア、オランダなどの、国家の根本価値や理念を重視する帰化テストと異なっている（Joppke, 2013; Orgad, 2011）。

---

31 "British culture and history at heart of new Life in the UK test - News stories-"（2013年1月27日）GOV. UK。

32 "New UK citizenship test revealed"（2013年1月28日）British Broadcasting Corporation, BBC。

7.6 帰化テストについて

7.6.1 「言語能力」という問題

　台湾政府が、帰化テストを導入する最も重要な目的は、外国人配偶者の言語教育の受講状況を改善させることであるとしている。しかし、移民の中で人数が一番多いのは、ブルーカラー外国人労働者である。2014 年 11 月現在、中国人と香港・マカオ人を除いて、外国人配偶者は実は、外国人登録者数の 8.11％にすぎない（内政部入出國及移民署、2014a）。では、帰化テスト政策が、台湾で最長 12 年間働くことができるブルーカラー外国人労働者などそのほかの外国人を実質上の対象と定めないのは、外国人配偶者以外の外国人には「言語能力」という問題がないと認めているためだろうか。

　これまで、移民の言語権は、移民自らの属していると思う出身集団の言語を学習し、使用する権利だけでなく、移住先で広く使用される言語、つまり公用語または国語を学習し、使用する権利も含むと考えられてきた（木村、2006）。後者の権利は、民主主義国家において幸福追求権や、教育権などの基本的人権に基づいて保障されるべきだと考えられている（佐藤、2007）。もし外国人配偶者に移住先の国語の運用能力不足という問題があり、それを理由に国家が外国人配偶者のための言語教育を実施するのであれば、なぜ彼らだけを成人移民への言語教育政策の対象とするのだろうか。[33]

　2014 年 11 月の統計を見ると、台湾でのブルーカラー外国人労働者数は 531,283 人であり、中国人と香港・マカオ人を除く外国人登録者数の 84.33％を占めている（内政部入出國及移民署、2014b）。しかし長期間にわたって台湾における成人移民への言語教育政策に関わっている官僚は、台湾で長期間滞在することができるブルーカラー外国人労働者には言語学習の動機が乏しく、しかも彼らの帰化は法律による制限を受けているため、彼らを成人移民への言語教育政策の枠組みに入れる必要はないと発言している。[34] ブルーカラー外国人労働者

---

[33] これについては本書の第 6 章を参照。
[34] 教育部の上級幹部のインタビューより、2011 年 2 月 11 日、台湾台北市。

の言語教育について政府が公表した唯一の法令としての、1994年の「加強外籍勞工管理及輔導措施」(「ブルーカラー外国人労働者の管理や支援を強化するための措置」)には、「わが国民とのコミュニケーション能力を高めるため、ブルーカラー外国人労働者への言語教育を強化」という文言が入っているものの、ほとんど実施していない。また、学生時代から社会運動に強い関心を持ち、後に馬英九政権の閣僚になった与党の国会議員は筆者に対して、ブルーカラー外国人労働者の「言語問題」は雇用主、または人材紹介業者の責任であり、政府の責任ではないと述べている[35]。

それでは、帰化による国籍の取得が制限されていないホワイトカラー外国人労働者、そして一定金額以上の事業投資により、永住権の取得が認められる投資移民の場合はどうなるだろうか。2003年からの10年間で、帰化によって台湾国籍を取得した移民の中で、中国人、香港・マカオ人を除く外国人配偶者の割合は98.42％である（内政部戸政司、2013a：2013b）。官僚によれば、ホワイトカラー外国人労働者と投資移民の多くは、帰化よりも、言語能力を要件としない永住権の取得を選択する[36]。しかも政府は、彼らを言語教育政策の対象として考えておらず、彼らの言語教育の受講は重要視されていない（監察院、2007）[37]。つまり、政府は、移民には言語能力不足の問題があると宣言する一方で、政府当局にとってこの「移民」とは、一部の外国人配偶者に限定されたものなのである。そこで日頃は工場（ヘルパーの場合は雇い主の家）で集中管理を受け、次世代の台湾人の「母」にならない（はず）のブルーカラー外国人労働者は、成人移民への言語教育の対象に含まないという政策の方向性も理解できるのだ

35　ある与党国会議員のインタビューより、2011年2月17日、台湾台北市。
36　内政部入出國及移民署の中堅幹部のインタビューより、2011年2月17日、台湾台北市。なお、「入出國及移民法」により、20歳以上の外国人（中国人、香港・マカオ人を除く）が台湾の永住権を取得する際の主な要件は次のようである。まず、台湾でホワイトカラー外国人労働者として5年以上居住し、あるいは台湾人の外国人配偶者、実子として台湾で10年以上居住することである。また、品行方正であること、自立できる財産または技能を持つこと、さらに台湾の国益に合致すると考えられることなどがある。外国人配偶者は4年以上居住すれば、台湾に帰化することが可能になるが、10年以上居住しなければ、永住権を取得することができない。すなわち外国人配偶者にとって、永住権の取得は非常に困難なことである。
37　内政部中堅幹部のインタビューより、2011年2月17日、台湾台北市。

（内政部、2003）。

　一方で台湾における帰化テストの機能は何か。政府で帰化に関する業務を所管する部門の幹部は、帰化テストと成人移民への言語教育を実施する意図を次のように証言する。

> 「私たちの本意は、（外国人配偶者が）教室に行くことにあります。外国人配偶者、例えばベトナムからの花嫁は台湾に嫁いでくると、ほとんど家庭に束縛されます。（中略）（家庭を）離れることで、彼女たちは（教室で）誰に出会えるでしょうか。それは、彼女たちと同様に、故郷を後にした外国人配偶者です。（中略）教室での学習状況はともかく、私たちは（帰化の要件としての）時間数だけを見ていますから。（中略）料理や運転免許（の授業）なども（帰化の要件として）認めますよ。私たちは彼女たちが……台湾に来てから中国語（「国語」の別名の１つ）、台湾語（「閩南語」の別名の１つ）を話す人（外国人配偶者と同居する台湾人家族のことを指す）ばかりと一緒にいて欲しくないですね。しばらく同じ出身地の人と喋って、『ね、貴方の故郷の誰さんはいつになったら来るの』とか、もしかしてそれは彼女たちが台湾でもっと落ちついた暮しをしていくための機会となるでしょう。私たちはこれを最も望ましいと考えているのです」[38]
>
> （傍点は本書の著者による）

　この証言から、政府は帰化テストを外国人配偶者の言語能力の向上のために実施するというよりも、社会秩序の維持を目的として実施していることがわかる。政府は移民に言語習得ではなく、料理や運転免許、親子活動などの講座を含む成人教育、生涯学習講座を受講した時間数だけを帰化の要件としているのである。中国人、香港・マカオ人を含まない外国人配偶者は前述した講座を72時間以上受講すれば、「基本の言語能力と一般常識の基準」を満たすことができる。また一般帰化申請者のための基準、200時間の受講も、ドイツ、オランダをはじめとするヨーロッパ諸国による400〜900時間以上の基準に比べて

---

[38] 内政部中堅幹部の担当者のインタビューより、2011年2月17日、台湾台北市。

やや少ないことがわかった（Oers, Ersbøll, Kostakopoulou, 2010）。

また国会議員や研究者からの批判を受けても（立法院、2010；2013）、政府は、成人移民への言語教育向けのカリキュラムや教材を意図的に指定することなく、「国籍法」における「基本的な言語能力」と「国民の権利義務に関する基本的な常識」の定義を明確にする必要性も否定している[39]。また、第2言語の学習者向けに「華語文能力測験」（TOCFL）[40]及びその関連教材がすでに政府によって開発され、応用されているにもかかわらず、政府当局はそれを学習成果評価基準として成人移民への言語教育に学習成果の評価の手段として導入するならば、逆に移民の受講意欲は低下すると考えている。したがって、今後は有権者からの強い要請がない限り、いかなる形であっても、永住権帰化要件の厳格化や言語能力検定など成果評価制度の導入などの政策方針の変更は「不可能」であると断言している[41]。つまり台湾政府は今のところ、イギリス、ドイツなどが「ヨーロッパ共通言語参照枠」（Common European Framework of Reference for Languages, CEFR）に掲げられた言語能力の評価基準を移民の永住権取得や帰化の要件にしたことを模して、「基本の言語能力と一般常識の基準」の内容をさらに明確にすることは全く考えていない。

なぜ移民受け入れ国は、外国人配偶者、そして家族呼び寄せ移民の国語能力だけを問題視しているのだろうか。そのほかの移民の国語能力は問題ではないのだろうか。あるいは彼らにとって移住先の国語能力は必要ではないのだろうか。2006年から2014年まで、帰化テストにおける外国人配偶者の合格率は88％であるのに比べて、国語能力の問題があると考えられていないホワイトカラー労働者などの合格率は78％にとどまっている（内政部戸政司、2015a）。しかも中国人配偶者は、国語能力の不足する者として成人移民への言語教育の実施対象とされており[42]、これからは確実に帰化テストの対象とされるのである。

39　内政部中堅幹部の担当者のインタビューより、2011年2月17日、台湾台北市。また内政部（2010）を参照。

40　「華語文能力測驗」（TOCFL）は、台湾政府が2001年に開発した中国語能力試験である。

41　教育部上級幹部の担当者のインタビューより、2011年2月11日、台湾台北市。

42　内政部中堅幹部のインタビューより、2011年2月17日、台湾台北市。

7.6.2　帰化テストと移民政策

ヨーロッパ諸国をはじめとした帰化テストの普及を受け、帰化テストの導入が各国の移民政策の方向性をどのように規定するかは注目を集めている。Park（2008: 1002）は、帰化テストとは「国籍」の概念を定義するものであり、帰化テストの実施方式や出題内容は何が国民が共有すべき価値観であり、国民になると何が得られるか、失われるか、誰が包容され、誰が排除されるかを決めるものと主張した。

また多くの国の帰化テストは、移民に国語の運用能力を要求するとともに、受け入れ国の歴史や文化に関する知識も評価する。Joppke（2008）と Orgad（2010）は、近年導入されたヨーロッパ諸国の帰化テストが受け入れ国の歴史や文化に関する知識を問うことから、この制度の導入は、欧米以外の地域からの移民、特にムスリムを排除する意図があると批判している。

一方で Hansen（2010）は、帰化テストは国籍自体の価値を高め、帰化の手続きを明確にする機能を持つと述べた。また Turner（2014）は、移民による社会参加を促す面では、帰化テストは「受け入れ」の装置であると主張した。今のところ移民政策における帰化テストの役割をめぐっては賛否両論が続いている。

20世紀初頭にアングロサクソン系移民国家における初期の帰化テストは確かに、特定のルーツを持つ移民を排除するために創出されたものである。そして21世紀初頭になってヨーロッパ諸国における帰化テストの導入ラッシュは、福祉国家の退行やイスラム世界との政治的・宗教的な絡みと無関係ではない（Joppke, 2007; 2013; Leeuw, 2012）。この意味では、移民の排除は帰化テストの目的の1つであるといえる（Orgad, 2011）。しかし Joppke（2007）は、帰化テストの性格はその形式だけでなく、内容で判断すべきだとしている。内容によって帰化テストは、移民に圧力をかける道具である一方、移民の経済的な自立または社会参加を促進する手段ともなる。

では台湾の帰化テストは移民の排除につながる道具なのだろうか。すでに説明したように、台湾にとって2005年頃までは、これまで体験したことがないほどに急増した移民をめぐってその対応を探っていた時期であった。また対中関係という要因もあるため、当時の陳水扁政権は移民の受け入れをどちらかというと制限する方向へ導いていた。帰化テストの導入も、その流れの一部であ

る。もちろん、陳水扁政権の移民政策は、ある程度当時の世論を反映したものでもある。蕭（2005：236–237）が複数の戸籍事務所の職員を対象としたインタビューで、移民の帰化をより限定的に審査すべきだという声が上がっていたことがわかった。また 2007 年 10 月に行われた世論調査では、47％の台湾人は外国人配偶者（中国人、香港・マカオ人を含まない）がもたらした影響が「良くない」と感じているという結果が出た。これはつまり 5 割近くの台湾人は中国人配偶者の入国検査をより厳格に行うべきと考えることに等しい。[43]

　しかし台湾の帰化テストの制度や出題範囲を見ると、それ自体が制限的であるとは考えにくい。まず台湾で最も論争を呼んでいる移民グループである中国人配偶者は今まで、帰化テストの対象とされていないことが挙げられる。また帰化テストには免除条項があり、移民は 200 時間（または 72 時間）の成人教育の講座を受講すれば、帰化テストの受験義務は不要になる。さらに、移民が受講できる成人教育講座は、言語教育の講座に限定されず、他分野の講座であってもよいのである。そして帰化テストの再試験はいつでも可能であり、必要があれば、無料の試験前補習授業に加えて、在宅試験などのサービスが提供されている（臺南市政府、2012）。

　出題範囲から見ると、台湾の歴史、文化、宗教に関する設問はほとんどない。例えば国旗に関する問題があるといっても（表 7-3 参照）、それは中華民国の建国に関する物語を移民に教え込むものでなく、国旗の模様を判断できるかを測るものである。文化に関する質問も、主要な祝祭日の特徴に限られている。このことから、台湾の帰化テストが排除的であるということはできず、Joppke (2007: 1) が考えたような「リベラルな目標を追求した偏狭な (illiberal) 手段」に近いものであろう。

7.6.3　帰化テスト、そして揺れる「国語」

では、外国人配偶者による成人移民への言語教育の受講状況を向上させるなど公表された目的のほか、台湾の帰化テストはどのような機能を果たしているのか。

---

[43]　「移民政策空乏 埋政治地雷」（2007 年 10 月 22 日）中國時報。

台湾の帰化テストの主な特徴は、すでに7.5節で述べたように、受験に免除条項があることに加えて、複数の試験言語を配置しており、しかもそれには、いまだ公用語として認められていない「閩南語」と「客家語」、そして先住民族の諸言語が含まれる。これは、近年の台湾において、「国語」の威信に翳りが見られていることを反映するものである。

　台湾の中華民国憲法は「国語」についての規定がないが、「裁判所法」（「法院組織法」）などの法律には「国語」の使用を規定する条項が散見される[44]。しかしそれらも、「国語」の定義を明確に規定していない。とはいえ台湾社会において、「国語」は一般的にマンダリンに基づいて制定され、教科言語である「国語」と一致すると考えられている。

　第2次世界大戦後、政府の「国語」による統合は極めて高い成果を収めてきた。ところが、1970年代後半から本格化した民主化運動の展開に伴い、「国語」の威信は他言語の復権により揺らいでいる。2000年には、国会で少数野党の主導により、空港や地下鉄、鉄道などの公共交通機関ではアナウンスを「国語」のほか、「閩南語」と「客家語」または先住民族の諸言語で行わなければならないとの法律が可決された[45]。これにより「国語」以外の言語の地位が一部の分野において、初めて確立されたのである。

　2003年には、これまで「国語」の国語としての地位に疑問を持ってきた陳水扁政権は、さらに国内のすべての言語の「平等」を目指す「語言平等法」（「言語間の平等を保障する法律」）法案を国会に提出した。この法案では、従来の「国語」が国家を代表する言語、つまり国語としての地位から降ろされ、東南アジアと北米などの地域を含む全世界の華人の言語を指す「華語」と改称され、「閩南語」（この案では「台語〈Ho-lo語〉」と表記）、「客家語」や先住民族の諸言語と並列されるようになった。この「言語間の平等を保障する法律」法

---

[44] 「裁判所法」（「法院組織法」）第97条：「裁判所では国語を使わなければならない」。

[45] 「公共交通機関での音声放送における言語間の平等を保障する法律」（「大眾運輸工具播音語言平等保障法」）

　第6条：「公共交通機関では国語のほか、閩南語、客家語での音声放送も流さなければならない。そのほかの先住民族言語での音声放送は、管理責任者が各地域に在住する先住民族のエスニック背景及び地域の特徴を考量する上で組み入れる。

　なお馬祖地域では、閩北語（福州語）での音声放送を入れなければならない」

案の提案目的は、「華語」と「台語（Ho-lo 語）」「客家語」の 3 つの主要言語及び 11 種類の先住民族の言語を「国家言語」、つまり国語にすることで、台湾で話されている諸言語の法制上の平等や各言語話者の自由を保障するものである（教育部國語推行委員會、2003）。しかしそれには、これまで「国語」の保持してきた支配的地位を突き崩す意図もあった。結局、この「国語」に対する公然たる挑戦は、国会の多数派の反対を受けて成立しなかった。

　しかし上記の「言語間の平等を保障する法律」の提案は、実は帰化テストの内容に密接している。2003 年に内政部はすでに将来「国籍法」の改正により、移民による帰化に言語能力の要件が加えられる場合、その対象言語は「国語」だけでなく、移民が台湾での「生活に最も密接した言語」にする予定をメディアに発表した。[46] したがって 2005 年に国会の審議に付される「国籍法」改正案は帰化テストの導入によって、2003 年の「言語間の平等を保障する法律」とは異なる形で「国語」の地位にもう一度、揺さぶりをかける試みであった。結局この法案は、あまり話題になることなく成立した。その法案の審議に出席した国会議員は少ないが、彼らは、与野党を問わず、まだ公用語の地位を得ていない「閩南語」や「客家語」そして先住民族諸言語を試験言語とする政府の方針を支持し、または反対を表明していなかった（立法院、2005）。しかしこの「国籍法」改正案では、ついに国家を代表する言語としての絶対的地位を持つ「国語」が、台湾で話される主要言語の 1 つとしての「華語」に換えられたのである。つまりこの場合、「華語」は、従来の言語政策では抑圧の対象であったそのほかの言語と同じ地位に引き下げられたのである。また「華語」としての「国語」は、帰化テストにおける試験の唯一の対象言語になることなく、複数の試験対象言語の 1 つとなったのである。言い換えれば、帰化テストにおいて、移民は台湾の「国語」が全くわからずとも、公用語として認められていない言語を習得することで、国籍を取得して台湾人になることが可能なのである。

　さらに政府は小中学校の「国語文」という教科名を「華語文」に変更しようとしたが、2010 年に保守派の反対に遭ってこの改革は挫折した。いずれにせよ、

---

[46]「歸化我國 不一定要會說國語 未來官方語不只一種 如只會說閩、客或原住民語 亦可申請歸化」（2003 年 09 月 24 日）中國時報。

国家を代表する言語としての「国語」の威信が低下していることは否めない[47]。台湾の帰化テストは、台湾の国語を再定義する、というナショナリズム的な機能を持つといえる。しかしこれは、Morawska and Joppke（2003）がヨーロッパ諸国における帰化テストについて述べたように、国民の結束性の強化や、すでに「統合した」国家としての自己イメージの再生機能を持っていない。つまり、台湾の帰化テストは単一言語による国民間の結束を図ろうとするものではなく、むしろ台湾を多言語国家として再定義することにより、中国と一線を画すことを目指した新生の、なおまだ不安定なナショナリズムに加担する、静かな言語政策の試みといえるだろう。

7.7　おわりに

　本章では、台湾の帰化テスト制度を振り返ることを通じて、台湾における国家、国語と移民の関係を考察した。台湾の帰化テストは、アメリカ合衆国の帰化テストを参考にして、ヨーロッパ諸国とほぼ同じ時期に導入されたが、欧米諸国と異なる様相を示している。政府は帰化テストの導入により、移民の「国語」能力の向上を期待すると公言したが、真の目的は社会秩序の維持、そして台湾における国語の再定義にあったのだ。

　この帰化テストが成立に至る過程、またその実施方式、機能を検討するには、台湾における社会と経済、政治的文脈を照らし合わせて考えなければならない。すなわち、帰化テストについての研究は国民国家の特殊性に立脚する作業であり、この点で本章は、台湾の特殊性を出発点として、帰化テストや成人移民への言語教育政策についての従来の研究に新たな視点を提供することができたと

---

[47]　小中学校の学習指導要領の改訂をめぐって、国民党の馬英九総統は2010年9月に総統府のスポークスマンを通じて、「国語」とは「自国の言語」のことであり、「国民は、自分が使う言語を『国語』と呼ぶ」との表現で、従来の「国語」という概念を「国民が使う言語」として再定義した（「府：本國語言正式名稱就是國語」2010年9月2日、中央通訊社）。
　しかしこの定義によれば、台湾では「閩南語」と「客家語」「閩北語」、そして先住民族諸言語はもちろん、インドネシア語、ベトナム語、広東語、朝鮮語、英語など、台湾国籍を取得した移民が使う言語も台湾の国語になると考えられてしまうだろう（「府：本國語言正式名稱就是國語」〈2010年9月2日〉中央通訊社）。

いえよう。とはいえ、帰化テスト、特に欧米以外の国家で実施される帰化テストについての研究はまだ不十分だといわざるを得ない。特に東アジア諸国における帰化テストに関する検討は、今後の研究課題となる。

終 章
本書のまとめと研究の展望

　本書は、移民受け入れ国における国語による移民統合に重点を置き、1945年以降の日本と台湾における移民政策と言語教育の展開を考察してきた。本書は、成人移民への言語教育政策の形成過程を明らかにする通時的な検討を軸として、地域日本語教育の現状と課題、「教える−教えられる」関係、「多文化共生」という概念の内実、台湾における移民政策、そして帰化テスト政策の形成過程などのテーマにも及んで考察を行ってきた。

　欧米諸国においては、成人移民への言語教育の対象について意図的な選択が行われてきた。では日本と台湾における成人移民への言語教育の対象は誰なのか、またその対象の選択はどのような意図で行われてきたのか。日本において、成人移民への言語教育の主な対象は、国費で受け入れたインドシナ難民、中国帰国者、そして南米諸国出身の日系人であった。しかし通時的検討により、彼らを対象とした理由は彼らに日本語能力が不足しているためではなく、彼らに対する就労への期待や社会保障費の軽減などのためであることが判明した。この一方で、台湾政府は成人移民教育の主要な対象を中国や東南アジア諸国出身で、台湾人の外国人配偶者女性としている。しかし台湾政府の目的は外国人配偶者の言語能力の向上にあるのではなく、「後進国」出身の外国人配偶者という「問題」に対処し、彼女らに「台湾人」の妻、「台湾人」の母としての役割を果たさせることにある。

成人移民の教育権が主張されるようになったため、移民受け入れ国の政府の役割は注目されている。そこで多くの研究者は成人移民の教育権を主張し、成人移民への言語教育に対する日本政府の関与が少なすぎると批判した。日本政府は成人移民の言語教育の実施にどのように具体的に関与しているのか。またその関与は本当に少なすぎるのだろうか。日本政府はこれまで、複数のモデル事業を中心として成人移民への言語教育に一定の財政支援を行ってきており、「標準的なカリキュラム」の作成によって成人移民への言語教育に対して積極的な関与を行っている。日本政府の関与が少なすぎるとの批判の背後には、政府の介入が日本語教師の就職機会の改善につながるとの経済的な期待があることを忘れてはならない。一方で台湾政府は、成人移民への言語教育のカリキュラムに積極的な関与を行っていないが、出席状況をはじめとして成人移民への言語教育に対する評価を積極的に行っている。

　成人移民への言語教育において、教授者は受け入れ国の国民であり、学習者は移民である場合が多い。しかも学習内容は受け入れ国の国語であり、そのカリキュラムには受け入れ国の文化、政治、社会価値観に関するものが含まれる。そのため、日本では受け入れ国の国民が「教え」、移民が「教えられる」ことから、成人移民への言語教育は、移民を受け入れ国の国民に「同化」させる場であると批判されてきた。批判言説では「同化」は「抑圧」の同義語として流用されてきた傾向があり、「教える－教えられる」関係の解消に役立つものではない。実際、成人移民への言語教育にとって直視すべき課題とは、「教える－教えられる」関係の解消ではなく、「教える－教えられる」関係に対する批判として無視された「教えられる」者を承認することである。一方で台湾では、成人移民への言語教育における「教える－教えられる」関係や「同化」に対する批判は現れていない。台湾における成人移民への言語教育は、台湾の歴史や政治的価値観を強調したものではなく、移民を「台湾人」に変容するものでもない。とはいえ、台湾における成人移民への言語教育は、外国人配偶者を台湾人家庭における妻や、母親として台湾社会に編入するなど、彼らに割りあてられた役割を強化する目的がある。

　国際移住が日常化している現代社会において、多くの移民受け入れ国は移民の永住権取得や帰化にあたって、受け入れ国の国語能力や、その国に関する知

識についての帰化テストを実施している。はたして国民国家は、帰化テストを通じて言語による国民統合を促進しようとしているのだろうか。これまで日本語と日本の移民政策との関係は弱いとされてきたが、2000年代以降、日本政府は日本在住の日系人などに対して日本語能力を有する必要性を強調し、地域日本語教育向けの標準的なカリキュラムの普及など、成人移民への言語教育への関与を深化させている。台湾においては2005年に帰化テストが導入された。しかし帰化テストが導入された目的は、台湾政府の公言した「国語」の復権や移民の「国語」能力の向上による国内の言語統合の促進ではない。むしろそれは台湾における国語の再定義により、政府が新たなナショナリズムに関する理念と姿勢を示すことにほかならない。

これまでの台湾は比類のないほど複雑な国際政治環境に置かれてきたため、極めて異例な「国籍／戸籍」の二元体制によって移民を含む台湾の住民を管理している。一方で「多文化共生」という移民政策の概念は、非常に日本的な文脈から生まれたものである。もちろん、各国における移民政策の形成はその国の文脈と切り離して検討することができない。しかし移民は国家の境界線を横断する人口移動の結果である上、世界各国は互いに移民政策について交流を行っており、移民政策研究も一国の枠組みで完結するものではない。そこで移民政策または言語教育の展開については、今後、国際的で分野横断的な視点から検討する必要がある。

本書は、1945年以降の日本と台湾における移民政策と成人移民への言語教育の展開を、受け入れ国における国語による移民統合を中心に検討したため、成人移民への言語教育に関するほかの当事者、すなわち移民の視点を考察に取り入れることはできなかった。したがって、移民の視点からの考察は今後の課題である。また帰化テストを導入する国家の増加は、帰化テストの重要性を示している。そこで、本書の成果を踏まえて、帰化テストの導入過程や帰化テストが示すナショナリズムの変容に関する、さらなる考察を今後の研究課題とする必要がある。

参考文献

《はじめに》
- **English**

Castles, S.,& Davidson, A. (2000). *Citizenship and Migration: Globalization and the Politics of Belonging*. New York: Palgrave Macmillan.

Entzinger, H. (2003). "The rise and fall of multiculturalism: The case of the Netherlands". In *Toward assimilation and citizenship: Immigrants in liberal nation-states* (New., pp. 59–86). New York: Palgrave Macmillan.

Eva Ersbøll. (2010). "On Trial in Denmark". In R. V. Oers, E. Ersbøll, & T. Kostakopoulou (Eds.), *A Re-definition of Belonging?: Language and Integration Tests in Europe* (pp. 105–150). Brill Academic Publishers.

Freeman, G. P. (1995). "Modes of immigration politics in liberal democratic states". *International Migration Review*, 29(4), 881–902.

Gottlieb, N. (2011). *Language Policy in Japan: The Challenge of Change* (New.). Cambridge: Cambridge University Press.

Kolb, D. A. (1984). *Experiential learning: Experience as the source of learning and development*. New Jersey: Prentice-Hall.

Llamas, C., Mullany, L., & Stockwell, P. (2006). *The Routledge Companion to Sociolinguistics* (New edition.). Abingdon: Routledge.

Martin, S. (1999). *New Life, New Language: History of the Adult Migrant English Program 1948–1998*. Sydney: Macquarie University.

Orgad, L. (2011). *Creating New Americans: The Essence of Americanism under the Citizenship Test*. Houston Law Review, 48(1).

Sergio Carrera. (2006). A Typology of different integration programmes in the EU. Center for European Policy Studies Briefing Paper (IP/C/LIBE/OF/2005-167), 1–20.

Sharlip, W., & Owens, Albert A. (1925). *Adult immigrant education: its scope, content, and methods*. New York: Palgrave Macmillan. Retrieved from http://archive.org/details/adultimmigranted00shar

United Nations Department of Economic and Social Affairs/Population Division. (2013). *International Migration Report 2013*. New York: United Nations. Retrieved from http://www.un.org/en/development/desa/population/publications/pdf/migration/migrationreport2013/Full_Document_final.pdf

U. S. Commission on Immigration Reform. (1997). *Becoming an American: immigration and immigrant policy* (report to Congress). Washington, D.C.: The Commission.

◦ **日本語**

岡崎眸（2002）「多言語・多文化社会を切り開く日本語教育」『内省モデルに基づく日本語教育実習理論の構築』（平成11年〜13年度科学研究費補助金研究基盤研究（C）（2）研究成果報告書）pp. 299–321

外務省（2014）「児童の権利条約（児童の権利に関する条約）」2014年12月15日発表 http://www.mofa.go.jp/mofaj/gaiko/jido/（2015年2月17日アクセス）

小林悦夫（1993）「第2言語としての日本語教育の課題」『中国帰国孤児定着促進センター紀要』（1）、1–32

佐藤潤一（2007）「多文化共生社会における外国人の日本語教育を受ける権利の公的保障」『大阪産業大学論集．人文・社会科学編』1、1–30

関正昭（1997）『日本語教育史研究序説』スリーエーネットワーク

田中望（1996）「地域社会における日本語教育」鎌田修・山内博之編『日本語教育・異文化コミュニケーション──教室・ホームスティ・地域を結ぶもの』凡人社、pp. 23–37

独立行政法人国際交流基金（2014）『JF日本語教育スタンダード2010』（第3版）独立行政法人国際交流基金

野山広（2009）「これまでの日本語教育政策──1945（昭和20）年以降の動向に焦点を当てながら」田尻英三編『日本語教育政策ウォッチ2008──定住化する外国人施策をめぐって』ひつじ書房、pp. 5–25

フリック，ウヴェ（2002）『質的研究入門──「人間の科学」のための方法論』（初版）小田博志・山本則子・春日常・宮地尚子訳、春秋社

ブルア，マイケル／ウッド，フィオナ（2009）『質的研究法キーワード』上淵寿監訳、金子書房

ブルーベイカー，ロジャース（2005）『フランスとドイツの国籍とネーション』明石書店

法務省（2012）「昨今の外国人入国・在留の状況と出入国管理政策について」2012年5月発表 www.cas.go.jp/jp/seisaku/kyousei/dai1/siryou3.pdf（2014年12月20日アクセス）

法務省（2014）「国籍・地域別　在留資格（在留目的）別　在留外国人」2014年5月28日発表 http://www.e-stat.go.jp/SG1/estat/Xlsdl.do?sinfid=000027237337（2014年12月18日アクセス）

森本郁代（2001）「地域日本語活動の批判的再検討──ボランティアの語りに見られるカテゴリー化を通して」野呂香代子・山下仁編『「正しさ」への問い──批判的社

会言語学の試み』三元社、pp. 215–247

●中国語（台湾）

外交部（2014）「申請中華民國簽證－簽證－駐舊金山台北經濟文化辦事處 Taipei Economic and Cultural Office in San Francisco」2014 年 1 月 22 日発表 http://www.roc-taiwan.org/US/SFO/ct.asp?xItem=323533&ctNode=2998&mp=66（2015 年 2 月 18 日アクセス）

何青蓉（1999）『成人識字教材教法之研究』高雄：高雄復文圖書出版社

何青蓉（2007）『成人識字教育的可能性』高雄：高雄復文圖書出版社

楊國賜（2011）「我國社會教育之發展與貢獻」國家教育研究院編『我國百年教育回顧與展望』台北：國家教育研究院、pp. 145–163

黃富順（2003）「外籍新娘的基本教育權」『92 年全國外籍新娘成人教．育研討會手冊』台北：教育部、pp. 8–9

黃富順・鄒秀惠（2010）「建構外籍配偶中文第二語言教學模式之研究」『成人及終身教育學刊』(14)、075–114

《第 1 章》

● **English**

Gottlieb, N. (2011). *Language Policy in Japan: The Challenge of Change* (New.). Cambridge: Cambridge University Press.

●日本語

池田摩耶子・奥津敬一郎・長谷川恒雄・森田良行・木村宗男・倉持保男（1972）「（座談会）日本語教育の現状と今後の動向」『日本語教育』(16)、11–38

一般財団法人日本国際協力センター（日付なし）「コース・事業概要：日系人就労準備事業」http://sv2.jice.org/jigyou/tabunka_gaiyo.htm（2014 年 12 月 18 日アクセス）

指宿昭一（2009）「法律実務の現場から　外国人研修・技能実習生問題と弁護士の取り組み」『Law and Practice』(3)、239–257

岩槻知也（1998a）「『大阪府識字学級・日本語読み書き教室等学習者調査』の結果を読む」『部落解放研究』(124)、22–41

岩槻知也（1998b）「識字教育における方法の体系化に関する予備的考察」『大阪大学人間科学部紀要』24、111–140

岡島和夫・岩槻知也（1991）「公的社会教育施設における識字実践について」日本社会教育学会年報編集委員会編『国際識字 10 年と日本の識字問題』東洋館出版社、pp. 63–74

門倉正美（1994）「『内なる国際化』と日本語教育」『横浜国立大学留学生センター紀要』

1、3–17

外国人労働者問題関係省庁連絡会議（2006a）「『生活者としての外国人』問題への対応について（中間整理）2006 年 6 月 20 日発表 www.cas.go.jp/jp/seisaku/gaikokujin/honbun.pdf（2012 年 12 月 20 日アクセス）

外国人労働者問題関係省庁連絡会議（2006b）「『生活者としての外国人』に関する総合的対応策」2006 年 12 月 25 日発表 www.cas.go.jp/jp/seisaku/gaikokujin/honbun2.pdf（2012 年 12 月 20 日アクセス）

公益財団法人国際研修協力機構（日付なし）「『外国人技能実習制度』の趣旨」http://www.jitco.or.jp/system/seido_enkakuhaikei.html（2014 年 12 月 18 日アクセス）

公益財団法人海外日系人協会（日付なし）「日系人について知ろう　海外日系人とは...」http://www.jadesas.or.jp/aboutnikkei/（2012 年 12 月 20 日アクセス）

厚生労働省（日付なし）「インドネシア、フィリピン、ベトナムからの外国人看護師・介護福祉士候補者の受入れについて」厚生労働省［雇用・労働］http://www.mhlw.go.jp/stf/seisakunitsuite/bunya/koyou_roudou/koyou/gaikokujin/other22/index.html（2012 年 12 月 18 日アクセス）

厚生労働省（2006）「OECD 新雇用戦略」http://www.mhlw.go.jp/bunya/kokusaigyomu/oecd/senryaku.html（2014 年 12 月 20 日アクセス）

厚生労働省（2009）「日系人就労準備研修事業の概要」2009 年 3 月発表 www.mhlw.go.jp/houdou/2009/03/dl/h0331-9a.pdf（2012 年 12 月 20 日アクセス）

厚生労働省（2010a）「日系人就労準備研修事業の概要」http://www.mhlw.go.jp/stf/houdou/2r98520000005ssn-att/2r98520000005sue.pdf（2012 年 12 月 20 日アクセス）

厚生労働省（2010b）「日系人帰国支援事業の実施結果」http://www.mhlw.go.jp/bunya/koyou/gaikokujin15/kikoku_shien.html（2014 年 12 月 18 日アクセス）

厚生労働省（2011）「日系人就労準備研修事業の概要」http://www.mhlw.go.jp/stf/houdou/2r98520000018b02-img/2r98520000018b1j.pdf（2014 年 12 月 20 日アクセス）

厚生労働省（2012）「平成 24 年行政事業レビューシート番号 711」http://www.mhlw.go.jp/jigyo_shiwake/gyousei_review_sheet/2012/h23_pdf/0711.pdf（2014 年 12 月 18 日アクセス）

厚生労働省（2014）「樺太等残留邦人関係統計一覧」2014 年 3 月 31 日発表 http://www.kikokusha-center.or.jp/kikokusha/tohkei/k_ichiran.htm（2015 年 2 月 18 日アクセス）

厚生労働省（2015）「中国残留邦人の状況（平成 27 年 1 月 31 日現在）」2015 年 1 月 31 日発表 http://www.mhlw.go.jp/stf/seisakunitsuite/bunya/bunya/engo/seido02/kojitoukei.html（2015 年 2 月 18 日アクセス）

今後の日本語教育施策の推進に関する調査研究協力者会議（1999）「今後の日本語教育施策の推進について──日本語教育の新たな展開を目指して（報告）（抄）」1999 年 3 月 19 日発表 http://www.mext.go.jp/b_menu/hakusho/nc/t19990319001/

t19990319001.html（2014 年 5 月 18 日アクセス）

近藤敏夫（2005）「日系ブラジル人の就労と生活」『社会学部論集』40、1–18

在日本大韓民国民団（日付なし）「年度別人口推移」http://www.mindan.org/shokai/toukei.html（2015 年 2 月 18 日アクセス）

佐久間治夫（2000）「中国帰国者定着促進センター入退所者統計」『中国帰国者定着促進センター紀要』(8)、214–216

自治省（1988）「国際交流のまちづくりのための指針について（通知）」1988 年 7 月 1 日発表 www.soumu.go.jp/kokusai/pdf/sonota_b9.pdf（2015 年 2 月 18 日アクセス）

末藤春美（1984）「〈研究ノート〉1951 年ジュネーヴ難民条約加入の政策決定過程——1975 年 –81 年度の日本政府のインドシナ難民定住対策」『上智アジア学』2、136–156

鈴木孝夫（1975）『ことばと社会』中央公論新社

関正昭（1997）『日本語教育史研究序説』スリーエーネットワーク

田中望（1984）『外国人に日本語を教える本』明日香出版社

棚田洋平（2006）「非識字者とは『だれ』か——夜間中学在籍生徒の経年比較より」（II-5 部会　文化と教育、研究発表 II、日本教育社会学会第 58 回大会）『日本教育社会学会大会発表要旨集録』(58)、pp. 127–128

中国帰国者定着促進センター（2012）「中国帰国者定着促進センター　事業案内」2012 年 1 月 6 日発表 http://www.kikokusha-center.or.jp/kikokusha/tokorozawa/tokocen_f.htm（2014 年 12 月 18 日アクセス）

中国帰国者定着促進センター（2014）「中国帰国者定着促進センター　入退所者統計 1」2014 年 3 月 31 日発表 http://www.kikokusha-center.or.jp/tokorozawa/tokocen_tohkei/toko_tohkei1.htm（2015 年 2 月 18 日アクセス）

中国帰国者支援・交流センター（2014）「中国帰国者の年度別帰国状況（昭 47.9.29 日中国交正常化後）」2014 年 3 月 31 日発表 http://www.sien-center.or.jp/about/ministry/reference_02.html（2014 年 12 月 4 日アクセス）

塚原雄太（1969）『夜間中学——疎外された「義務教育」』社会新報

中島智子（2005）「『在日』が『ニューカマー』だった頃——戦前期在日朝鮮人の就学実態」『プール学院大学研究紀要』45、141–158

安田敏朗（2006）『統合原理としての国語　近代日本言語史再考 III』三元社

宮武正明（2011）「中国等残留孤児・婦人の帰国と生活支援」『こども教育宝仙大学紀要』2、109–116

山田泉（1988）「国内の日本語教育の現状と課題」『日本語教育』(66)、14–27

内閣府政策統括官（共生社会政策担当）・法務省・外務省・厚生労働省（2013）「帰国支援を受けた日系人への対応について」2013 年 9 月 27 日発表 www.moj.go.jp/content/000114788.pdf（2014 年 12 月 20 日アクセス）

西尾珪子（2003）「日本語支援とは何か」（マルチカルチュラリズム──日本語支援コーディネータの展開）『現代のエスプリ』432、38–48

文化庁（日付なし）「地域日本語教育支援事業（平成20年度で終了）」http://www.bunka.go.jp/kokugo_nihongo/kyouiku/chiiki/index.html（2015年2月18日アクセス）

文化庁（2003a）「学校の余裕教室等を活用した親子参加型の日本語教室の開設事業実施要領」http://www.bunka.go.jp/1kokugo/jissi_youkou.html（2014年12月18日アクセス）

文化庁（2003b）「平成15年度東京大会　開会（あいさつ、施策説明）」http://www.bunka.go.jp/kokugo_nihongo/kyouiku/taikai/15_tokyo/aisatu.html（2014年12月18日アクセス）

文化庁（2004a）『地域日本語学習支援の充実－共に育む地域社会の構築へ向けて』国立印刷局

文化庁（2004b）「平成16年度『文化庁日本語教育大会』（東京大会）」2004年8月3日発表 http://www.bunka.go.jp/kokugo_nihongo/kyouiku/taikai/16_tokyo/pdf/pamphlet.pdf（2014年12月18日アクセス）

文化庁（2005）「平成17年度東京大会 日本語教育施策説明」http://www.bunka.go.jp/kokugo_nihongo/kyouiku/taikai/17_tokyo/setumei.html（2014年12月18日アクセス）

文化庁（2006）「平成18年度『文化庁日本語教育大会』（東京大会）」2006年8月9日発表 http://www.bunka.go.jp/kokugo_nihongo/kyouiku/taikai/18_tokyo/pdf/panfu.pdf（2014年12月18日アクセス）

文化庁（2007）「平成19年度『文化庁日本語教育大会』」2007年8月2日発表 http://www.bunka.go.jp/kokugo_nihongo/kyouiku/taikai/19_tokyo/pdf/panfu.pdf（2014年12月18日アクセス）

文化庁（2008a）「平成20年度予算主要事項説明資料」http://www.bunka.go.jp/bunka_gyousei/yosan/pdf/20_shuyoujikou.pdf（2014年12月18日アクセス）

文化庁（2008b）「平成20年度『文化庁日本語教育大会』」2008年8月29日発表 http://www.bunka.go.jp/kokugo_nihongo/kyouiku/taikai/20_tokyo/pdf/panfu.pdf（2014年12月18日アクセス）

文化庁（2009）「平成21年度『文化庁日本語教育大会』」2009年8月28日発表 http://www.bunka.go.jp/kokugo_nihongo/kyouiku/taikai/20_tokyo/pdf/panfu.pdf（2014年12月18日アクセス）

文化庁（2010a）「平成22年度予算主要事項説明資料」http://www.bunka.go.jp/bunka_gyousei/yosan/pdf/22_gaisanyoukyu.pdf（2014年12月18日アクセス）

文化庁（2010b）「平成22年度『文化庁日本語教育大会』パンフレット」2010年8月27日発表 http://www.bunka.go.jp/kokugo_nihongo/kyouiku/taikai/22_tokyo/pdf/panfu.pdf（2014年12月18日アクセス）

文化庁（2011）「平成23年度予算主要事項説明資料」http://www.bunka.go.jp/bunka_gyousei/yosan/pdf/23_shuyoujikou_ver03.pdf（2014年12月18日アクセス）

文化庁（2012a）「外国人に対する日本語教育について（資料・データ集）」http://www.bunka.go.jp/kokugo_nihongo/bunkasingi/kadai_wg/01/pdf/shiryo2.pdf（2014年12月18日アクセス）

文化庁（2012b）「平成24年度予算主要事項説明資料」http://www.bunka.go.jp/bunka_gyousei/yosan/pdf/24_gaiyou.pdf（2014年12月18日アクセス）

文化庁（2012c）「平成24年度文化庁関係予算の概要」http://www.bunka.go.jp/bunka_gyousei/yosan/pdf/24_yosan.pdf（2014年12月18日アクセス）

文化庁（2012d）「日本語教育推進会議（第1回）議事録」2012年1月23日発表 http://www.bunka.go.jp/bunkashingikai/kondankaitou/nihongo_suishin/01/pdf/gijiroku.pdf（2014年12月18日アクセス）

文化庁（2013a）「地域日本語教育実践プログラム（A）」http://www.bunka.go.jp/kokugo_nihongo/kyouiku/seikatsusya/h24/nihongo_program_a.html（2015年2月18日アクセス）

文化庁（2013b）「地域日本語教育実践プログラム（B）」http://www.bunka.go.jp/kokugo_nihongo/kyouiku/seikatsusya/h24/nihongo_program_b.html（2015年2月18日アクセス）

文化庁（2013c）「平成25年度文化庁予算の概要」http://www.bunka.go.jp/bunka_gyousei/yosan/pdf/25_yosan_ver3.pdf（2015年2月18日アクセス）

文化庁（2014a）「地域日本語教育実践プログラム（A）」http://www.bunka.go.jp/kokugo_nihongo/kyouiku/seikatsusya/h25/nihongo_program_a.html（2015年2月18日アクセス）

文化庁（2014b）「地域日本語教育実践プログラム（B）」http://www.bunka.go.jp/kokugo_nihongo/kyouiku/seikatsusya/h25/nihongo_program_b.html（2015年2月18日アクセス）

文部省（1988）「『我が国の文教施策』（昭和63年度）」http://www.mext.go.jp/b_menu/hakusho/html/hpad198801/index.html（2012年12月20日アクセス）

日系定住外国人施策推進会議（2010）「日系定住外国人施策に関する基本指針」2010年8月31日発表 www8.cao.go.jp/teiju/guideline/pdf/fulltext.pdf（2014年12月18日アクセス）

野山広（2009）「これまでの日本語教育政策——1945（昭和20）年以降の動向に焦点を当てながら」田尻英三編『日本語教育政策ウォッチ2008——定住化する外国人施策をめぐって』ひつじ書房、pp. 5–25

萩野鄒史（2006）「わが国における難民受入れと公的支援の変遷」『社会福祉学』46（3）、3–15

藤沼敏子（1998）「年表　中国帰国者問題の歴史と援護政策の展開」『中国帰国者定着促進センター紀要』（6）、1–44

深澤博昭（1994）「地域における日本語教育推進の構想［日本の言語政策を考える——文化庁国語課だより・1］（新連載）」『日本語学』13（6）、76–80

法務省(2000)「出入国管理基本計画(第2次)」2000年3月24日発表 http://www.moj.go.jp/nyuukokukanri/kouhou/press_000300-2_000300-2-2.html (2015年2月18日アクセス)

法務省(2010)「出入国管理及び難民認定法第七条第一項第二号の基準を定める省令」平成二年五月二十四日法務省令第十六号

法務省(2014)「都道府県別在留資格(在留目的)別外国人登録者(総数)」 http://www.e-stat.go.jp/SG1/estat/Xlsdl.do?sinfid=000024395142 (2015年2月18日アクセス)

法務省入国管理局(2007)「研修生及び技能実習生の入国・在留管理に関する指針(平成19年改訂)」www.jitco.or.jp/system/data/kankeihourei09.pdf (2015年2月18日アクセス) p.39.

法務省入国管理局(2009)「技能実習生の入国・在留管理に関する指針」

水谷修(1972)「回顧と展望——外国人のための日本語教育学会成立十年にあたり」『日本語教育』(16)、2–10

元木健・内山一雄(1989)『識字運動とは——国際識字年を機に』部落解放・人権研究所

元木健(1991)「国際識字年と日本の識字問題」日本社会教育学会年報編集委員会編『国際識字10年と日本の識字問題』東洋館出版社、pp. 2–18

《第2章》
● 日本語

一般財団法人自治体国際化協会(日付なし)「地域国際化協会について」http://rliea.clair.or.jp/about/ (2015年2月18日アクセス)

大阪府教育委員会事務局(2010)「大阪府/地域における識字・日本語学習環境実態調査結果——平成22 (2010)年3月」2010年3月発表 http://www.pref.osaka.lg.jp/chikikyoiku/shikijichosa-kekka/index.html (2012年12月3日アクセス)

大槻宏樹(1981)『自己教育論の系譜と構造——近代日本社会教育史』早稲田大学出版部

金久保紀子(2000)「副専攻日本語教員養成コースにおける日本語教育実習のあり方」『東京家政学院筑波女子大学紀要』4、143–153

京都府(2014a)「平成26年1月1日現在の市区町村別推計人口」http://www.pref.kyoto.jp/tokei/monthly/suikeijinkou/suikeifiles/suikeijinkou20140101.xls (2015年2月18日アクセス)

京都府(2014b)「京都府国籍別外国人住民数の推移」2014年5月30日発表

京都府政策企画部調査統計課(2012)「平成21年度市町村民経済計算の推計結果について 」http://www.pref.kyoto.jp/tokei/yearly/shicho/shicho2009gaiyo.pdf (2015年2月18日アクセス)

神戸華僑華人研究会（2004）『神戸と華僑──この150年の歩み』神戸新聞総合出版センター

今後の日本語教育施策の推進に関する調査研究協力者会議（1999）「今後の日本語教育施策の推進について──日本語教育の新たな展開を目指して（報告）（抄）」1999年3月19日　発　表　http://www.mext.go.jp/b_menu/hakusho/nc/t19990319001/t19990319001.html（2014年5月18日アクセス）

財団法人自治体国際化協会（CLAIR）（2014）「JETプログラム参加者数」2014年7月1日 http://www.jetprogramme.org/j/introduction/statistics.html（2014年12月18日アクセス）

財団法人日本語教育振興協会審査委員会（1993）「日本語教育機関審査内規」1993年12月14日発表 www.moj.go.jp/content/000073837.pdf（2015年2月18日アクセス）

牲川波都季（2006）「『共生言語としての日本語』という構想──地域の日本語支援をささえる戦略的使用のために」植田晃次・山下仁編『「共生」の内実──批判的社会言語学からの問いかけ』三元社、pp. 107–125.

全国ボランティア・市民活動振興センター（2010）『全国ボランティア活動実態調査』社会福祉法人全国社会福祉協議会 http://www.zcwvc.net/app/download/5714270058/DD_08111830482620.pdf?t=1332996660（2012年12月20日アクセス）

新村出編（1998）「主婦」『広辞苑第5版』岩波書店

二通信子（2006）「国内の日本語学習の場の広がり」国立国語研究所編『日本語教育の新たな文脈──学習環境、接触場面、コミュニケーションの多様性』アルク、pp. 10–32

日本国際教育支援協会（2012）「日本語教育能力検定試験　応募者・全科目受験者・合格者数推移」http://www.jees.or.jp/jltct/pdf/graphs/2012_jltct_obo_juken_gokakusha.pdf（2014年12月18日アクセス）

日本語学校の標準的基準に関する調査研究協力者会議報告（1988）「日本語教育施設の運営に関する基準について」1988年12月23日発表 http://www.bl.mmtr.or.jp/~idu230/his/historyh/sinbun/kisoku.htm（2015年2月18日アクセス）

日本語教育保障法研究会（2009）「日本語教育保障法案」

弘前大学人文学部社会言語学研究室（日付なし）「やさしい日本語」とは」http://human.cc.hirosaki-u.ac.jp/kokugo/EJ1a.htm（2015年2月18日アクセス）

フリック，ウヴェ（2002）『質的研究入門──「人間の科学」のための方法論』（初版）小田博志・山本則子・春日常・宮地尚子訳、春秋社

文化庁（2012）「『生活者としての外国人』のための日本語教育事業地域日本語教育実践プログラムの選考方法について」http://www.bunka.go.jp/kokugo_nihongo/kyouiku/seikatsusya/pdf/h24_jigyo_boshu_besshi_2.pdf（2015年2月18日アクセス）

法務省（2014a）「都道府県別　在留資格別　在留外国人（その3　韓国・朝鮮）」http://

www.e-stat.go.jp/SG1/estat/Xlsdl.do?sinfid=000024395145（2015年2月18日アクセス）

法務省（2014b）都道府県別在留資格（在留目的）別外国人登録者（総数）http://www.e-stat.go.jp/SG1/estat/Xlsdl.do?sinfid=000024395142（2015年2月18日アクセス）

松下圭一（2003）『社会教育の終焉（新版）』公人の友社

水野直樹（1998）「京都における韓国・朝鮮人の形成史」『KIECE民族文化教育研究』(1)、70–81

米勢治子（2006）「外国人住民の受け入れと言語保障——地域日本語教育の課題」『人間文化研究』(4)、93–106

《第3章》

- **English**

Rogers Brubaker. (2001). "The return of assimilation? Changing perspectives on immigration and its sequels in France, Germany, and the United States". *Ethnic and Racial Studies*, 24(4), 531–548.

- **日本語**

朝倉征夫（1995）「多文化・多民族共生社会と社会教育の課題」日本社会教育学会編『多文化・民族共生社会と生涯学習』東洋館出版社、pp. 25–38

池上摩希子（2007）「『地域日本語教育』という課題——理念から内容と方法へ向けて」『早稲田大学日本語教育研究センター紀要』(20)、105–117

今津孝次郎（1994）「教育言説としての『生涯学習』」『教育社会学研究』54、41–60

上杉孝實（2011）『生涯学習・社会教育の歴史的展開——日英比較の視座から』松籟社

大槻宏樹（1981）『自己教育論の系譜と構造——近代日本社会教育史』早稲田大学出版部

岡崎眸（2002）「多言語・多文化社会を切り開く日本語教育」『「内省モデルに基づく日本語教育実習理論の構築」平成11年〜13年度科学研究費補助金研究基盤研究（C）(2) 研究成果報告書』pp. 299–321

尾崎明人（2004）「地域型日本語教育の方法論試案」小山悟・野原美和子・大友可能子編『言語と教育——日本語を対象として』くろしお出版、pp. 295–310

柄谷行人（1986）『探究1』講談社

川上郁雄（1999）「『『日本事情』教育における文化の問題」21世紀の「日本事情」編集委員会編『21世紀の「日本事情」——日本語教育から文化リテラシーへ』（創刊号）くろしお出版、pp. 16–26

京都市国際交流協会（2007）『2007年度「京都市国際交流会館　日本語クラス」チューター活動のしおり』

久保田優子（2006）『植民地朝鮮の日本語教育——日本語による「同化」教育の成立過

程』九州大学出版会

酒井伸雄（2008）「発足者の戯言」2008 年 2 月 6 日発表 http://k-rings.holy.jp/wp/wp-content/uploads/class_op001.pdf（2012 年 3 月 8 日アクセス）

柴田幸子（2003）「『地域の日本語教室活動』模索中！」山田泉・岡崎洋三・西口光一編著『人間主義の日本語教育』（初版）凡人社、pp. 110–125.

社団法人日本語教育学会（2008）「外国人に対する実践的な日本語教育の研究開発（『生活者としての外国人』に対する日本語教育事業）報告書」（平成 19 年度文化庁日本語教育研究委嘱）http://wwwsoc.nii.ac.jp/nkg/080424seikatsusha_hokoku.pdf（2014 年 12 月 18 日アクセス）

牲川波都季（2006）「『共生言語としての日本語』という構想——地域の日本語支援をささえる戦略的使用のために」植田晃次・山下仁編著『『共生』の内実——批判的社会言語学からの問いかけ』三元社、pp. 107–125

田中望（1996）「地域社会における日本語教育」鎌田修・山内博之編『日本語教育・異文化コミュニケーション——教室・ホームスティ・地域を結ぶもの』凡人社、pp. 23–37.

中内敏夫（1987）「教えるという技術の成立」東洋編『学ぶことと教えること』岩波書店、pp. 203–233

中内敏夫（1989）『近代日本教育思想史（第 3 版）』国土社

西尾珪子・小野博・奥村訓代・野山広・秋山博介（2003）「（座談会）グローバリゼーション社会の中での日本語支援の意味」（マルチカルチュラリズム——日本語支援コーディネータの展開）『現代のエスプリ』432、pp. 5–29

西川長夫（2002）「多言語・多文化主義の現在－植民地主義的でない日本語教育は可能か」『戦争の世紀を越えて——グローバル化時代の国家・歴史・民族』平凡社、pp. 206–259

西口光一（2008）「市民による日本語習得支援を考える」『日本語教育』(138)、24–3

広田照幸（2003）『教育には何ができないか——教育神話の解体と再生の試み』春秋社

船山謙次（1960）『戦後日本教育論争史〈続〉』東洋館出版社

フレイレ, パウロ（2011）『新訳　被抑圧者の教育学』三砂ちづる訳、亜紀書房

文化庁（2004）『地域日本語学習支援の充実——共に育む地域社会の構築へ向けて』国立印刷局

松岡広路（1994）「『共同学習』原理の再解釈」日本社会教育学会年報編集委員会編『地方自治体と生涯学習——生涯学習の新たな局面』東洋館出版社、pp. 124–135

松下圭一（2003）『社会教育の終焉（新版）』公人の友社

森岡修一（1997）「教育は教えこみであってはならない」今津孝次郎・樋田大二郎編『教育言説をどう読むか——教育を語ることばのしくみとはたらき』新曜社、pp. 99–130

森本郁代（2001）「地域日本語教育の批判的再検討──ボランティアの語りに見られるカテゴリー化を通して」野呂香代子・山下仁編『「正しさ」への問い──批判的社会言語学の試み』三元社、pp. 215–247

矢野泉（2007）『多文化共生と生涯学習』明石書店

山田泉（2002）「地域社会と日本語教育」細川英雄編『ことばと文化を結ぶ日本語教育』（初版）凡人社、pp. 118–135

山田泉・岡崎洋三・西口光一編（2003）『人間主義の日本語教育』（初版）凡人社

山田泉・古川ちかし（1996）「地域における日本語学習支援の一側面」『日本語学』15（2）、24–34

山本有造（2000）「植民地統治における『同化主義』の構造──山中モデルの批判的検討」『人文學報』83、57–73

《第 4 章》
- **English**

Chapman, D. (2006). "Discourses of multicultural coexistence (Tabunka Kyōsei) and the 'old-comer' Korean residents of Japan". *Asian Ethnicity*, 7(1), 89–102.

- **日本語**

一般財団法人日本総合研究所（1990）『外国人労働者の受容と共生に関する研究』一般財団法人日本総合研究所

稲富進（1992）『日本社会の国際化と人権教育──近隣アジアの人びととの共生をめざして』大阪市教育センター

今村令子（1990）『永遠の「双子の目標」──多文化共生の社会と教育』東信堂

植田晃次（2006）「『ことばの魔術』の落とし穴──消費される『共生』」植田晃次・山下仁編『「共生」の内実──批判的社会言語学からの問いかけ』三元社、pp. 29–53

大阪市教育委員会（2001）「在日外国人教育基本方針──多文化共生の教育をめざして」http://korea-ngo.org/ngo_01/pdf/minnzoku1.pdf（2014 年 7 月 8 日アクセス）

大沼保昭・徐龍達（1986）『在日韓国・朝鮮人と人権──日本人と定住外国人との共生を目指して』（初版）有斐閣

岡崎眸（2002）「多言語・多文化社会を切り開く日本語教育」『『内省モデルに基づく日本語教育実習理論の構築』平成 11 年～ 13 年度科学研究費補助金研究基盤研究（C）（2）研究成果報告書』pp. 299–321

公益財団法人海外日系人協会（日付なし）「日系人について知ろう　海外日系人とは...」http://www.jadesas.or.jp/aboutnikkei/（2012 年 12 月 20 日アクセス）

公益財団法人京都市国際交流協会（2011）「平成 22 年度医療通訳派遣事業　月別実績（全病院合計）」http://www.kcif.or.jp/iryo-t/pdf/10jisseki.pdf（2012 年 3 月 20 日アクセ

ス)

黄嘉琪（2008）「第二次世界大戦前後の日本における台湾出身者の定住化の一過程——ライフコースの視点から」『海港都市研究』(3)、129–141

厚生労働省（2015）「中国残留邦人の状況（平成 27 年 1 月 31 日現在）」2015 年 1 月 31 日発表 http://www.mhlw.go.jp/stf/seisakunitsuite/bunya/bunya/engo/seido02/kojitoukei.html（2015 年 2 月 18 日アクセス）

財団法人自治体国際化協会（CLAIR）（2014）「JET プログラム参加者数」2014 年 7 月 1 日発表 http://www.jetprogramme.org/j/introduction/statistics.html（2014 年 12 月 18 日アクセス）

在日本大韓民国民団（日付なし）「年度別人口推移」http://www.mindan.org/shokai/toukei.html（2015 年 2 月 18 日アクセス）

白井美友紀編（2007）『日本国籍を取りますか？——国家・国籍・民族と在日コリアン』新幹社

総務省統計局（2014）「各月 1 日現在人口『全国：年齢（5 歳階級）、男女別人口』平成 26 年 11 月報（平成 26 年 6 月確定値、平成 26 年 11 月概算値）」2014 年 11 月 20 日発表 http://www.stat.go.jp/data/jinsui/pdf/201411.pdf（2015 年 2 月 18 日アクセス）

総務省自治行政局国際室（2006）「地域における多文化共生推進プランについて」2006 年 3 月 27 日発表 http://www.soumu.go.jp/kokusai/pdf/sonota_b6.pdf（2015 年 2 月 18 日アクセス）

外村大（2007）「外国人労働者　日本帝国における移住朝鮮人労働者問題——論議と政策」『日本労働研究雑誌』49 (5)、90–98

ハタノ，リリアン・テルミ（2006）「在日ブラジル人を取り巻く『多文化共生』の諸問題」植田晃次・山下仁編『「共生」の内実——批判的社会言語学からの問いかけ』三元社、pp. 55–80

花崎皋平（2002）「現代日本における多文化共生——アイヌ民族問題を中心に」『「共生」への触発— 脱植民地・多文化・倫理をめぐって』みすず書房、pp. 127–161

藤沼敏子（1998）「年表　中国帰国者問題の歴史と援護政策の展開」『中国帰国者定着促進センター紀要』(6)、1–44

法務省（日付なし）「国籍別外国人登録者数の推移（1975、1980、1985、1990–2012）」winet.nwec.jp/toukei/save/xls/L100080.xls（2015 年 2 月 18 日アクセス）

法務省（2012a）「国籍・地域別　在留資格（在留目的）別　在留外国人」http://www.e-stat.go.jp/SG1/estat/Xlsdl.do?sinfid=000027237337（2015 年 2 月 10 日アクセス）

法務省（2012b）「都道府県別　在留資格（在留目的）別　外国人登録者（総数）」http://www.e-stat.go.jp/SG1/estat/Xlsdl.do?sinfid=000027237337（2015 年 2 月 10 日アクセス）

法務省（2014）「国籍・地域別　在留資格（在留目的）別　在留外国人」http://www.e-stat.go.jp/SG1/estat/Xlsdl.do?sinfid=000027237337（2015 年 2 月 18 日アクセス）

北海道生活環境部アイヌ政策推進室（2006）「平成 18 年アイヌ生活実態調査報告書」北海道庁
山脇啓造（2002）「多文化共生社会の形成に向けて」（明治大学社会科学研究所ディスカッション・ペーパー・シリーズ）intercultural.c.ooco.jp/data/law.pdf（2012 年 3 月 10 日アクセス）

《第 5 章》
● 日本語
厚生労働省（2013）「平成 25 年（2013）人口動態統計の年間推計」http://www.mhlw.go.jp/toukei/saikin/hw/jinkou/suikei13/（2015 年 2 月 18 日アクセス）
小島勝（2009）「台湾における『留用』日本人児童生徒の教育の実際と近代化」『龍谷大學論集』473、62–91
新村出編（2008）「自然増加率」『広辞苑第 6 版』岩波書店

● 中国語（台湾）
内政部（2008）『人口政策白皮書（核定本）─少子女化、高齡化及移民─』台北：内政部 http://www.immigration.gov.tw/download.asp?xpath=public/Data/07148491371.pdf&db=1&icuitem=1084711（2014 年 2 月 10 日アクセス）
内政部（2012）「内政部入出國及移民署組織法修正草案總說明」www.moi.gov.tw/files/Act_file/Act_file_114.doc（2014 年 2 月 10 日アクセス）
内政部（2013）『人口政策白皮書─少子女化、高齡化及移民─』台北：内政部 http://www.sfaa.gov.tw/SFAA/Pages/ashx/File.ashx?FilePath=~/File/Attach/1996/File_2437.doc（2015 年 2 月 18 日アクセス）
内政部戸政司（2014a）「土地面積、村里鄰、戸數暨現住人口」http://sowf.moi.gov.tw/stat/month/m1-01.xls（2015 年 2 月 18 日アクセス）
内政部戸政司（2014b）「現住人口遷入、遷出登記」http://sowf.moi.gov.tw/stat/month/m1-03.xls（2015 年 2 月 18 日アクセス）
内政部戸政司（2014c）「現住原住民人口數」http://sowf.moi.gov.tw/stat/month/m1-04.xls（2015 年 2 月 18 日アクセス）
内政部入出國及移民署（2014a）「各縣市外籍配偶人數與大陸（含港澳）配偶人數按證件分（續）」2014 年 12 月 30 日發表 http://www.immigration.gov.tw/public/Attachment/4122917113610.xls（2015 年 2 月 18 日アクセス）
内政部入出國及移民署（2014b）「外來人口居留人數」2014 年 12 月 30 日發表 http://sowf.moi.gov.tw/stat/month/m6-10.xls（2015 年 2 月 18 日アクセス）
内政部入出國及移民署（2014c）「大陸地區、港澳居民、無戶籍國民來臺人數統計表」2014 年 12 月 30 日発表 http://www.immigration.gov.tw/public/Attachment/51301416090.

xls（2015 年 2 月 18 日アクセス）
内政部入出國及移民署（2014d）「臺灣地區現持有效外僑居留證（含在臺、離臺）之外籍配偶統計（按國籍及區域分）」2014 年 12 月 30 日発表 http://www.immigration.gov.tw/public/Attachment/4122917225624.xls（2015 年 2 月 18 日アクセス）
立法院（1984）「本院委員蔡辰洲鑑於我國對外移民人數日增、而政府卻從未加以輔導或協助、致造成許多弊病、使國家與國民皆受到損失、特向行政院提出質詢」『立法院議案關係文書』專案質詢（73-49-945）、1026–1027
立法院（1988）「本院委員林永瑞為近來隨著移民熱潮的興起、固然帶動了移民行業的熱絡、然而卻也出現了許多專事騙財的『移民黃牛』在暗中肆虐猖狂、令許多出國移民者蒙受無謂的風險與損失、敬請政府儘速正視此一問題的嚴重性、予以取締懲罰、並確立移民政策、制訂移民法規、以保障國內移民者生命財產之安全、特向行政院提出質詢」『立法院第一屆第八十二會期第十七次會議議案關係文書』專案質詢（82-17-891）、0251–0252
立法院（1995）「本院委員顏錦福為國家缺乏完善移民政策、特向行政院提出質詢」『立法院第二屆第五會期第十三次會議議案關係文書』專案質詢（2-5-13-1555）、0308
立法院（1998a）「立法院第三屆第六會期內政及邊政、外交及僑政、交通、司法四委員會併案審查『入出國及移民法草案』案第一次聯席會議紀錄」『立法院公報』87（45）、183–232
立法院（1998b）「立法院第三屆第六會期內政及邊政、外交及僑政、交通、司法四委員會第三次會議」『立法院公報』88（1）、807–870
立法院（2003）「立法院第五屆第四會期法制、內政及民族兩委員會第二次聯席會議紀錄」『立法院公報』93（6）、183–232
立法院（2005）「立法院第 6 屆第 1 會期法制、內政及民族兩委員會第 3 次聯席會議紀錄」『立法院公報』94（42）、3–31
行政院主計處（2011）「99 年人口及住宅普查初步統計結果提要分析」2011 年 11 月 2 日発表 http://www.dgbas.gov.tw/public/Attachment/111171361171.pdf（2014 年 12 月 18 日アクセス）
行政院原住民族委員會（日付なし）「原住民族委員會全球資訊網 族語教室」http://www.apc.gov.tw/portal/associate/dailyword/list.html?CID=7E2E68C485A6C497（2014 年 12 月 20 日アクセス）
行政院大陸委員會（2012）「有關外蒙古是否為中華民國領土問題說明新聞參考資料」2012 年 5 月 21 日発表 http://www.mac.gov.tw/ct.asp?xItem=101988&ctNode=5650&mp=1（2015 年 2 月 18 日アクセス）
行政院蒙藏委員會（2008）「在台藏胞人口數統計表」http://www.mtac.gov.tw/pages/57/main-1-2.htm（2014 年 10 月 20 日アクセス）
范雅梅（2005）『論 1949 年以後國民黨政權的僑務政策：從流亡政權、在地知識與國際脈

絡談起』（修士論文）、台北：國立台灣大學社會學研究所
孫得雄（1989）「台灣地區生育調節政策之檢討」『中央研究院三民主義研究所叢刊』（25）、275–310
監察院（2007）「我國移民政策與制度總體檢案調查報告」『監察院公報』（2584–2586）
國家發展委員會（2014）「強化優秀僑外生留臺工作行動計畫」www.ndc.gov.tw/dn.aspx?uid=40602（2015年2月18日アクセス）
張維安（2011）『99年至100年全國客家人口基礎資料調查研究』台北：行政院客家委員會 http://www.hakka.gov.tw/dl.asp?fileName=1521131271.pdf（2015年2月18日アクセス）
移民署（2010）「移民署沿革」2010年6月7日発表 https://www.immigration.gov.tw/ct.asp?xItem=1083964&CtNode=29674&mp=s014（2015年2月18日アクセス）
黃淑惠（2000）「九年一貫課程總綱綱要與暫行綱要」http://study.naer.edu.tw/UploadFilePath/dissertation/l018_05_0332.htm（2014年12月14日アクセス）
湯熙勇（2013）「巴西招徠臺灣人移民－1960年代我國政府的態度與人民的反應」『人口學刊』（46）、87–119
歐素瑛（2010）「戰後初期在臺日人之遣返與留用：兼論臺灣高等教育的復員」『臺灣文獻』61（3）、287–329
戴君怡（2012）「相對地位對生育決策的影響－以女性收入及教育為例」（修士論文）、桃園：國立中央大學產業經濟研究所

• **中国語（中国）**
王广义（2012）「近代中国优生理论与实践探析」『医学与哲学：人文社会医学版』32（12）、71–75

《第6章》
• **日本語**
戸部健（2009）「南京国民政府の成立と地方における『社会教育』の変容──天津を例として」『アジア研究』4、17–35
中川仁（2009）『戦後台湾の言語政策──北京語同化政策と多言語主義』東方書店
森田健嗣（2008）「1950年代台湾における『失学民衆』への『国語』補習教育──元『日本人』の『中国化』の挫折」『日本台湾学会報』（10）、39–54

• **中国語（台湾）**
内政部（1999）「外籍配偶生活適應輔導實施計畫」1999年12月28日発表
内政部（2003a）「外籍與大陸配偶照顧輔導措施專案報告」2003年5月7日発表 http://www.immigration.gov.tw/ct.asp?xItem=1087917&ctNode=31542&mp=1（2014年12月23日アクセス）

內政部（2003b）「外籍與大陸配偶輔導與教育專案報告」2003 年 12 月 3 日発表 http://www.immigration.gov.tw/public/Data/082711415871.doc（2015 年 12 月 23 日アクセス）

內政部（2003c）「外籍與大陸配偶照顧輔導措施示範計畫」2003 年 8 月 1 日発表

內政部（2007）「外籍配偶生活輔導、語言學習及子女課後照顧實施計畫」2007 年 5 月 15 日発表

內政部（2008）「外籍配偶生活適應輔導實施計畫」2008 年 12 月 1 日発表

內政部戶政司（2012）「十五歲以上人口教育程度」http://www.ris.gov.tw/zh_TW/346（2012 年 12 月 20 日アクセス）

內政部入出國及移民署（2004）「『外籍與大陸配偶照顧輔導措施』92 年 1 月至 12 月辦理情形」http://www.immigration.gov.tw/public/Data/082711542771.doc（2012 年 12 月 20 日アクセス）

內政部入出國及移民署（2005）「外籍與大陸配偶照顧輔導措施實施績效」http://www.immigration.gov.tw/public/Data/082714265071.doc（2012 年 12 月 20 日アクセス）

內政部入出國及移民署（2006）「外籍配偶照顧輔導措施 94 年 1 月至 12 月辦理情形」http://www.immigration.gov.tw/public/Data/08271435171.doc（2012 年 12 月 20 日アクセス）

內政部入出國及移民署（2007a）「外籍與大陸配偶照顧輔導措施 95 年 7 月至 12 月辦理情形彙整表」http://www.immigration.gov.tw/public/Data/0827146171.doc（2012 年 12 月 20 日アクセス）

內政部入出國及移民署（2007b）「外籍與大陸配偶照顧輔導措施 96 年 1 月至 6 月辦理情形彙整表」http://www.immigration.gov.tw/public/Data/08271485771.doc（2012 年 12 月 20 日アクセス）

內政部入出國及移民署（2007c）「外籍配偶照顧輔導措施 95 年 1 月至 6 月辦理情形」http://www.immigration.gov.tw/public/Data/08271445971.doc（2012 年 12 月 20 日アクセス）

內政部入出國及移民署（2010a）「外籍與大陸配偶照顧輔導措施 96 年 7 至 12 月辦理成果統計表」http://www.immigration.gov.tw/public/Data/08271485771.doc（2012 年 12 月 20 日アクセス）

內政部入出國及移民署（2010b）「外籍與大陸配偶照顧輔導措施 97 年 1 至 6 月外籍配偶輔導措施辦理情形」http://www.immigration.gov.tw/public/Data/08271421571.doc（2012 年 12 月 20 日アクセス）

內政部入出國及移民署（2010c）「外籍與大陸配偶照顧輔導措施 97 年 7 至 12 月外籍配偶輔導措施辦理情形」http://www.immigration.gov.tw/public/Data/0827142202.doc（2012 年 12 月 20 日アクセス）

內政部入出國及移民署（2010d）「外籍與大陸配偶照顧輔導措施 98 年 1 至 6 月外籍配偶輔導措施辦理情形」http://www.immigration.gov.tw/public/Data/082714235171.pdf（2012

年 12 月 20 日アクセス)

内政部入出國及移民署（2010e）「外籍與大陸配偶照顧輔導措施 98 年 7 至 12 月外籍配偶輔導措施辦理情形」http://www.immigration.gov.tw/public/Data/082714253971.doc（2012 年 12 月 20 日アクセス)

内政部入出國及移民署（2011a）「外籍與大陸配偶照顧輔導措施 99 年 1 至 6 月外籍配偶輔導措施辦理情形」http://www.immigration.gov.tw/public/Data/151116393671.doc（2012 年 12 月 20 日アクセス)

内政部入出國及移民署（2011b）「外籍與大陸配偶照顧輔導措施 99 年 7 至 12 月外籍配偶輔導措施辦理情形」http://www.immigration.gov.tw/public/Data/17271039971.doc（2012 年 12 月 20 日アクセス)

内政部入出國及移民署（2014a）「大陸地區、港澳居民、無戶籍國民來臺人數統計表」2014 年 12 月 30 日發表 http://www.immigration.gov.tw/public/Attachment/51301416090.xls（2015 年 2 月 18 日アクセス)

内政部入出國及移民署（2014b）「我國人與外籍人士結婚統計」2014 年 12 月 30 日發表 http://www.immigration.gov.tw/public/Attachment/412291712147.xls（2015 年 2 月 18 日アクセス)

内政部入出國及移民署（2014c）「臺灣地區現持有效外僑居留證（含在臺、離臺）之外籍配偶統計（按國籍及區域分）」2014 年 12 月 30 日發表 http://www.immigration.gov.tw/public/Attachment/4122917225624.xls（2015 年 2 月 18 日アクセス)

内政部・教育部（1997）「教育程度查記作業要點」

内政部・教育部（2004）「輔導外籍配偶補習教育、籌組民間團體及成立照顧輔導基金專案報告」2004 年 10 月 27 日發表 http://www.immigration.gov.tw/public/Data/082711443271.doc（2012 年 12 月 20 日アクセス)

内政部・教育部（2008）「教育程度查記作業要點」

王甫昌（2003）『當代台灣社會的族群想像』（初版）台北：群學出版社

丘愛鈴・何青蓉（2008）「新移民教育機構推動新移民教育現況、特色與困境之調查研究」『臺東大學教育學報』19（2）、61-94.

立法院（1997）「本院陳委員光復、鑒於總統府日前去布的資政與國策顧問名單、有年紀偏高、蔣朝遺臣過多、以『台北觀點』人士為主、新移氏佔有比例太大、以及部分社會形象欠佳等缺點、請轉請總統府下屆資政、顧問之聘任、應全力避免再有以上現象發生、特向行政院提出質詢。」『立法院議案關係文書』專案質詢（3-3-27-3988)、539-540

立法院（1999）「中華民國八十八年下半年及八十九年度中央政府總預算案第一組第五次會議」『立法院公報』88（20）、187-243.

行政院經濟建設委員會（2004）「現階段外籍與大陸配偶移入因應方案——外籍與大陸配偶相關議題（行政院第 2894 次會議）」2004 年 6 月 16 日發表 http://www.ndc.gov.tw/

dn.aspx?uid=1400（2012 年 12 月 20 日アクセス）
成人基本識字教材（2011）（1 〜 6 冊）（初版）台北：教育部
何青蓉（2007）『成人識字教育的可能性』高雄：高雄復文圖書出版社
何青蓉・丘愛鈴（2007）「我國人口結構變遷與教育政策之研究（整合型計畫）子計畫七－新移民教育發展之研究（教育部委託專案計畫成果報告）」台北：教育部、p. 353
台南市政府編（2004）『府城之愛－外籍配偶專用成人基本教育補充教材』（1 〜 4 冊）（初版）台南：台南市政府
吳學燕（2004）「國内外移民政策與輔導之探討」『國境警察學報』(3)、1–34
夏曉鵑（2002）『流離尋岸』台北：台灣社會研究雜誌社
夏曉鵑編（2005）『不要叫我外籍新娘』台北：左岸文化
姜琴音（2001）「國際婚姻（外籍新娘）中之家庭暴力暨性侵害問題」台北：「國際婚姻（外籍新娘）實務工作座談會會議」2001 年 8 月 30 日発表 http://goo.gl/EwLysk（2012 年 12 月 20 日アクセス）
教育部（1996）「國民小學補習學校課程標準總綱」www.tc.edu.tw/docs/download/id/2395（2012 年 12 月 20 日アクセス）
教育部（2002）「教育部施政概況報告（立法院教育及文化委員會第五屆第一會期報告）」2002 年 3 月 7 日発表
教育部（2003）「檢送本（九十二）年八月六日召開『研議強制外籍與大陸配偶接受國民補習教育之可行性會議』紀錄乙份如附件、請查照。」
教育部（2004）「全國教育局局長會議紀錄」2004 年 2 月 8 日発表
教育部（2007）「教育部發展新移民文化計畫」
教育部（2011）「國民中小學九年一貫課程綱要語文學習領域（國語文）」http://www.k12ea.gov.tw/97_sid17/%e5%9c%8b%e8%aa%9e%e6%96%87%e8%aa%b2%e7%b6%b11000406.pdf（2012 年 12 月 20 日アクセス）
教育部（2012）「國中小補校概況表（80 〜 100 學年度）」http://www.edu.tw/files/site_content/b0013/s.xls（2015 年 2 月 18 日アクセス）
教育部（2014a）「一般社區大學校數、學員數與經費收支統計」https://stats.moe.gov.tw/files/main_statistics/communiversity.xls（2015 年 2 月 18 日アクセス）
教育部（2014b）「教育部家庭教育專網－各縣市新移民學習中心」http://moe.familyedu.moe.gov.tw/front/bin/ptdetail.phtml?Part=im0002&Rcg=2（2015 年 1 月 2 日アクセス）
教育部教育年鑑編纂委員會編（1937）『第二次中華民國教育年鑑』台北：正中書局
桃園縣立華勛國小編（2004）『桃園縣成人教育外籍配偶教材』（1 〜 2 冊）桃園：桃園縣政府
財團法人婦女權益促進發展基金會（2001）「國際婚姻（外籍新娘）實務工作座談會會議紀錄」台北：「國際婚姻（外籍新娘）實務工作座談會會議」2001 年 8 月 30 日発表 http://www.iwomenweb.org.tw/News_Content6.aspx?n=F6A29549FD03E057&sms=31B48

E38DA54B055&s=0757912EB2F1C601（2012 年 12 月 20 日アクセス）
陳英傑（2006）「外籍配偶識字教育政策之分析」『學校行政』（42）、206–221
陳美如（2009）『台灣語言教育之回顧與展望』（第二版）高雄：高雄復文圖書出版社
臺灣省政府教育廳（1995）「臺灣省政府教育廳函：函轉教育部指示已取得中華民國地區居留證之泰、印等地區『外籍新娘』於未歸化我國期間、可准其就讀國民小學附設補習學校、請查照。」『臺灣省政府公報』（八十四年秋字第六十九期）
嘉義縣政府編（2003）『嘉義媳婦識字及生活適應專班教材──溫馨讀書情』（1 ～ 3 冊）嘉義：嘉義縣政府
新竹市政府教育局編（2007）『微笑新生活：新竹市成人教育－新移民識字補充教材』新竹：新竹市政府
莊禮傳（2001）「外籍新娘之服務及輔導」台北：「國際婚姻（外籍新娘）實務工作座談會會議」2001 年 8 月 30 日発表 http://www.wrp.org.tw/word/%E5%A4%96%E7%B1%8D%E6%96%B0%E5%A8%98%E4%B9%8B%E6%9C%8D%E5%8B%99%E5%8F%8A%E8%BC%94%E5%B0%8E.doc（2012 年 12 月 20 日アクセス）
監察院（2004）「近年來我國雖努力推動成人教育、惟迄九十二年底、國內十五歲以上人口不識字率仍高達三. 二 %、有五四. 八萬人不識字、距先進國家二 % 之標準甚遠、顯有怠失、爰依監察法第二十四條提案糾正」『監察院公報』（2488）、9–12
監察院（2007）「我國移民政策與制度總體檢案調查報告」『監察院公報』（2584–2586）

《第 7 章》
- **English**

Christian Joppke, & Ewa Morawska. (2003). "Integrating immigrants in liberal nation-states: Policies and practices". In *Toward assimilation and citizenship: Immigrants in liberal nation-states* (New., pp. 1–36). London: Palgrave Macmillan.

Dean Beeby. (2010, November 29). "Massive failure rates follow new, tougher Canadian citizenship tests". *The Toronto Star*. Toronto. Retrieved from http://www.thestar.com/news/canada/2010/11/29/massive_failure_rates_follow_new_tougher_canadian_citizenship_tests.html

Entzinger, H. (2003). "The rise and fall of multiculturalism: The case of the Netherlands". In *Toward assimilation and citizenship: Immigrants in liberal nation-states* (New., pp. 59–86). New York: Palgrave Macmillan.

Eva Ersbøll. (2010). On Trial in Denmark. In R. V. Oers, E. Ersbøll, & T. Kostakopoulou (Eds.), *A Re-definition of Belonging?: Language and Integration Tests in Europe* (pp. 105–150). Brill Academic Publishers.

Hansen, R. (2010). "Citizenship tests: an unapologetic defense". *EUROPEAN UNION DEMOCRACY OBSERVATORY ON CITIZENSHIP*, 25.

Helen Williams. (2014). "Changing the National Narrative: Evolution in Citizenship and Integration in Germany, 2000-10". *Journal of Contemporary History*, 49(1), 54–74.

Hoyt, H. (1916). "The Relation of the Literacy Test to a Constructive Immigration Problem.pdf". *Journal of Political Economy*, 24(5), 445–473.

Ines Michalowski. (2007). "Reception models in Germany France and the Netherlands Concept and effectiveness of integration programmes for newcomers". *Documentos CIDOB, Migraciones*, (12), 67–92.

John William Tate. (2009). "John Howard's 'Nation': Multiculturalism, Citizenship, and Identity". *Australian Journal of Politics & History*, 55(1), 97–120.

Joppke, C. (2007). "Beyond national models: Civic integration policies for immigrants in Western Europe". *West European Politics*, 30(1), 1–22.

Joppke, C. (2008). "Comparative citizenship: a restrictive turn in Europe?" *Law & Ethics of Human Rights*, 2(1), 1–41.

Joppke, C. (2013). "Through the European looking glass: citizenship tests in the USA, Australia, and Canada". *Citizenship Studies*, 17(1), 1–15.

Joseph Turner. (2014). "Testing the liberal subject: (in)security, responsibility and 'self-improvement' in the UK citizenship test". *Citizenship Studies*, 18(3–4), 332–348.

Julian Wonjung Park. (2008). "A More Meaningful Citizenship Test? Unmasking the Construction of a Universalist, Principle-Based Citizenship Ideology". *California Law Review*, 96(4), 999–1047.

Leeuw, M. de, & Wichelen, S. van. (2012). "Civilizing migrants: Integration, culture and citizenship". *European Journal of Cultural Studies*, 15(2), 195–210.

Llamas, C., Mullany, L., & Stockwell, P. (2006). *The Routledge Companion to Sociolinguistics* (New.). Abingdon: Routledge.

Martin, S. (1999). *New Life, New Language: History of the Adult Migrant English Program 1948–1998* Sydney: Macquarie University.

McLean, L. (2004). "'To Become Part of Us': Ethnicity, Race, Literacy and the Canadian Immigration Act of 1919". *Canadian Ethnic Studies Journal*, 36(2), 1.

Michalowski, I. (2011). "Required to assimilate? The content of citizenship tests in five countries". *Citizenship Studies*, 15(6–7), 749–768.

Mireille Paquet. (2012). "Beyond Appearances: Citizenship Tests in Canada and the UK". *Journal of International Migration and Integration*, 13(2), 243–260.

Oers, R. V., Ersbøll, E., & Kostakopoulou, T. (2010). *A Re-definition of Belonging?: Language and Integration Tests in Europe*. Brill Academic Publishers.

Orgad, L. (2010). "Illiberal liberalism cultural restrictions on migration and access to citizenship in Europe". *American Journal of Comparative Law*, 58(1), 53–105.

Orgad, L. (2011). "Creating New Americans: The Essence of Americanism under the Citizenship Test". *Houston Law Review*, 48(1).
Sara Wallace Goodman. (2010). "Naturalisation Policies in Europe: Exploring Patterns of Inclusion and Exclusion". EUDO Citizenship Comparative Report, RSCAS/EUDO-CIT-Comp.(7).
Sara Wallace Goodman. (2012). "Fortifying Citizenship: Policy Strategies for Civic Integration in Western Europe". *World Politics*, 64(04), 659–698.
US Citizenship and Immigration Services. (2014a). "Application for Naturalization". Retrieved January 21, 2015, from http://www.uscis.gov/n-400
US Citizenship and Immigration Services. (2014b, December 8). "Applicant Performance on the Naturalization Test". Retrieved January 25, 2015, from http://www.uscis.gov/us-citizenship/naturalization-test/applicant-performance-naturalization-test

・日本語
遠藤正敬（2009）「台湾籍民をめぐる日本政府の国籍政策の出立──二重国籍問題と清国国籍法への対応を中心として」『早稲田政治經濟學雜誌』(376)、51–71
木村護郎クリストフ（2006）「『共生』への視点としての言語権──多言語的公共圏に向けて」植田晃次・山下仁編『「共生」の内実──批判的社会言語学からの問いかけ』三元社、pp. 11–27
佐藤潤一（2007）「多文化共生社会における外国人の日本語教育を受ける権利の公的保障」『大阪産業大学論集. 人文・社会科学編』1、1–30
ブルーベイカー, ロジャース（2005）『フランスとドイツの国籍とネーション』明石書店

・中国語（台湾）
内政部（2003）「外籍與大陸配偶照顧輔導措施專案報告」2003年5月7日発表 http://www.immigration.gov.tw/ct.asp?xItem=1087917&ctNode=31542&mp=1（2014年12月23日アクセス）
内政部（2004）「九十二年外籍與大陸配偶生活狀況調查報告」台北：内政部
内政部（2005）「歸化取得我國國籍者基本語言能力及國民權利義務基本常識認定標準」
内政部（2006）「歸化取得我國國籍者基本語言能力及國民權利義務基本常識測試（筆試）題庫」http://blog.sina.com.tw/chengarbird/article.php?pbgid=39211&entryid=423148（2015年2月18日アクセス）
内政部（2014a）「歸化取得我國國籍者基本語言能力及國民權利義務基本常識測試（筆試）題庫」http://www.ris.gov.tw/zh_TW/c/document_library/get_file?uuid=e07d433f-697c-4d48-9644-b7fe7e78d560&groupId=10157（2015年2月18日アクセス）
内政部（2014b）「外國籍人士與國人結婚申請歸化中華民國國籍暨戶籍登記流程表」

www.ychbo.gov.tw/New_File01/2013100801.doc（2015 年 2 月 18 日アクセス）
内政部戸政司（2013a）「國籍之歸化取得人數按原因分」http://sowf.moi.gov.tw/stat/year/y02-06.xls（2015 年 2 月 18 日アクセス）
内政部戸政司（2013b）「最近 10 年外國人為國人之配偶歸化、取得我國國籍人數統計表」http://www.ris.gov.tw/zh_TW/346（2015 年 2 月 18 日アクセス）
内政部戸政司（2015a）「各直轄市及縣（市）政府辦理歸化測試案件統計表（按縣市別）－改制後」http://www.ris.gov.tw/346;jsessionid=E2ABD1B96F18359F0462D534557C3E04（2015 年 2 月 18 日アクセス）
内政部戸政司（2015b）「國籍變更人數統計表（依類別、性別及核轉機關分）－改制後」http://www.ris.gov.tw/346;jsessionid=E2ABD1B96F18359F0462D534557C3E04（2015 年 2 月 18 日アクセス）
内政部入出國及移民署（2014a）「臺灣地區現持有效外僑居留證（含在臺、離臺）之外籍配偶統計（按國籍及區域分）」2014 年 12 月 30 日発表 http://www.immigration.gov.tw/public/Attachment/4122917225624.xls（2015 年 2 月 18 日アクセス）
内政部入出國及移民署（2014b）「臺灣地區現持有效居留證（含在臺、離臺）外僑統計（按國籍及職業分）」2014 年 12 月 30 日発表 http://www.immigration.gov.tw/public/Attachment/4122917225624.xls（2015 年 2 月 18 日アクセス）
王泰升（2005）「台灣人民的『國籍』與認同－究竟我是哪一國人或哪裡的人？」甘懷真・貴志俊彦・川島真編『東亞視域中的國籍、移民與認同』台北：國立臺灣大學出版中心，pp. 49–62.
立法院（1993）「立法院司法、内政、法制、國防四委員會第二屆第一會期第一次聯席會議紀錄」『立法院公報』82（18），140–158.
立法院（1996）「本院李委員應元、為目前引進合法外勞已逾二十一篇且若再加上非法居留而自行打工的外籍勞工則超過二十三萬人。但對語言、文化背景皆有極大差異而人數又如此龐大的外籍勞工、已成為台灣社會中一大隱憂、尤其是在社會秩序維持方面。主管機關外勞開放政策任憑業者缺工呼聲搖擺、無視人口增加對台灣有限資源的壓力和造成長期以來人力素質的反淘汰之危機、甚至形成產業升級的阻力。此外、就開放外勞的分配審核作業過程由於主管機關採取限量案的作法下、又有仲介索者投機舞弊情事。而面臨如此龐大外來人口對社會衝擊甚巨之狀況、政府部門亦無專責機構負責對外勞的管理。外籍勞工政策已造成相當社會成本付出、政府機關竟無因應對策及措施、特向行政院提出質詢。」『立法院第二屆第一會期第二次會議議案關係文書』專案質詢（3-1-03-0414）、0680–0681
立法院（2003a）「本院郭委員正亮、針對目前遞增的外籍新娘因語言障礙、導致來台生活的工作問題、子女教育問題、甚至家庭暴力求援等種種問題、顯示其無法完全融入台灣社會。在我國移民政策未明狀態下、加上所屬單位眾多、使得許多輔導工作無法積極落實、本席認為對於外籍配偶來台申請入籍時應就其語言能力做基本測驗或是入籍

後應強制接受語言課程的訓練、以確定其來台有基本語言能力以維護其本身在台生活的權益、同時也能減少因不識語言所衍生的社會問題、特此向行政院提出質詢。」『立法院第五屆第三會期第六次會議議案關係文書』專案質詢（5-3-06-1357）、0245–0246

立法院（2003b）「行政院函送郭委員正亮就外籍新娘及其子女之語言教育問題所提質詢之書面答復、請查照案。」『立法院公報』92（27）、0245–0246

立法院（2004）「行政院函請審議「國籍法部分條文修正草案」案」『立法院第五屆第六會期第十一次會議議案關係文書』院總第 940 號（政府提案第 9858 號）、040–045

立法院（2005a）「本院王委員昱婷、針對行政院未來考慮修改『補習及進修教育法』及『國民教育法』兩法、規定外籍及大陸配偶須經由考試並達國中程度才能入籍、以及計畫修改『國籍法』、規定要入籍的外籍及大陸配偶、必須先上課一定時數、學習聽、說、讀等基本生活知能才能入籍。本席認為、由於政府未能積極宣導、故目前民眾對持有居留證之外籍人士或配偶未能充分之信任、以致外籍人士無法僅憑居留證順利生活。據此、倘若在缺乏配套措施之情況下修法要求外籍配偶需通過考試才能取得身分證、只會對加重外籍配偶與其家屬之困境。不僅如此、我國目前在法律上對外籍人士沒有完整保障、以致外籍人士隨時處於被驅逐之狀態。本席建請行政院應重新檢討該制度推行之方式、並且應宣導社會對持有居留證之外籍人士尊重、以促進國內社會對多元文化的認識、如此方能塑造出一個讓新移民能自我成長的環境、使其早日融入我國社會、特向行政院提出質詢。」『立法院第 6 屆第 1 會期第 9 次會議議案關係文書』專案質詢（6-1-09-0856）、0024–0025

立法院（2005b）「立法院第 6 屆第 1 會期內政及民族委員會第 20 次全體委員會議紀錄」『立法院公報』94（38）、49–69。

立法院（2010）「本院委員孫大千、徐中雄、費鴻泰等 19 人、有鑑於社會變遷、受到全球化、人口結構改變的影響、外籍配偶在台人數逐年增多、其風俗文化與台灣全然不同、語言溝通與生活適應更成為外籍配偶最大的問題。我國雖自民國 88 年起即投入外籍配偶生活適應與識字教育之工作、惟政出多門、主管機關權責及法規體系不一、實難有效輔導管理各類提供外籍配偶識字教育系統、亦難幫助外籍配偶改變處境或發展生命價值。爰為健全外籍配偶生活適應及識字教育體系、提出『入出國及移民法第五十一條之一條文修正草案』、藉由法制化穩定經費來源、統合各單位以建立外籍配偶識字教育之明確發展機制。是否有當？敬請公決。」『立法院第 7 屆第 5 會期第 16 次會議議案關係文書』院總第 1684 號（委員提案第 9812 號）、0148–0150.

立法院（2012）「行政院函請審議『臺灣地區與大陸地區人民關係條例第十七條條文修正草案』案」『立法院第 8 屆第 2 會期第 10 次會議議案關係文書』院總第 1554 號（政府提案第 13439 號）、0359–0363.

立法院（2013）「本院委員孫大千等 27 人、有鑑於社會變遷、受到全球化、人口結構改變的影響、外籍配偶在台人數逐年增多、其風俗文化與台灣全然不同、語言溝通與生活適應更成為外籍配偶最大的問題。我國雖自民國 88 年起即投入外籍記偶生活適應與

識字教育之工作、惟政出多門、主管機關機關權責及法規體系不一、實難有效輔導管理各類提供外籍配偶識字教育系統、亦難幫助外籍配偶改變處境或發展生命價值。爰為健全外籍配偶生活適應及識字教育體系、提出『國籍法第三條條文修正草案』、由法政部會同教育部共同訂定基本語言能力及國民權利義務基本常識之相關規定。是否有當？敬請公決。」『立法院第 8 屆第 3 會期第 11 次會議議案關係文書』院總第 940 號（委員提案第 14968 號）、0148–0150.

立法院（2014）「內政部函、為修正『歸化取得我國國籍者基本語言能力及國民權利義務基本常識認定標準』、請查照案。」『立法院第 8 屆第 6 會期第 7 次會議議案關係文書』院總第 940 號（政府提案第 10372 號之 3）、1379–1388

名間鄉戶政事務所（2013）「好消息！名間鄉戶政事務所辦理歸化測試考前輔導［最新消息］」2013 年 11 月 4 日発表 http://mingchr.nantou.gov.tw/news/u_news_v2.asp?id={DCC5E39B-E045-4215-9C03-76F0EA06169A}&newsid=57（2015 年 2 月 18 日アクセス）

岡山區戶政事務所（2012）「高雄市岡山區戶政事務所辦理歸化測試考前輔導實施計畫」http://goo.gl/jaPkPA（2015 年 2 月 18 日アクセス）

范雅梅（2005）『論 1949 年以後國民黨政權的僑務政策：從流亡政權、在地知識與國際脈絡談起』（修士論文）、台北：國立台灣大學社會學研究所

教育部國語推行委員會（2003）「語言平等法草案」http://www.taiwannation.org.tw/republic/rep31-40/no31_17.htm（2015 年 2 月 18 日アクセス）

移民／移住人權修法聯盟（2005）「『學語言、多鼓勵、不要壓力』－要求暫緩實施國籍法入籍考試規定」2005 年 7 月 5 日発表 http://www.coolloud.org.tw/node/11863（2013 年 2 月 21 日アクセス）

董霖（1943）『中國國籍法』重慶：國民圖書出版社

許雪姬（1991）「臺灣中華總會館成立前的『台灣華僑』、1895 ～ 1957」『近代史研究所集刊』（20）、99–129

陳惠馨（2005）「從規範概念史的角度談中國傳統法律中『國籍』、『化外人』、『外國人』觀念的變遷」甘懷真・貴志俊彥・川島真編『東亞視域中的國籍、移民與認同』台北：國立臺灣大學出版中心、pp. 1–15.

臺南市政府（2012）「臺南市政府辦理歸化測試實施計畫」2012 年 6 月 21 日発表 http://www.tnapcg.gov.tw/news.asp?id=317（2015 年 2 月 18 日アクセス）

蕭成浩（2005）『我國國籍法制與實施現況之研究』（修士論文）、台北：銘傳大學公共事務學系碩士在職專班

監察院（2010）「我國在簽署『公民與政治權利國際公約』、『經濟社會文化權利國際公約』、並公布兩公約施行後、大陸配偶相關權益與法律地位、是否違反首揭公約及憲法關於基本人權之保障等規定、確有深入瞭解之必要。（調查報告 No. 099000178）」台北：監察院 http://www.cy.gov.tw/ourpaper.asp?AP_Code=eDoc&Func_.Code=t01&case_

id=099000178(2015 年 2 月 18 日アクセス）p. 20.

監察院（2011）「據報載、有關華僑持有中華民國護照之無戶籍國民、除入境台灣須申請入國許可、單次停留期限三個月、最長僅至六個月外、入戶籍取得國民身分證之條件嚴苛、費時多年；倘逾期停留者、即強制出境等情。無戶籍國民與有戶籍國民之差別待遇之理由為何？是否符合憲法第三條、第七條、第十條及第二十三條等基本權利規定及聯合國公民與政治權利國際公約第十二條入出國及居住遷徙自由等規定之保障？事涉國民基本人權保障、認有深入瞭解之必要乙案。」（調査報告 本院九十九年一月十八日（九九）院台調壹字第 0990800035 號函）台北：監察院 http://goo.gl/0cnjOk、p. 134

後書き

　2015 年 8 月初め、とても耐え難い厳暑。静かな図書館で本書の最終原稿に全力を傾けていた私の視線は、あるデモ活動に参加する学生たちの熱気に引きつけられた。それは台北市中心部で発生した、高校の社会科及び国文科学習指導要領の改定に反対する抗議活動である。

　台湾政府は、2012 年に高校の社会科及び国文科学習指導要領（「課程綱領」）の改定を実施し、その 2 年後の 2014 年 1 月 27 日に、政府は再び同学習指導要領の改定を行った。学習指導要領に関するこのように頻繁な改定は異例である。政府は、2014 年版の学習指導要領は 2012 年版の「微調整」にすぎないと述べたが、台湾では多くの歴史研究者、そして高校教師を中心に、新しい学習指導要領の撤廃を求める意見が広まり、全国では抗議集会が相次いで行われている。そして抗議活動は、新学年の始まり、すなわち改定要領の実施日でもある 8 月 1 日直前の 2015 年 7 月に、新しい学習指導要領に反対する運動の中核的な役割を担っていた元高校生の自殺によって、一層拡大している。

　2014 年版の高校学習指導要領の改定が発表された頃より、その不透明な政策決定過程や、政府による不十分な説明は常に批判の対象となってきた。それにもかかわらず、台湾政府は、高校学習指導要領の「微調整」は中華民国憲法の精神に則って正当に行われたため、撤回の意思は全くないと繰り返し述べている。

　今回の高校学習指導要領改定における主戦場は、いうまでもなく歴史分野である。しかし政府による「微調整」は、歴史分野だけでなく、国文分野、公民と社会分野にも及んでいる。歴史分野の改定はあまりに複雑多岐にわたるため、ここでは言及しない。その一方で、公民と社会分野における内容の「微調整」には、1980 年代までの軍事統治による「白いテロ」に関する記述と、新聞報道の製作過程に関する討論が削除されたことに加えて、「中華文化の伝統」の強調とそのさらなる推進が言及されている。

詳細を見ると、2012 年版の高校公民と社会分野の学習指導要領には、「多文化の理念に基づいて現代の台湾社会を認識する」という文言はあるが、2014 年版の要領は「台湾社会は中華文化の伝統を重く受け継ぎながら、多文化的な特徴も受け入れている。このような理念に基づいて現代の台湾社会を認識する」と書き替えられた。また人間関係のあり方を説明する箇所において、2012 年版の学習指導要領に比べ、2014 年版の要領では伝統的な家族観や祖先崇拝、孝行の道が現代社会で働く機能の一部として追加された。

　これを見ると、2014 年版の高校公民と社会の学習指導要領の改定は、中華文化の伝統が台湾社会の根幹を成し、そのほかの文化や価値観にもまして優越的な地位を持つことを確認していることがわかる。しかしこれは、歴史、文化、宗教に関する設問を持たず、単一言語による国民統合を図ることを目指さない台湾の帰化テストと整合性を保ち得ない。

　2014 年版の高校学習指導要領の示した理念は、これからの台湾の移民政策の方向に一定の影響を与えかねないだろう。同時に改定された高校地理分野の学習指導要領における人口移動とグローバル化には、「インドネシア人メイド」「フィリピン人メイド」「外国人花嫁」など、台湾社会ですでに批判を受けている用語が使用されているのを見ると、2000 年以降に続いてきた移民政策の規制緩和は、もう逆風にさらされていると認めざるを得ない。

　これまでのところ移民の受け入れをめぐって大きな論争や衝突がないが、今回の高校学習指導要領の改定で起こった賛成と反対の拮抗のように、多文化主義に対する反発は次第に可視化しつつある。しかし、移民や歴史認識をめぐって異なる意見の間での摩擦や対立が生じることは台湾のみならず、日本でも見られることであり、とりわけ異例な現象ではない。若い世代は続々と自分の考えを持ち、勇気を奮って行動を起こそうとしている。将来を予知することは不可能だが、我々はそれを悲観する必要はない。

　本書は、下記の論文に基づき、大幅な加筆・修正を行い、京都大学「平成 27 年度総長裁量経費人文・社会系若手研究者出版助成」を受けて出版したものである。

〈初出一覧〉

許（2011）「なぜ、日本語を『教え』てはいけないのか——地域日本語活動における『教える−教えられる』関係に対する批判の再考」『人間・環境学』第20巻、57〜65頁

許（2012a）「『国語』、国家と移民政策——台湾の帰化テスト政策の形成を中心に」『移民政策研究』第4号、128〜143頁

許（2012b）「『多文化共生』とは何か——批判的一考察」『第一屆東亞語文社會國際研討會：以日本・韓國・越南出發點』會議論文集』致良出版社

許（2015）「成人移民への言語教育——1945年以降の日本と台湾の場合」京都大学博士学位論文（人間・環境学）

索　引

【あ行】

アイヌ民族　94, 99
アメリカ化　12–13, 16
移民　9, 12, 23, 48, 58, 106
　──政策　16–17, 106, 115–116, 123, 125, 169, 208
人口政策　116
移民統合　14, 24, 46, 132, 159
医療通訳派遣事業　104
インドシナ難民　14, 26, 29–30, 47
内なる国際化　23
袁世凱　171
欧州共同体　13, 169
黃主文　124
大阪府　50
「教える－教えられる」関係　17–18, 20, 77–84, 86–88, 90–91, 207

【か行】

海禁政策　107
外国語
　──教育　25
　──指導助手（ALT）　57, 99
外国人
　──看護師　36–37
　──技能実習生　34,–36, 47, 69
　──技能実習制度　98
　──集住都市会議　48
　──の地方参政権　103
　──配偶者　14, 132–133, 136–137, 139–141, 145–148, 155, 159, 161–165, 174–175, 178–179, 196, 198–199, 206–207
介護福祉士候補者　36–37
外籍與大陸配偶照顧輔導措施　143
外籍新娘生活適應輔導班　139
外籍配偶照顧輔導基金　143
華僑　116, 121, 126, 128, 170–172, 174
華僑身分證明條例　121
学習指導要領　111, 204
華語　187, 203
華語文能力測驗（TOCFL）　199
我國現階段移民輔導措施　115
家族計画　113–114, 120
学校教育　11–12, 14–15, 149, 177
家庭計畫　113
關於國籍法衝突若干問題公約　112
帰化　10, 19, 22, 173, 175, 183
　──裁判所（Naturalization Court）　13
　──テスト　17, 19, 133, 167–169, 174, 176, 178–179, 184–189, 194–195, 198, 200–201, 204, 208
歸化取得我國國籍者基本語言能力及國民權利義務基本常識測驗　177
歸化取得我國國籍者基本語言能力及國民權利義務基本常識認定標準　177
聞き取り調査　21
技能実習制度　35
基本語言能力　142, 177
基本的な言語能力　142, 176–177, 180, 186, 199
基本的な言語能力と一般常識の基準　177,

238

180, 182, 186, 198
義務教育　15, 27, 103, 134–135, 141–142, 147
教育権　15, 196, 207
教育なき学習　78
共生言語　85
　——としての日本語　86–87, 90
「共生言語」としての日本語　85
行政主導型　60, 64, 67
共同学習　88
共同活動型　63–67
郷土言語　111
京都にほんごリングス　17–18, 51
京都府　50–51, 59–62, 76, 82
経験学習理論（Experiential learning Theory）　14
経済移民　161–162
経済連携協定　36
現階段移民政策綱領　117, 141
言語
　——教育　15, 23, 38, 47, 132–133, 139, 163, 169, 196–197, 201
　——権　196
　——政策　17, 133
　——能力　10, 15, 23, 163–164, 167, 178, 196–197, 203, 206
原住民身分法　108
現段階における移民政策の要綱　117, 124, 141
現段階における我が国の移民支援措置　115
公共職業安定所　40–42
江東区役所　28
高度人材　117–118
皇民化運動　177
皇民化政策　85
コーディネーター　34, 45
国語　10–11, 15, 19, 22–23, 111, 133–137, 167, 196, 202–204, 208
　——教育　11, 14
国際
　——移住　9, 11, 14, 207

　——救援センター　30
　——競争力ランキング　144
　——結婚　117, 136, 138–141, 150, 159, 162
　——交流基金　14, 31
国籍　10
「国籍／戸籍」の二元体制　132, 208
国籍法（國籍法）　22, 117, 159, 171–173, 175–177, 179, 181–183, 199, 203
国籍法の抵触についてのある種の問題に関する条約　112, 119
國民權利義務基本常識　142, 177
国民国家　9–12, 15, 204, 208
国民の権利義務に関する基本的な常識　142, 177, 180–181, 186, 199
語言平等法　202
個人主導型　60, 67
戸籍　19, 108, 109, 127, 172–174, 180
国家－民族－言語　22–24, 90
個別活動型　63–67
雇用保険　41

【さ行】

在日韓国・朝鮮人　14, 25, 46, 51, 55, 93–95, 99
坂田道太　28
「支える－支えられる」関係　83
サルコジ（Sarkozy）　169
サンフランシスコ講和条約　94, 96
参与観察　20
識字学級　50
識字教育　14–15, 25, 46, 142
自然習得　79
実務研修　35
児童の権利に関する条約　11
社会教育　25, 78, 186
集団移民　124
住民基本台帳制度　19, 103
出入国及び移民署（入出國及移民署）　116, 118–119, 122, 124–126
出入国及び移民に関する法律　112, 117,

122–124, 136, 161
出入国管理　11–12, 106, 127
　　──及び難民認定法　11, 23, 36–37, 98
生涯学習　12, 78, 149, 159, 177, 186, 198
　　──振興法　78
生涯教育　78, 186
蒋介石　113, 120, 171
蒋経国　121
職業訓練　29, 42, 158, 192
新移民　164–165
　　──学習センター　142, 145, 163
　　──學習中心　145
人口移動　9, 208
人口政策　113–114, 120, 122, 132
　　──白皮書　118, 125
生活者としての外国人　38, 46–47, 72, 103
生活適応クラス　139–140, 142, 148–150, 163
生活適應輔導班　148
成人移民英語教育プログラム（Adult Migrant English Program, AMEP）　13
成人移民教育プログラム（Adult Migrant Education Program, AMEP）　13
成人移民への言語教育　12–17, 23, 25, 30, 34, 42, 46–48, 134, 140, 142–143, 160–162, 164, 196, 198–199, 201, 206–207
成人基本教育クラス　144–145, 147, 159, 163
成人基本教育研習班　144
『成人基本識字教材』　155–160
成人教育　12, 15, 25, 75, 87–88, 134–137, 140, 142, 159, 177, 179, 182, 198, 201
世界人権宣言　112
積極的労働市場政策　42, 47
相互学習　71–72, 81

【た行】

第1言語　26, 38, 85–87
大清國籍條例　170–171
第2言語　14, 80, 87, 111
大日本帝国憲法　22
大陸地区人民　127–128, 173

大陸地區人民在臺灣地區定居或居留許可辦法　116
臺灣地區與大陸地區人民關係條例　116, 173
台湾地区人民　126
多言語　18, 42, 48, 85, 107, 131, 135, 204
多文化共生　17–18, 91–93, 96, 99–104, 159, 206, 208
　　──推進プログラム　103
多文化主義　13, 86, 169, 187
多民族国家　101, 107
単一
　　──言語　204
　　──民族主義　101
　　──民族・単一言語的イデオロギー　16, 31
地域国際化協会　52, 56, 59–60, 62, 81, 103–104
「地域における日本語教育推進の構想」　33, 48
地域日本語教育　17–18, 21, 33–34, 41–43, 45, 47, 49–50, 52, 60, 62, 67–68, 72, 74–78, 80, 82–84, 87, 89–91
　　──モデル事業　33–45
注音符號　154–155
中華民国憲法　15, 119–120, 134
中華民國人口政策綱領　118–119
中国帰国孤児定着促進センター　29
中国帰国者　14, 26–27, 29–30, 32, 47, 51, 69–70, 95–96, 206
　　──定着促進センター　26
　　──日本語学級　28
中国残留孤児援護基金　96
中国残留邦人等の円滑な帰国の促進及び永住帰国後の自立の支援に関する法律　96
陳水扁　18, 117, 123, 131, 170, 174
定額ポイント制　119, 125
定住促進センター　30
鄭成功　107
同化主義　85, 87

統合コース（Inburgerings programma） 169
投資移民 117–118, 161–162, 197

【な行】

ナラティブ・アプローチ 53
難民定住促進センター 29
難民の地位に関する条約 102
二重国籍 112, 119–120, 131, 172
——者 129
日系人 37, 40–42, 44, 46–47, 69, 96, 103, 206
日系人帰国支援事業 39
日系人就労準備研修 38–42, 47
日系定住外国人施策に関する基本指針 41, 48
日本語教育 14, 16, 23, 25, 27–29, 31, 35–36, 40, 44, 47, 49, 56, 60, 68, 71, 73, 81, 84–86, 100
——実態調査 49
——能力検定試験（JLTCT） 67, 74
——保障法案 74
日本語教師
——の有資格者 67, 74, 84
——養成講座 56, 74
——予備軍 74
日本国憲法 15
日本国と大韓民国との間の基本関係に関する条約 95
日本語「支援」 81
日本語能力試験（Japanese Language Proficiency Test, JLPT） 69, 82
日本語ブーム 31, 32, 47
日本語ボランティア 17, 31–32, 34, 43, 45, 47, 53, 56–57, 59–60, 62–65, 67–68, 71, 73, 75, 77, 79, 84
日本赤十字社 30
ニューカマー統合法（Wet inburgering nieuwkomers） 13
入出國及移民法 112, 118, 117, 136, 197
ネットワーク 18, 32, 48, 50, 52, 62, 75, 103, 143

【は行】

馬英九 18, 118, 125, 131, 170, 175
白豪政策 168
客家基本法 110–111
非実務研修 35
標準的なカリキュラム 34, 46, 48, 150, 207
評點配額制 119, 125
『府城之愛』 151–153, 155
プライベート・レッスン式 63
ブルーカラー外国人労働者 14, 59, 98, 115, 121–122, 132, 136, 161–162, 178, 196–197
ボート・ピープル 30
母語場面の日本語 86
補習学校 135, 137, 142, 146–147
補習教育 141
香港・マカオ地区人民 127, 128, 173

【ま行】

民衆補習班初級班 135
無国籍国民 127
無戸籍国民 116, 118, 122, 128–130, 173, 183
明治国籍法 177
モデル事業 48–49, 62, 103

【や行】

夜間中学 25, 27
やさしい日本語 52
有戸籍国民 129
ヨーロッパ共通言語参照枠（Common European Framework of Reference for Languages, CEFR） 199

【ら行】

李登輝 18, 114, 121, 131, 170, 172
呂秀蓮 124
労働基準法 11, 36, 158
労働市場 40, 42, 47, 74

【A-Z】

AMEP（Adult Migrant Education Program） 13
AMEP（Adult Migrant English Program） 13
ALT（外国語指導助手） 99
Common European Framework of Reference for Languages, CEFR（ヨーロッパ共通言語参照枠） 199
Experiential learning Theory 14
Inburgerings programma（統合コース） 169
JET プログラム 57, 99
JF 日本語教育スタンダード 2010 14
Japanese Language Proficiency Test, JLPT（日本語能力試験） 69, 82
Life in the UK 194-195
Naturalization Court 13
TOCFL（華語文能力測驗） 199
Wet inburgering nieuwkomers 13

【著者紹介】

許　之威（シュ・チウェ）

1979 年、台湾・台北県（現在は新北市）生まれ。
2002 年、国立台湾大学経営学部財務金融学科卒業、2015 年、京都大学大学院人間・環境学研究科博士課程修了（人間・環境学博士）。通訳案内士。
現在は台湾の国家公務員として台北市政府で勤務。
専攻は言語政策、移民政策、教育社会史。

移民政策の形成と言語教育
――日本と台湾の事例から考える

2016 年 1 月 31 日　初版第 1 刷発行

著　者	許　　　之　威
発行者	石　井　昭　男
発行所	株式会社　明石書店

〒 101-0021　東京都千代田区外神田 6-9-5
　　　　　　電話　03（5818）1171
　　　　　　FAX　03（5818）1174
　　　　　　振替　00100-7-24505
　　　　　　http://www.akashi.co.jp

組版・装丁　明石書店デザイン室
印刷　　　　株式会社文化カラー印刷
製本　　　　本間製本株式会社

（定価はカバーに表示してあります）

ISBN978-4-7503-4301-3

JCOPY 〈(社) 出版者著作権管理機構　委託出版物〉
本書の無断複写は著作権法上での例外を除き禁じられています。複写される場合は、そのつど事前に、(社) 出版者著作権管理機構（電話　03-3513-6969、FAX　03-3513-6979、e-mail: info@jcopy.or.jp）の許諾を得てください。

移民の子どもと格差 学力を支える教育政策と実践
OECD編著　斎藤里美監訳　布川あゆみ、本田伊克、木下江美訳
●4500円

移民政策へのアプローチ ライフサイクルと多文化共生
川村千鶴子、近藤敦、中本博皓編著
●2800円

移民政策研究 第7号 特集・再生産労働を担う女性移民
移民政策学会編
●2800円

日系アメリカ移民 二つの帝国のはざまで 忘れられた記憶1868-1945
東栄一郎著　飯野正子監訳　飯野朋美、小澤智子、北脇実千代、長谷川寿美訳
●3200円

「グローバル人材」をめぐる政策と現実
移民・ディアスポラ研究4　駒井洋監修　五十嵐泰正、明石純一編著
●4800円

レイシズムと外国人嫌悪
移民・ディアスポラ研究3　駒井洋監修　小林真生編著
●2800円

外国人の人権へのアプローチ
近藤敦編著
●2800円

外国人技能実習生受入れ実践ガイド 入管手続と協同組合作り
岸本和博
●2400円
●3600円

日本の外国人学校 トランスナショナリティをめぐる教育政策の課題
志水宏吉、中島智子、鍛治致編著
●4500円

多文化社会の教育課題 学びの多様性と学習権の保障
川村千鶴子編著
●2800円

多文化共生論 多様性理解のためのヒントとレッスン
加賀美常美代編著
●2400円

言語と格差 差別・偏見と向き合う世界の言語的マイノリティ
杉野俊子、原隆幸編著
●4200円

グローバル化と言語能力 自己と他者、そして世界をどうみるか
OECD教育研究革新センター編著　本名信行監訳　徳永優子、稲田智子、来田誠一郎、定延由紀、西尾美由起、矢倉美登里ほか訳
●6800円

OECD成人スキル白書 第1回国際成人力調査(PIAAC)報告書
経済協力開発機構(OECD)編集
●8600円

国際理解教育 VOL.20
日本国際理解教育学会編集
●2500円

比較文化事典
関東学院大学国際文化学部比較文化学科編
●3300円

〈価格は本体価格です〉